FRANÇOIS Iᵉʳ

DU MÊME AUTEUR

ANDRÉ CASTELOT

FRANÇOIS Ier

C'était un grand roi.
CHARLES QUINT

LIBRAIRIE ACADÉMIQUE PERRIN

DU MÊME AUTEUR *(suite)*

Chez d'autres éditeurs

LE FILS DE L'EMPEREUR. *Prix de littérature 1963 de la Fédération des parents d'élèves des lycées et collèges français. (Presses de la Cité, G. P. et Presses Pocket).*

MARIE-ANTOINETTE *(édition illustrée, Hachette).*

LE LIVRE DE SAINTE-HÉLÈNE *(Reportage photographique Solar).*

LE NOËL DE CHARLEMAGNE *(G. P.)*

L'HISTOIRE DE FRANCE EN IMAGES. *(France-Images. Figurine Panini).*

48, OU L'INUTILE RÉVOLUTION, *(Presses Pocket).*

TALLEYRAND OU LE CYNISME, *Presses Pocket, coll. « Histoire ».*

Éditions de luxe

LES GRANDES HEURES DE NAPOLÉON *(six volumes). Épuisé. (L.A.P.).*

LES QUATRE SAISONS DE L'HISTOIRE *(quatre volumes) (L.A.P.). Epuisé.*

LE LIVRE DE LA FAMILLE IMPÉRIALE en collaboration avec le général Koenig et Alain Decaux. *(L.A.P.)*

LE GRAND SIÈCLE DE LA PERSE *(Hors commerce). Epuisé.*

OMBRES VERSAILLAISES *(Hors commerce). Epuisé*

NAPOLÉON BONAPARTE *(dix volumes). (Tallandier.)*

ROMANS VRAIS DE L'HISTOIRE *(six volumes). (Tallandier.)*

NAPOLÉON III ET LE SECOND EMPIRE *(six volumes). (Tallandier.)*

L'AIGLON NAPOLÉON II *(trois volumes). (Tallandier.)*

Textes

LE DRAME DE SAINTE-HÉLÈNE *(Histoire de la captivité vue par les témoins). (L.A.P.).*

SOUVENIRS INÉDITS du prince de Faucigny-Lucinge. *Ouvrage couronné par l'Académie française. (L.A.P.).*

LA FÉÉRIE IMPÉRIALE (Le second Empire VII par les témoins). *(L.A.P.).*

CORRESPONDANCE DE Mme de Genlis et d'Anatole de Montesquiou. *(Grasset).*

L'ÉVASION DU MARÉCHAL BAZAINE DE L'ÎLE SAINTE-MARGUERITE, par le lieutenant-colonel Willette. *(L.A.P.).*

© Librairie Académique Perrin, 1983.

ISBN : 2 - 266 - 01579 - 6

à mes amis Ariane et Michel Canello

CHAPITRE PREMIER

« EN TERRE, IL EST
COMME EN CIEL LE SOLEIL. »

(Marguerite, sœur de François.)

Lorsque Louise de Savoie, la jeune, fine et déjà ambitieuse comtesse d'Angoulême, au teint pâle et aux yeux gris, sentit venir les premières douleurs de l'enfantement, elle se fit porter, selon la tradition, sous un arbre, dans un endroit bien tranquille.

C'était à la fin d'une chaude journée de septembre 1494; on s'apprêtait à commencer les vendanges. Non loin, nimbée par la claire lumière de Saintonge – cette clarté de l'air à nulle autre pareille – se dressait la tour du château de Cognac au-dessus des prés où coule la molle Charente. Et ce fut là, sous un grand orme, que vint au monde un gros garçon, celui qui, vingt années plus tard, deviendra le roi François Ier – et l'orme, à la demande de sa mère, fut alors respectueusement entouré d'un muret.

Assurément, avoir vu le jour en plein air forge le caractère...

Quand, six années auparavant, en 1488, Louise, fille de Marguerite de Bourbon et du comte de Bresse – cadet de la maison de Savoie –, nièce de Pierre et d'Anne de Beaujeu qui l'avaient élevée, avait épousé Charles d'Angoulême – un dilettante inconscient âgé de vingt-huit ans, arrière-petit-fils du roi Charles V –, elle avait posé de nombreuses questions à son père, montrant, écrivait celui-ci à sa femme, que la jeune fiancée « avait grand faim d'être au métier de vous autres vieilles mariées ».

Dame! elle n'avait pas encore douze ans, étant née le 11 septembre 1476. Ses recommandations terminées, le comte de Bresse l'abandonna assez vite, pressé de mettre le pied à l'étrier pour retrouver sa seconde femme, sa chère Claudine, qui avait pris comme devise : « Encore et vive la souris! » Est-ce en pensant à cette vivacité et à cette espièglerie que le père de Louise avait recommandé à sa jolie épouse de se pourvoir de draps bien blancs et de revêtir une chemise tout aussi blanche, afin de le mieux accueillir lors de son retour à Pont-d'Ain?...

En arrivant à Cognac, résidence habituelle du comte d'Angoulême, Louise avait trouvé installées dans le château les deux maîtresses de son mari : Antoinette de Polignac, fille du gouverneur d'Angoulême, et une jolie roturière nommée Jeanne Comte. La petite Louise s'était fort bien accommodée de la piquante situation : avec esprit, elle fit d'Antoinette sa dame d'honneur et de Jeanne sa suivante.

Le comte Charles, ravi de rencontrer une telle compréhension, considéra qu'à tout prendre son mariage avec la jeune Louise n'avait pas été une trop mauvaise opération. Le comte, engagé avec le duc de Bourbon et le sire d'Albret dans la *guerre folle*, avait été écrasé, « comme une gaufre entre deux fers », par Anne de Beaujeu, « femme fine et déliée s'il en fut oncques et vrai portrait en tout le roi Louis XI, son père ». A la suite de cet événement, la régente exigea que le comte d'Angoulême prît pour femme la fille du comte de Bresse, nièce du sire de Beaujeu. De mauvaise grâce, Angoulême s'était incliné..., mais en voyant que sa petite épouse ne gênait point ses intempérances, il estima qu'il n'avait pas acheté trop cher son pardon.

On menait donc joyeuse vie dans le logis neuf de

Cognac. On se sentait *benaise,* comme on dit encore aujourd'hui en pays angoumoisin, en vous démontrant que c'est là bien plus fort que de se trouver à son aise... Une vie si joyeuse que Louise, ayant atteint sa treizième année, s'étonnait de ne pas encore se trouver enceinte. Elle fit alors le voyage de Cognac jusqu'à Plessis-lez-Tours, afin d'implorer la bénédiction de François de Paule qui avait le pouvoir, disait-on, de rendre les femmes fécondes... par la prière, bien sûr. Le saint ermite bénit la petite comtesse, la tranquillisa – à treize ans rien n'était perdu! – et ajouta avant d'égrener son chapelet :

– Votre fils sera roi!

Prédiction surprenante, le trône se trouvait si loin des d'Angoulême!

Louise dut attendre sa quinzième année avant de pouvoir annoncer à son mari qu'il allait être père... mais, le 11 avril 1492, ce fut une fille qui vint au monde. On lui donna le prénom de Marguerite. Elle deviendra un jour reine de Navarre – la « Marguerite des marguerites » – et sera la grand-mère du roi Henri IV.

Au début de 1494, la comtesse, sa dame d'honneur et sa suivante furent enceintes toutes trois en même temps. Trente ans plus tard, Louise de Savoie tracera ces lignes dans son *Journal* : « François, par la grâce de Dieu roi de France et mon César pacifique, prit la première expérience de lumière à Cognac, environ dix heures après-midi, 1494, le douzième jour de septembre. » Ce même été, Antoinette de Polignac donnait le jour à une fille, Madeleine, et la jolie Jeanne à la petite Souveraine.

Le comte était comblé!

François montra immédiatement un appétit supérieur à celui de ses demi-sœurs, et on dut lui donner deux nourrices. Avec quatre seins rebondis à sa disposition, le futur roi fut à peu près rassasié!

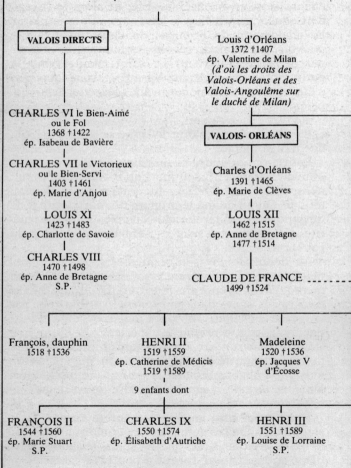

CHARLES V le Sage
1338 †1380
ép. Jeanne de Bourbon

VALOIS DIRECTS

Louis d'Orléans
1372 †1407
ép. Valentine de Milan
*(d'où les droits des
Valois-Orléans et des
Valois-Angoulême sur
le duché de Milan)*

CHARLES VI le Bien-Aimé
ou le Fol
1368 †1422
ép. Isabeau de Bavière

VALOIS-ORLÉANS

CHARLES VII le Victorieux
ou le Bien-Servi
1403 †1461
ép. Marie d'Anjou

Charles d'Orléans
1391 †1465
ép. Marie de Clèves

LOUIS XI
1423 †1483
ép. Charlotte de Savoie

LOUIS XII
1462 †1515
ép. Anne de Bretagne
1477 †1514

CHARLES VIII
1470 †1498
ép. Anne de Bretagne
S.P.

CLAUDE DE FRANCE
1499 †1524

François, dauphin
1518 †1536

HENRI II
1519 †1559
ép. Catherine de Médicis
1519 †1589

Madeleine
1520 †1536
ép. Jacques V
d'Écosse

9 enfants dont

FRANÇOIS II
1544 †1560
ép. Marie Stuart
S.P.

CHARLES IX
1550 †1574
ép. Élisabeth d'Autriche

HENRI III
1551 †1589
ép. Louise de Lorraine
S.P.

TABLEAU SIMPLIFIÉ DES VALOIS DIRECTS DES VALOIS-ORLÉANS, DES VALOIS-ANGOULÊME ET DES ALBRET-NAVARRE

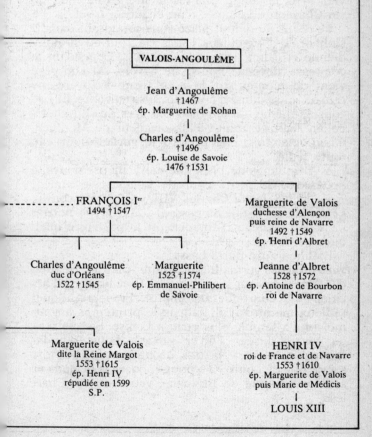

VALOIS-ANGOULÊME

Jean d'Angoulême
†1467
ép. Marguerite de Rohan

Charles d'Angoulême
†1496
ép. Louise de Savoie
1476 †1531

FRANÇOIS Ier
1494 †1547

Marguerite de Valois
duchesse d'Alençon
puis reine de Navarre
1492 †1549
ép. Henri d'Albret

Charles d'Angoulême
duc d'Orléans
1522 †1545

Marguerite
1523 †1574
ép. Emmanuel-Philibert
de Savoie

Jeanne d'Albret
1528 †1572
ép. Antoine de Bourbon
roi de Navarre

Marguerite de Valois
dite la Reine Margot
1553 †1615
ép. Henri IV
répudiée en 1599
S.P.

HENRI IV
roi de France et de Navarre
1553 †1610
ép. Marguerite de Valois
puis Marie de Médicis

LOUIS XIII

Dans un plaisant pêle-mêle, femme, maîtresses, enfants, bâtards vivent tous ensemble et la vie s'écoule paisiblement. Le comte d'Angoulême, qui possède des ardeurs de reste, chasse aussi souvent que possible et, le soir, avant de choisir sa compagne de lit, écoute Imbert Chandelier jouer de l'orgue ou rimer des ballades... Mais soudain, le 1er janvier 1496, le comte Charles meurt à Châteauneuf-sur-Charente des suites d'un chaud et froid.

Le corps du défunt placé sous son gisant dans la cathédrale d'Angoulême (1), la vie, tout aussi quotidienne et calme, reprend son cours. Cependant la comtesse, devenue Louise de Savoie, car son père vient de monter sur le petit trône savoyard, ne renvoie ni sa dame d'honneur ni sa suivante. Elle se console même, dit-on, dans les bras de son chambellan Jean de Saint-Gelais, seigneur de Montlieu, mais, cette fois, elle préfère le garder pour elle toute seule.

Au printemps de 1498, une merveilleuse nouvelle bouleverse la petite cour de Cognac : le samedi 7 avril 1498, le roi Charles VIII, un lointain cousin, s'était heurté la tête en passant sous une porte trop basse du château d'Amboise, et avait expiré quelques heures plus tard.

Bienheureuse porte basse!

Le cousin germain du comte Charles, le duc d'Orléans, devient le roi Louis XII et François l'héritier de la couronne. Dauphin de France! Ah! quel radieux matin d'avril! Jamais le printemps angoumoisin n'a semblé plus beau à Louise. Sa joie sera de courte durée : l'hiver suivant, Louis répudia Jeanne la stérile – la très disgracieuse, mais fort sainte fille de Louis XI – pour épouser la féconde et séduisante Anne de Bretagne, veuve du roi Charles.

(1) Le tombeau n'existe plus. Il fut détruit par les calvinistes en 1562.

14

Mais il lui faut quitter Cognac : Louis XII exige que son héritier vienne s'installer en Touraine. Louise, suivie de Saint-Gelais et de sa surprenante maisonnée, arrive à Chinon où réside le roi. Louis XII se montre un peu choqué. Passe encore pour les bâtardes et les maîtresses du défunt comte, mais le chambellan à tout faire le gêne, et Louis le remplace par un de ses familiers : Pierre de Rohan, maréchal de Gié, cousin d'Anne de Bretagne.

Louis XII vivant à Blois, demeure d'Anne, Louise et son mentor Pierre de Rohan viennent donc s'installer à Amboise qui, depuis un demi-siècle, sert de résidence aux « dauphins ». Là, insouciant, heureux, le petit François s'adonne aux *desports* (1) avec Guillaume de La Marck, seigneur de Fleuranges, dit *le jeune Adventureux*, le seigneur Philippe Chabot de Brion, Anne de Montmorency, et « tout plein d'autres gentilshommes, lesquels ont bientôt grande accointance ensemble ». Ils jouent avec une manière de raquette – l'*escaigne* – un jeu venu d'Italie, tirent à l'arc ou poussent la *grosse boule* – un ballon de la taille d'un homme. On les voit aussi élever de « petits chasteaux et bastillons », à l'aide desquels « ils s'assaillent l'un l'autre tellement qu'il y en avait souvent de bien battus et frottés... ». Et le chroniqueur de poursuivre : « Un peu plus grands, commencèrent à s'armer et faire joutes et tournois de toutes sortes... »

François pourra revenir les habits déchirés, jamais il n'entendra le fameux : « Çà, çà, troussons ce cul! », terreur des « pauvres petits enfants escholiers innocens » de l'époque..., car Louise idolâtre son fils.

– Mon César! s'exclame-t-elle avec orgueil.

Marguerite porte également à son frère une véritable vénération. François a ainsi deux femmes à sa dévotion : sa sœur et sa mère. Le futur roi écrit déjà fort joliment, apprend le latin et la mythologie. Les récits de voyage le captivent. Mais il se passionne

(1) Le mot nous reviendra plus tard d'Angleterre...

tout particulièrement pour la poésie. Il lit *Les quinze vertus que les princes doivent avoir* et son aumônier lui donne chaque jour une leçon d'instruction religieuse. Les cours de luth viendront plus tard. On lui enseigne aussi l'italien, puisque les Valois-Angoulême, comme les Valois-Orléans, ont des droits sur le duché de Milan.

Comme Louise est fière de lui! Comme elle tremble aussi! « Le jour de la Conversion de saint Paul, 25 janvier 1501, environ deux heures après midi, écrira-t-elle bien plus tard, mon roi, mon seigneur, mon César et mon fils, auprès d'Amboise, fut emporté au travers des champs par une haquenée que lui avait donnée le maréchal de Gié, et fut le danger si grand que ceux qui étaient présents l'estimèrent irréparable! Toutefois, Dieu, protecteur des femmes veuves, et défenseur des orphelins, prévoyant les choses futures, ne me voulut abandonner, connaissant que, s'il m'eût soudainement privée de mon amour, j'eusse été trop infortunée... » Et le dauphin sortit indemne de la chevauchée! A la date du 24 octobre 1502, elle note encore la mort du petit chien de François, *Hapaguai,* « qui était de bon amour et loyal à son maître ».

Louis XII, hanté par sa chimère italienne – il en « frétillait », disait-on –, a franchi les monts pour aller reconquérir son duché de Milan, qu'il tenait de sa grand-mère Valentine, fille de Jean Visconti et épouse de Louis, duc d'Orléans. Alors que le roi est victorieux, la peste déchaîne en France ses calamités. Louise et ses enfants fuient le fléau et vont se réfugier dans leur « appartenance » solognote de Romorantin, au bord de la Sauldre où l'air semble ne pas avoir été contaminé. La reine Anne vient les retrouver, et c'est là – le 13 octobre 1499 – qu'elle met au monde une petite fille maigrichonne et chétive, Claude – la future reine Claude, que François épousera un jour et qui donnera son nom à une prune.

La peste ayant regagné – momentanément – sa tanière, Louise et sa nichée reprennent la route d'Amboise. Et la longue attente commence. Que d'heures angoissantes la Bretonne n'a-t-elle pas infligées à Louise d'Angoulême, avec ses perpétuelles grossesses annoncées à son de trompe à travers le royaume! Pour que Dieu donne un garçon à la reine Anne, dans toutes les églises de France s'élèvent des prières vers le ciel, comme la fumée des brûlis de septembre. Chaque fois, Louise croit que le royaume échappe à son fils... Mais, chaque fois aussi, la joie l'inonde : des filles ou des enfants mort-nés! Voilà tout ce que la reine offre à la France anxieuse! .

Lorsque la nouvelle qui soulage le cœur de la comtesse d'Angoulême est apportée à Amboise, après avoir ordonné au chapelain de chanter, comme il se doit, un service funèbre, elle confie son bonheur à son *Journal* intime : « Anne, reine de France, à Blois, le jour de la Sainte-Agnès, eut un fils, mais il ne pouvait retarder l'exaltation de mon César, car il avait faute de vie. »

Il y a encore, pour la torturer, ce maudit traité de 1501, qui promet en mariage la petite Claude de France, encore au berceau, à l'archiduc Charles de Luxembourg, prince de Castille, futur Charles Quint. Charles! le prénom de son arrière-grand-père, le Téméraire!... N'eût-il pas été plus raisonnable et plus sage de donner la petite princesse à François? De plus, en échange du Milanais, Louis XII a offert à sa fille une dot inconcevable : outre la Bretagne, elle apporterait à son mari la Bourgogne et le comté de Blois! Le royaume serait pour ainsi dire coupé en deux!

C'est à Blois que tout s'est décidé. Le roi a reçu au château les parents du fiancé, l'archiduc d'Autriche Philippe le Beau et sa femme Jeanne, fille d'Isabelle la Catholique et de Ferdinand d'Aragon, la future Jeanne la Folle. Ils ont quitté leurs provinces de Flandre et gagnent l'Espagne en traversant la France. D'une fenêtre du château, aux côtés de leur royal cousin, François et sa mère ont regardé les six cents chevaux de l'escorte de l'archiduc défiler dans les rues de Blois. Durant cinq jours, ce ne furent que bombances... Les princes essayèrent bien de sortir, mais la pluie les *rachassa*. Le 11 décembre, la mort dans l'âme, Louise entendit le roi et Philippe le Beau jurer sur l'hostie d'observer le traité... Le futur royaume de son François était tout dépecé!

C'est à la reine Anne qu'incombe la responsabilité de cette faute inqualifiable. Elle préfère abandonner son duché à l'Espagne plutôt que de le voir entre les mains de ce François d'Angoulême, fils de la femme qu'elle déteste... qu'elle jalouse surtout. Louise a pu mettre au monde un solide gaillard, tandis que Dieu semble lui refuser la joie de donner le jour à un dauphin...

Le temps passe, et le royaume paraît se rapprocher de François. Le roi, miné par de terribles hémorragies internes, est au bord de la tombe. En 1504, Louis se trouve à Lyon, il est au plus mal et désire mourir à Blois. On le transporte en litière jusqu'à Roanne. Là, afin d'éviter les cahots de la route, on met son lit sur une barque et Louis descend ainsi les eaux de la Loire. Le roi semble à toute extrémité. A genoux sur les rives, les paysans ne savent même pas s'ils voient passer un mort ou un agonisant!

Le maréchal de Gié, amoureux, dit-on, de Louise – il a succédé à Saint-Gelais dans toutes ses charges... –, barre la Loire avec dix mille archers afin, en cas de mort du roi, d'empêcher la reine d'aller se réfugier en Bretagne avec sa fille Claude. Puis le maréchal s'installe à Amboise qu'il entoure de troupes, pour que l'on ne vienne pas enlever le futur roi. Certain de la mort de Louis XII, il traite la reine Anne – elle est pourtant sa cousine – avec la désinvolture de l'homme persuadé d'avoir sous peu un nouveau maître. Mais Louis XII ressuscite... Gié est arrêté et Louise tombe de haut.

Après six mois de chevauchées, en avril 1505, le roi retombe malade à Blois, « ayant flux de sang, goutte, hémorroïdes ». Cette fois, il est perdu! Il reçoit l'extrême-onction et institue un conseil de régence... Dans toute la France s'élèvent des gémissements et des psalmodies. Des Parisiens se promènent tout nus dans les rues en se flagellant afin d'attendrir le ciel. Chacun brûle sa chandelle à son saint préféré. Anne fait serment de se prosterner nu-pieds devant tous les calvaires de sa province. Le roi mourant se voue à la Sainte-Hostie de Dijon, le cardinal d'Amboise à Notre-Dame de Cléry, Louis de La Trémoille à Notre-Dame de Liesse... et Louise voue tout le monde au diable pour voir le roi mort et son François assis sur le trône de France!

Cloué sur son lit de souffrance, Louis fait appeler son héritier à son chevet. Il le reçoit comme un fils. Enfin, il dicte son testament, ordonnant l'annulation du traité de Blois. Sa fille Claude doit épouser François! Louise exulte... Va-t-elle voir la fin de ses peines? Mais Louis sort de son agonie et fait « très bonne chère »... Bientôt, il part pour la chasse, un gerfaut au poing, surveillant la quête de ses limiers.

Cependant le roi ne revient pas sur sa décision concernant le mariage de sa fille avec le fils du défunt comte d'Angoulême. Il convoque les états généraux à Tours afin de souffler son devoir à la « nation ».

François – il porte aujourd'hui le titre du duc de Valois – a douze ans. Au mois de mai 1506, assis aux côtés du roi, il regarde les délégués des villes et des campagnes se presser dans la grande salle du château du Plessis. Tous à genoux, les yeux fixés sur le roi, ils remercient Louis d'avoir fait une bonne police dans le royaume.

– Il semble que les poules eussent le casque en tête, s'exclame Thomas Bricot, chanoine de Notre-Dame de Paris.

– Vous êtes si sage, sire, déclare un vieux laboureur, vous maintenez justice et nous faites vivre en paix. Vous avez osté la pillerie des gens d'armes, et gouvernez mieux que oncques roi ne fit!

Et le pauvre homme, les mains jointes, pleure à chaudes larmes. Mais Thomas Bricot reprend la parole :

— Les états supplient très humblement le roi que leur ayant montré autant grand signe d'amour par ci-devant que père peut faire à ses enfants, son bon vouloir fût que, pour le bien de ses sujets, il lui plût d'accorder le mariage de sa fille avec monseigneur d'Angoulême, Monsieur François, ici présent, qui est tout françois.

Est-ce Louise qui a soufflé au chanoine ce jeu de mots? Quoi qu'il en soit, l'orateur « remontre les grands inconvénients qui pourraient advenir, si ladite dame estoit mariée au fils de l'archiduc ou à aucun prince étranger ».

Le roi, tout en souriant intérieurement, fait mine d'être surpris par « cette chose de grande importance ». Il promet de réunir son conseil et de donner promptement sa réponse aux états. En réalité, ce n'est pas ses conseillers que Louis va consulter, mais il lui faut convaincre la reine Anne... et la tâche ne sera guère aisée! En guise de préambule, Louis déclare à sa femme qu'il a pris la ferme résolution de « n'allier ses souris qu'aux rats de son grenier ». La Bretonne, aveuglée par la haine qu'elle porte à la Savoyarde, discute âprement, invoquant l'intérêt de Claude...

— Estimez-vous, reprend le roi, qu'il n'y a point de différence que votre fille commande à la petite Bretagne, sous l'autorité des rois de France, ou qu'étant femme d'un très puissant roi elle jouisse avec lui des commodités d'un très noble et florissant royaume? Voulez-vous préférer le bât d'un âne à la selle d'un cheval?

Anne devrait se taire. En épousant elle-même deux rois de France, n'a-t-elle point dédaigné le bât et choisi la selle? Mais sa mauvaise foi la pousse et elle insiste. Alors Louis, tout en souriant, afin d'atténuer la leçon, lui rappelle que Dieu avait autrefois donné des cornes à la biche...

– Mais il fut contraint de les lui ôter, parce qu'elle voulait s'en servir contre le cerf!

Anne reste muette... Louis ne l'a point habituée à lui parler de la sorte, et le roi peut réunir les états. Le légat d'Amboise prend la parole au nom de Louis XII :

– Messieurs, le roi, notre souverain seigneur, a profondément pensé à la requête que vous lui fîtes jeudi dernier passé. Sur quoi le roi fait dire qu'il a pris de nombreux avis et réfléchi longuement, ainsi qu'il a coutume de faire en ses œuvres, qui touchent le bien du royaume et de ses sujets, desquels il a fort à cœur, tant bien que souvent il veille quand les autres dorment, par quoi vous l'avez justement baptisé « le Père du peuple »...

Le roi, conclut le prélat, « donne satisfaction à votre requête, il veut que le mariage se fasse de Madame Claude, sa fille, et de Monseigneur de Valois. Il veut et ordonne que les fiançailles se fassent jeudi prochain. Lesdits se marieront dès qu'ils seront en âge ».

– Vive le roi! clament les envoyés avec allégresse, et après son règne que Dieu lui donne le royaume du Paradis!

Le 21 mai, toujours au Plessis, ont lieu les fiançailles. La petite Claude n'a que six ans, et Mme de Foix la porte dans ses bras. Elle regarde avec admiration son fiancé de douze ans qui, paraît-il, se montre déjà fort amoureux.

Tous les participants jurent d'observer le contrat.

– De bonne foi et de parole de roi, déclare Louis.

– De bonne foi et de parole de reine, soupire Anne de Bretagne qui, visiblement, était « moult déplaisante de ce qui se faisait », remarque le chroniqueur.

– De bonne foi et de parole de princesse, lance Louise de Savoie, radieuse.

Espagnols et Autrichiens prirent fort mal la chose.

– Les rois de France, expliqua Louis XII aux ambassadeurs, quand ils viennent à la couronne, font un serment si fort et si inviolable que tout ce qu'ils accordent ou promettent après n'est de nulle valeur...

Ce serait un homme d'Eglise qui aurait, dit-on, soufflé au roi cette interprétation pour le moins spécieuse... C'est d'ailleurs l'argument que François emploiera plus tard auprès de Charles Quint pour manquer à sa parole.

Louise estime que « seul l'amour pare l'existence et vivifie les choses » – et François est bien de cet avis. A l'âge de dix-huit ans, il dévore la vie à belles dents. Ses lèvres de faune, ses yeux paillards attirent les regards de toutes les filles. Il est « glorieux et triomphant ». Son poignet peut soulever les plus lourdes épées. Large torse, larges épaules musclées, un corps taillé pour la guerre... et pour l'amour. Mais le roi s'inquiète et tremble pour son royaume : son neveu et futur gendre est tellement dépensier, si léger, si écervelé!...

– Ce gros garçon gâtera tout, soupire-t-il.

Ce en quoi il se trompe. François est un fin renard, son visage respire la ruse. Pourtant, lorsque passe devant lui n'importe quel petit bout de femme, inévitablement, le renard se fait paon. Il collectionne les succès amoureux! La nuit, sous un déguisement, il court les rues de Paris, joyeux diable toujours en quête d'un jupon. Sans parler de nombreuses aventures – tout lui est bon –, il possède une maîtresse en titre, la fraîche Jeanne Le Coq, la jolie femme de l'avocat parisien Jacques Dishomme « le plus riche de tous les gens de robe », nous dit Marguerite qui a peut-être quelque peu romancé son récit. Jeanne Dishomme a rencontré le jeune prince, « tel qu'il n'y en a eu et il n'y aura jamais de mieux fait et de meilleur air ». C'est encore Marguerite qui parle, bien entendu. Jeanne a été séduite et François, la trouvant à son goût, trame avec la belle une manière de petit complot. Un soir, il frappe à la porte de l'avocat et lui explique que, connaissant sa réputation, ayant entendu faire l'éloge de son grand savoir, il vient lui demander conseil pour ses propres affaires. Bref, il flatte la vanité de maître Dishomme qui, frétillant de fierté, appelle sa femme afin qu'elle apporte au visiteur princier « une collation des meilleurs fruits et des confitures les plus exquises ». Jeanne obéit, évite prudemment le regard de son amant, mais profite du moment où son mari prépare les boissons pour demander à François, quand il fera mine de partir, d'entrer dans une garde-robe située à droite dans la cour. C'est là qu'elle viendra le rejoindre un peu plus tard. Naturellement, le prince devra absolument empêcher que l'avocat ne le raccompagne jusqu'au portail donnant sur la rue. Quelque passant pourrait les surprendre... et ce rendez-vous d'affaires devait rester secret.

Ainsi fut fait...

François, raconte Marguerite, « entra dans la garde-robe où la belle vint le trouver quand son mari fut endormi. Elle le mena dans un cabinet aussi propre qu'il pouvait être : quoique au fond il n'y eût rien de plus beau que lui et elle... Je ne doute pas qu'elle lui ait tenu tout ce qu'elle lui avait promis ».

Les amants ne peuvent pas chaque soir jouer la comédie du « rendez-vous d'affaires », aussi François a-t-il inventé un autre subterfuge. Vers minuit, il se rend dans un couvent qui jouxte la demeure de maître Dishomme. Il donne comme prétexte le désir de prier à la chapelle, et le frère portier – qui ne semble pas s'étonner de l'heure tardive – lui ouvre. Une fois dans la place, le prince saute le mur, rejoint la ravissante Jeanne et, au petit jour, redemande au religieux, qui admire la piété de François d'Angoulême, de lui ouvrir la porte... jusqu'au lendemain.

Certes François sait qu'il lui faudra épouser un jour Claude, mais il l'explique lui-même à sa sœur Marguerite, mariée depuis 1509 au duc d'Alençon :

– Il y va du règlement de l'affaire de Bretagne, voire des intérêts généraux du royaume. J'estime certes, cette fille du roi, mais je ne pourrai jamais l'aimer. Rien en sa personne ne me séduit. Mais qu'importe! Je la veux, cette enfant. Question d'Etat! Pour l'amour, il est d'autres prés où, sans presque me baisser, j'aurai tout plaisir de cueillir à foison les plus capiteuses corolles. Et je continuerai tant qu'il me plaira d'effeuiller chaque soir les roses du plaisir avec la femme de l'avocat Dishomme.

Neuf janvier 1514.

Un hiver terrible. Toutes les rivières de France sont gelées. Les loups attaquent les paysans jusque dans les bourgs; partout le pain manque. A Blois, afin que règne le silence et que le fer des chevaux ne résonne pas sur les pavés, des charrettes entières de paille ont été répandues dans les rues... et jusque sur les parquets des appartements. Signe de richesse! Ne disait-on pas « être dans la paille jusqu'au ventre » pour désigner quelqu'un qui nage dans l'opulence?

Des forêts brûlent dans la cheminée de la chambre de la reine, sans pouvoir apporter un peu de chaleur à l'agonisante. Car Anne de Bretagne est au plus mal. Elle souffre atrocement. On l'entend murmurer :

– Ma fille Claude!

Oubliant la haine qu'elle porte à Louise de Savoie, la moribonde confie sa fille à « Madame d'Angoulesme », puis, dans d'intolérables douleurs, elle rend le dernier soupir. A son chevet, Louis XII, effondré, les yeux noyés de larmes, regarde celle qu'il a aimée de toute son âme, qu'il a aimée au point de faillir à l'honneur. Pour l'épouser autrefois, n'avait-il pas fait un faux serment? N'avait-il pas juré ne point avoir touché sa première femme, la pauvre Jeanne de France? Or, tandis qu'il se trouvait en prison pour on ne sait quel complot – il avait tant conspiré contre le pouvoir! – Jeanne était venue visiter son époux et, fantôme bossu, s'était glissée dans le lit du prisonnier. Dieu l'avait puni pour ce parjure! Dieu avait refusé de bénir son union avec Anne en ne leur accordant pas un fils.

Un dauphin!

Que de pèlerinages! Que de sources miraculeuses! Que de saints bretons n'avaient-ils pas tous deux invoqués! Huit fois la reine avait été enceinte! Huit fois!... Plus que la vie même, il avait désiré un fils! Et aujourd'hui, tout était consommé! Pour l'amour d'Anne, il avait voulu conquérir l'Italie. Neuf fois il avait franchi les Alpes. Les Gênois s'étaient donnés à lui?... Ah! il aurait mieux fait de s'écrier comme Louis XI :

– Et moi je les donne au diable! J'ai assez appris que d'envoyer des armées au-delà les monts n'est autre chose que d'acquérir du repentir avec grandes dépenses et grandes difficultés!

Sans doute avait-il conquis en vingt jours le duché de Milan, sans doute lui avait-on donné le nom de *vainqueur d'Agnadel*. Quel beau titre! Quelle belle entrée à Milan! Mais quel réveil aussi! Le pape Jules II, qui détestait la France, avait pris la tête de la coalition et frappé d'interdit le roi Louis. La reine avait cru son mari damné... et pendant toute la durée de l'excommunication, ils avaient dû vivre comme frère et sœur! Anne l'avait exigé! Sur son ordre, toutes les églises de France et de Bretagne avaient prié Dieu pour obtenir la fin de la guerre impie! C'est-à-dire la défaite française. Pendant ce temps-là, en Italie, Louis XII et ses hommes d'armes priaient Dieu pour obtenir la victoire... et Dieu avait écouté la reine!

Le 13 septembre 1513, à Dijon, La Trémoille avait dû capituler. Par un simple trait de plume, toute l'Italie était perdue! De tout le sang répandu pour l'or du beau duché, de tous les chariots d'or ramenés de Milan, il ne restait plus rien! Les revers avaient tout emporté! « Gloire et fumée de l'Italie », soupirait déjà Commynes.

Ne pouvant retenir ses sanglots, le roi Louis regarde, à travers ses larmes, Jean Perréal peindre la « remembrance » de la reine, ce mannequin destiné aux obsèques. Le roi n'a plus, lui aussi, qu'à mourir!... Une dernière fois, il contemple le visage de sa chère Anne.

– Faites un caveau assez grand pour elle et pour moi, ordonne-t-il. Devant que l'an soit passé, je serai avec elle et lui tiendrai compagnie.

Puis voûté, vieilli, il s'en va vers sa chambre, condamnant sa porte à tous ceux qui ne sont pas vêtus de drap noir.

François d'Angoulême distribue, lui aussi, une livrée de deuil à sa maison. Revêtu d'un pourpoint de satin noir de fumée, le chaperon à la main, il assiste à la messe de *Requiem* dans l'église de Saint-Florentin... mais il a bien du mal à dissimuler sa satisfaction! Anne est morte! Anne n'a pas su donner un héritier au roi Louis! Il est toujours dauphin de France!

Le roi espère-t-il assagir son cousin et héritier en lui donnant Claude pour épouse? Louis XII ne se fait guère d'illusions. Sa fille, âgée alors de quatorze ans et demi, est « d'étrange corpulence », et la pauvre enfant boite... Jamais elle ne pourra retenir ce « gros garçon » qui a toujours la moquerie gaillarde au coin des lèvres! Mais le roi sent ses forces décliner et estime que l'union de François et de Claude est indispensable pour la paix du royaume. Claude ayant hérité de sa mère le duché de Bretagne, il fallait absolument que ce beau duché demeurât sous la domination française.

On célèbre donc le mariage. La cérémonie est lugubre! Toute la cour porte le deuil de la reine Anne, et Louis, rongé par le chagrin, supprime les manifestations trop joyeuses. Il n'y a donc ni joutes, ni trompettes, ni ménestrels. Claude, venant de

Blois, arrive à Saint-Germain-en-Laye, apportant des rideaux de damas blanc dont elle garnira le lit que François amènera de Paris avec un traversin et une seule couverture. En cette claire matinée de mai, la jeune fille savoure son bonheur malgré sa robe de deuil. Elle contemple avec admiration cet homme aimé par toutes les femmes de France et qui devient son mari. Vêtu d'un pourpoint de damas noir incrusté de velours, François regarde à peine cette femme-enfant que la politique lui impose.

On s'en doute, il n'éprouve pas un extrême plaisir à l'idée de serrer dans ses bras cette petite boiteuse boulotte qui est pourtant, c'est la *Chronique d'Anjou* qui l'affirme, « un vrai miroir de pudicité, de sainteté et innocence ». Elle sait aussi très joliment s'exprimer et « sa grâce à parler supplée beaucoup à son manque de beauté », ainsi que le remarquera l'ambassadeur d'Autriche. Quant à Claude, elle est éblouie et cet éblouissement durera toute sa brève et mélancolique existence. Elle comprend parfaitement qu'elle ne peut prétendre satisfaire son volage époux. Elle ne se berce pas de vaines chimères, elle l'accepte tel qu'il est. Son emblème n'est-il pas un cygne percé d'un trait : le cygne blessé d'avoir cru à l'amour ?

François mène un train fastueux. Pourpoint de drap d'or, cheveux enserrés dans un filet d'or, éperons d'or, habits de soie d'argent brodés de diamants, zibeline, parfums, bagues, il achète tout ce que les marchands d'Italie viennent lui proposer. Ces folles dépenses contrastent fort avec la parcimonie de Louis XII, qui est atterré par la prodigalité de son héritier tout rutilant d'or et de pierreries. Ah ! que n'a-t-il eu un fils ! Le lancinant regret ne le quitte pas.

Mais pourquoi le roi ne se remarierait-il pas ?

Qui eut le premier l'idée extravagante de faire convoler cet homme, certes à peine âgé de cinquante-deux ans, mais qui en accuse plus de soixante-dix et semble avoir déjà un pied dans la tombe?

A vrai dire, ils furent deux à y penser. D'abord le nouveau pape, Léon X. L'Autriche et l'Espagne ont conçu l'idée d'occuper toute l'Italie et de démembrer les Etats de l'Eglise. Le pape, dont on devine la fureur, est bien résolu à contrecarrer ces projets. Il médite un plan. Pourquoi ne pas réconcilier l'Angleterre et la France? Pourquoi ne pas essayer de réchauffer les vieux os du roi Louis avec une jeune princesse anglaise? Henry VIII a justement une sœur de seize ans, grande, blonde, qui ressemble, paraît-il, « à une nymphe descendue du ciel »... Elle se prénomme Mary et favoriserait à merveille les desseins de Léon X. Sa Sainteté possède à Londres un appui en la personne de Thomas Wolsey, fils d'un boucher, chapelain d'Henry VII, puis aumônier d'Henry VIII, cardinal, archevêque d'York et légat du pape. Ce légat se distingue par des dons exceptionnels et variés. Entre autres spécialités, il possède des talents de mime, de danseur, de prestidigitateur, de musicien et d'écuyer. Bref, il a tout pour plaire au roi... et il lui plaît. Voilà l'homme idéal pour mener l'affaire à bien!

La tâche de ce cardinal-baladin se trouve d'ailleurs fort simplifiée par la présence à Londres du marquis de Rothelin, duc de Longueville, ami du roi Louis XII... et prisonnier du roi Henry VIII à la suite du désastre de Guinegatte le 16 août 1513. C'était, il faut l'avouer, un curieux prisonnier. Habile au *desport*, il avait conçu le projet de payer sa rançon – 50000 écus d'or – en jouant à la paume avec son vainqueur. En cet été 1514, il est parvenu, à roides coups de raquette, à gagner sa liberté et la confiance du roi. Longueville, lui aussi, pense qu'un mariage franco-anglais arrangerait bien les affaires de Louis XII. Henry VIII, au lendemain de la prise de Tournai, ne vient-il pas de signer un nouveau traité avec l'empereur Maximilien et avec Ferdinand, roi d'Aragon et de Castille? Ne s'agit-il pas cette fois, pour ce triumvirat retors, de démembrer tout simplement le royaume de France? Pourquoi, songe le duc, ne pas remplacer les hommes d'armes du roi Henry qui s'apprêtent à traverser la Manche par le cortège nuptial de la jolie Mary?

Pour parvenir à ses fins, Longueville, au lieu de regagner la France, continue d'affronter Henry à la paume, en essayant de convaincre son adversaire. Son allié Ferdinand n'a-t-il pas osé traiter directement avec Louis XII la cession de la partie espagnole de la Navarre? Or Henry VIII, époux de Catherine d'Aragon – le roi avait épousé la veuve de son prédécesseur –, n'avait pas été prévenu. Henry pouvait donc, sans scrupules, lui rendre la monnaie de sa pièce. Mary n'est-elle pas fiancée à Charles de Luxembourg, prince de Castille? C'est lui, précisément, que l'on avait promis autrefois à Claude. Rompre ce projet au profit d'une union avec Louis XII serait un cuisant échec pour le bloc hispano-autrichien!

Le mariage français servirait, en outre, les intérêts britanniques. L'alliance entre les deux rois mettrait un frein aux agissements de l'empereur Maximilien en Italie. Laisser l'Autrichien et l'Espagnol avaler la péninsule – cette botte indigeste – compromettait gravement l'équilibre européen. En revanche, si la France, grâce à l'appui anglais, réussissait à reprendre le duché de Milan, l'Europe se trouverait divisée en deux blocs égaux, dont le roi d'Angleterre serait l'arbitre.

Longueville fait encore miroiter à Henry l'or que lui rapporterait l'opération. Louis XII payerait assurément très cher pour obtenir cette paix qu'il désirait tant. C'est ce dernier argument qui porta le plus : Henry aime l'argent, et, pour un sac d'écus, vendrait même son âme...

Lorsque Thomas Wolsey, entre deux tours de passe-passe ou deux entrechats, tente de son côté de persuader son maître – on lui fait miroiter, à lui aussi, un monceau d'or – la victoire est aisée. Grâce au tennis, à la danse et à la prestidigitation,

Henry VIII est convaincu : l'Angleterre quittera l'alliance hispano-autrichienne et Mary, pour sceller le futur traité, épousera Louis XII.

Il ne reste plus qu'un obstacle, mais il est de taille : Louis XII n'est pas encore prévenu. Longueville n'est cependant pas inquiet. Il n'en doute pas, il suffira de montrer au roi le portrait de la princesse pour qu'il s'enflamme aussitôt à la vue de cette beauté « pétrie de roses »... et puis, c'est une raison probante, Henry VIII l'aidera peut-être à reconquérir le duché italien. Le roi d'Angleterre n'a-t-il pas pris comme devise : *Qui je défends est maître*?

Le marquis de Rothelin ne s'est pas trompé; Louis est immédiatement séduit. « Faites mes recommandations au roy mon bon frère, écrit-il au cardinal Wolsey, et lui dites que je lui prie de m'envoyer sa sœur le plus tôt que faire se pourra, et qu'il me fera, en ce faisant, singulier plaisir. » L'irrésistible Mary Tudor – celle que j'ai pris la liberté de baptiser au théâtre *la Reine galante* – montre infiniment moins d'enthousiasme... Quant à François d'Angoulême, il est anéanti lorsqu'il apprend la nouvelle claironnée à son de trompe à travers le royaume. Au mois de janvier, Louis parlait de ses funérailles, et aujourd'hui, il commande un pourpoint rouge pour ses noces! Si la troisième femme de Louis XII donne le jour à un fils, il peut dire adieu au royaume de France!

Il fait grise mine lorsque le roi le charge, en sa qualité d'héritier de la couronne, d'aller à la rencontre de la nouvelle reine. Non loin d'Abbeville, le 7 octobre 1514, « vêtu mi-partie or, mi-partie argent », un manteau de satin blanc jeté sur ses épaules, François attend sa « belle-mère »... Il voit d'abord venir vers lui deux cents archers à cheval, un régiment de tambours et de trompettes, des hérauts d'armes, des ambassadeurs et des seigneurs anglais, enfin Mary qui, à cheval, précède sa litière d'honneur semée de fleurs de lys d'or... Tandis qu'au loin, derrière les chariots, cinquante archers ferment la marche, François émerveillé n'a d'yeux que pour la nouvelle reine. La beauté de Mary l'épouvante : assurément ces yeux bleus, ces cheveux d'un blond doré, ces lèvres humides, cet air de volupté, ce teint comme on en trouve bien rarement sur le continent, vont rendre au roi sa vigueur...

Et elle a seize ans!

Mary penche sa jolie tête vers François, l'appelle – non sans un peu d'ironie – « Monsieur mon beau-fils », et l'on se remet en marche. La reine chevauche une haquenée blanche harnachée d'or. Sa robe, rayée d'or et de pourpre, à la mode d'Angleterre, est un peu lourde comparée aux gracieuses robes portées par les dames d'honneur françaises. Quatre hommes d'armes soutiennent au-dessus de la nouvelle reine un baldaquin orné d'un semis de roses d'York et de porcs-épics, emblème de Louis XII. Une rose offerte à un porc-épic!... Quelle étrange union!

Le porc-épic arrive bientôt à la rencontre de sa troisième femme. « Le roi fort antique et débile », ainsi que le note Louise de Savoie, dans son *Journal*, a quitté Paris le 22 septembre. A Abbeville, il se trouve entouré de quinze cents gentilshommes. Louis XII a, en effet, demandé à sa noblesse de prendre le chemin de Picardie afin de faire honneur à sa nouvelle souveraine. Louis, sur son cheval *Testegaie*, un genet d'Espagne à l'humeur folâtre tout caparaçonné d'or, s'arrête devant Mary. A la vue de cette beauté rayonnante, il est ébloui et, afin de prouver à sa femme qu'en dépit de sa décrépitude apparente, il est encore plein de vie, il pique des deux, enlève gaillardement *Testegaie* et, sans descendre de sa monture, embrasse fort galamment sa femme. Louis semble tellement heureux d'avoir réussi cette prouesse équestre qu'il embrasse tous les seigneurs anglais de l'escorte, toujours sans quitter les étriers, puis, essoufflé par ces exercices de haute école, il tourne bride et plante là Mary quelque peu ébahie par cette exhibition.

Bientôt, on atteint les murs d'Abbeville où « toute l'artillerie était affûtée et tirait merveilleusement ». Au logis royal, le duc de Norfolk, au nom de son maître Henry VIII, remet solennellement la reine au roi de France.

A Londres, lors du mariage par procuration, le duc de Longueville avait représenté Louis XII. Après la cérémonie, la jeune épousée avait été déshabillée et mise au lit en présence de nombreux témoins. Louis de Longueville pénétra alors dans la chambre nuptiale. Il portait une « robe de nuit » et était chaussée de bas couleur pourpre. Avec égards, on lui enleva le bas gauche, puis le duc entra dans le lit et, de sa jambe gauche dénudée, toucha la jambe droite et nue de la jolie Mary. Le mariage fut alors déclaré « consommé ». Et Longueville sortit du lit, sans doute avec quelques regrets. C'était là une affaire qui n'allait que d'une jambe...

Ce soir, à Abbeville, Louis XII ne se contente pas de dîner ainsi du fumet d'un festin. En effet, relate un chroniqueur, « la nuit vint, le roi et la reine se couchèrent et le lendemain le roi disoit qu'il avait faict merveilles ».

– Suis tout vaillant! déclare-t-il à qui veut l'entendre.

On ignore l'opinion de la reine, mais l'on sait que François a l'air de plus en plus déconfit.

Et six semaines passent...

A Paris, dans sa demeure royale des Tournelles, qui s'élève sur l'emplacement de l'actuelle place des Vosges, Louis XII est brisé de fatigue. Depuis son mariage à Abbeville, il n'a pas cessé de faire « le gay compagnon avec sa femme », se levant tard, se couchant à minuit et dînant à midi au lieu de 8 heures du matin. Il aime sa « poupée anglaise » à en perdre le souffle... et, visiblement, commence déjà à le perdre. François peut regarder l'avenir avec plus de confiance. Mais un jour, il découvre avec terreur que si Louis XII ne peut, semble-t-il, avoir d'enfant, il y a auprès de Mary un suppléant – et quel suppléant! – George Brandon, duc de Suffolk, un colosse barbu, ancien veneur du roi devenu ambassadeur d'Angleterre, dont Mary, âgée seulement de seize ans, est la maîtresse depuis près de deux années! Henry VIII avait autorisé sa sœur à l'emporter dans ses bagages, avec mission de pallier la défaillance éventuelle du roi de France. Si Louis XII mourait avant la naissance d'un fils – et les seize ans de Mary allaient l'achever – la couronne serait posée sur la tête de François. Or ce jeune fou ne disait rien qui vaille à Henry. Grâce à la vigueur de son ambassadeur, le roi d'Angleterre pouvait espérer voir la France bientôt gouvernée par une régence. L'Angleterre aurait eu quinze ans de tranquillité!

C'est Jean de Grignols qui surprend les amants. Ancien officier de la reine Anne il ne quitte guère Mary. Il prévient aussitôt Louise de Savoie, qui est alors à Romorantin. La mère de François accourt au grand trot de sa litière. La comtesse d'Angoulême parle haut et ferme à l'ambassadeur, pour le convaincre d'abandonner son étrange ambassade... Est-il dans les attributions d'un ministre plénipotentiaire de suppléer dans ses affaires personnelles le souverain auprès duquel il se trouve accrédité? En voulant devenir le père du futur roi de France, Suffolk ne se rend-il pas compte qu'il travaille contre son propre intérêt? Que se passerait-il si le roi Louis mourait, laissant son trône entre les mains d'un enfant? De droit, Louise et François feraient partie du conseil de régence, et leur premier geste serait de demander à Henry VIII de mettre fin à la curieuse diplomatie de son veneur... Le roi se hâterait de le rappeler à Londres. Etalon désormais inutile, il n'aurait plus qu'à regagner l'Angleterre. Mais la reine Mary resterait en France auprès de son fils, ce fils fût-il celui du duc de Suffolk! Bref, il serait séparé de la femme qu'il aimait. L'intérêt de l'ambassadeur était donc que la reine – du moins pour l'instant – ne connût pas les joies de la maternité.

Suffolk comprend d'autant mieux le raisonnement de Louise que la mère de François lui offre en même temps 50000 livres de rente et une terre en Saintonge. Il n'a qu'à attendre paisiblement la mort du roi... A ce moment, il aura Mary pour lui tout seul!

Pour plus de sûreté, François loge Suffolk chez maître Dishomme, et Jeanne Le Coq est chargée d'occuper l'ambassadeur. La chronique ne dit pas jusqu'où la jolie femme de l'avocat poussa le patriotisme...

Cependant, on se méfie avec raison de la reine. François, afin de surveiller sa belle-mère, ne la quitte plus. Sans doute, au début, est-elle agacée par cet espionnage ridicule, mais comme Suffolk reste de marbre devant elle, petit à petit, Mary devient coquette avec François. Elle multiplie, paraît-il « miniardises et caresses ». Elle accueille toujours son beau-fils en l'embrassant... et précisons que l'on ne tend pas alors ses joues, mais ses lèvres. Bref, elle joue avec ce « gros garçon » qui va bien « tout gâter », selon les craintes du roi. Elle l'ensorcelle à merveille et le dauphin, ravi et inconscient, s'apprête, tout bonnement, à se donner, pour futur roi, son propre bâtard!

C'est Grignols qui aperçoit le danger – et Brantôme nous raconte la scène en ces termes :

– Comment, Pâques-Dieu! reproche Grignols, tout « courroucé », à François, qu'alliez-vous faire? Ne voyez-vous pas que cette femme, qui est fine, veut vous attirer à elle afin que vous l'engrossiez? Et si elle vient à avoir un fils, vous voilà encore simple comte d'Angoulême et jamais roi de France, comme vous l'espérez. Le roi son mari est trop vieux, et ne peut lui faire d'enfant. Vous l'irez toucher et vous vous approcherez si bien d'elle que vous, qui êtes jeune et chaud, elle de même, Pâques-Dieu! elle prendra comme à glu : elle fera un enfant et vous voilà bien! Après vous pourrez

dire : « Adieu ma part du royaume de France »,
songez-y!

François est troublé... mais dès le lendemain,
Mary reprend son manège. Le jeu semble l'amuser
prodigieusement. L'inévitable va se produire. Grignols alerte alors à nouveau Louise de Savoie qui
est atterrée. Elle chapitre longuement son terrible
fils, mais François ironise. Allons donc! le prend-on
pour un enfant?... Louise poursuit : François devrait
se souvenir qu'il y a des instants dans la vie des
hommes où faiblissent les meilleures intentions... et
elle rappelle à son fils le proverbe espagnol :

« Jamais femme habile ne mourut sans héritier! »

Et Mary est beaucoup plus qu'une femme habile!... C'est « une garce et une catin », comme
François lui-même le reconnaîtra plus tard... mais,
aujourd'hui, il ne veut rien savoir. Et c'est pour en
arriver là, soupire Louise, qu'elle avait tant espéré
et tant souffert depuis vingt années? Combien de
fois ne s'est-elle pas penchée au-dessus du lit où
Louis XII, si souvent, était prêt à rendre l'âme?
Lorsque le roi se sentait mal, elle accourait presque
aussi vite que les médecins! Vingt fois elle avait cru
le roi mort, mais, chaque fois, Louis s'était relevé.
Son fils, son « César », roi de France! Allait-elle
devoir renoncer à ce rêve à la veille de le voir
monter sur le trône?

François, de plus en plus inconscient, enflammé
de désirs, ne veut rien écouter. « Tenté et retenté
des caresses de cette dame anglaise, nous dit Brantôme, il s'y précipite plus que jamais. »

Louise alerte Claude qui, à son tour, supplie :

– Pour mon père, pour moi, pour vous, pour ce
fils que nous aurons un jour et qui sera dauphin de
France, François, vous ne comprenez pas que vous
allez tout perdre!

Mais François hausse les épaules. Il affirme « se
mourir d'amour »... C'est au tour de Louise de se
moquer :

– Cette maladie ne tue que ceux qui doivent mourir dans l'année!

Et la comtesse d'Angoulême décide d'employer les grands moyens. Comment? Ce n'est guère aisé! « Vignes et filles sont difficiles à garder!... » Madame de Savoie prend des mesures draconiennes : elle demande à la baronne d'Aumont et à Claude de ne plus quitter la reine. Le soir, lorsque le roi demeurera dans ses appartements – et le fait devient de plus en plus fréquent – la prude Mme d'Aumont ou la pauvre Claude partageront le lit de la reine. N'est-ce pas là une vieille coutume? La reine de France ne doit point dormir seule!... On devine la scène lorsque, pour la première fois, Mary voit sa belle-fille s'installer à côté d'elle avec armes et bagages. Claude venant protéger l'Anglaise des assauts de son mari! Piquante situation. Et pendant ce temps-là, François ronge son frein... S'il rend visite à Mme Dishomme, il y trouve M. de Suffolk! Peut-être même l'ambassadeur veille-t-il, lui aussi, sur la chasteté de Mary... ne désirant pas que quelqu'un d'autre lui fasse ce qu'il ferait fort bien lui-même!

Rassurée, Louise regagne Romorantin. La vertu de la reine et l'honneur du roi sont bien gardés!

Maintenant, dans sa maison royale des Tournelles, le roi s'éteint. Il ne quitte guère son lit, miné par de terribles hémorragies. Depuis le 15 décembre 1514, il n'est plus qu'un spectre. Mary l'a achevé! Presque tous les jours, elle vient s'asseoir au pied du lit de sa victime, tout en jouant du luth ou du rebec. Il la regarde ému... Elle non plus n'a pu mettre au monde un fils! Il a épuisé sa vie sans pouvoir la donner. Mais il ne lui en veut point : elle a illuminé ses derniers jours, et, ouvrant une cassette qui se trouve à son chevet, il offre à sa femme des diamants comme on offre des sucreries à un enfant. Parfois, Mary le croit mort... Il garde les yeux fermés, son visage si exsangue! Elle se penche au-dessus de lui : il ouvre les yeux... Elle est encore reine!

Le dernier jour de l'année 1514, le roi appelle François. En voyant entrer son héritier, il ne doute plus que sa fin ne soit proche. Il a appris à lire dans le regard avide du dauphin le temps qui lui reste à vivre! Et, cette fois, les yeux du comte d'Angoulême brillent d'un tel éclat!

– François, je vous recommande mes sujets...

On ne connaît de cette ultime conversation que ces quelques mots.

CHAPITRE II

UN ROI DE VINGT ANS.

Le 1er janvier 1515 – une année qui sonne pourtant claire et joyeuse dans l'Histoire de France – il fait un temps épouvantable. La tornade arrache les arbres. Le vent fait lugubrement battre les volets de la maison royale des Tournelles et rabat la fumée des cheminées dans les vastes salles glaciales. Le soir, vers 10 heures et demie, alors que les rafales redoublent, le roi Louis expire.

François n'est pas au château... Bonnivet, Fleuranges et quelques autres galopent vers l'hôtel de Valois où attend le dauphin. De sa chambre, le comte d'Angoulême entend le galop des chevaux, puis les pas qui montent en hâte l'escalier et, soudain, il voit ses amis entrer dans la pièce en criant leur joie :

– Vive le roi! Vive le roi François Ier!

– Belle étrenne! s'exclame même Bonnivet, sans la moindre décence...

Le nouveau souverain saute à cheval. Il accourt aux Tournelles, cette demeure qui va devenir sa résidence parisienne. Il passe sous l'écu de France à trois fleurs de lys d'or (1) porté par un ange qui orne l'entrée de l'hôtel, à hauteur de notre impasse

_____

(1) L'emblème royal n'est d'ailleurs pas un lys, mais un iris jaune d'or, choisi, dit-on, par Clovis. C'est seulement sous Louis VII que l'iris devient « fleur de Louis », puis « fleur de Luce », et enfin, la *fleur de lys* des rois de France.

Guéménée. Rapidement, il gravit l'escalier conduisant à la chambre royale. Devant le corps de Louis, Jacques de Chabannes, seigneur de La Palice, grand maître de la maison du roi, le bâton noir de commandement à la main, a réuni les serviteurs et leur déclare :

– Messeigneurs, je vous proclame que le roi notre maître, Louis le Douzième, a passé de cette sphère à l'autre. Notre maître est mort. Et puisque nous n'avons plus de maître, en signe de vérité, je brise mon bâton et le jette à terre.

Dans la nuit noire, ne sentant pas l'averse qui perce son manteau, François, au pas lent de son cheval, s'en retourne à l'hôtel de Valois. Il est rêveur. Car il n'est roi que si Mary ne porte pas d'enfant...

Le dernier acte du vaudeville va se jouer.

Mary pleure... non son vieil époux, mais le trône!

Selon la coutume, dès l'aube, elle a été conduite, rive gauche de la Seine, à l'hôtel de Cluny – c'est aujourd'hui un bien beau musée – où elle passera les quarante premiers jours de son deuil. La reine blanche – c'est ainsi qu'elle est désignée, car les reines de France portent en blanc le deuil de leur époux – est immédiatement gardée à vue. Tout enfant conçu avant six semaines pourrait, en effet, être *légalement* attribué au roi défunt. Mme d'Aumont et Mme de Nevers ne la quitteront pas. De plus, la loi exige que fenêtres et volets du logis restent fermés. Seule la lueur jaune et tremblotante des chandelles éclaire la chambre de la reine blanche. Mary croit devenir folle : elle est en larmes toute la journée; le chagrin, la colère l'étouffent et dégénèrent parfois en crises de nerfs. La reine refuse cependant de jurer qu'il n'y a *aucun* motif pour qu'elle puisse être enceinte. Peut-être est-elle sincère... Mais François ne peut toujours pas se faire sacrer à Reims! Il n'ose même pas commencer les préparatifs pour sa descente vers le Milanais. Il trépigne d'impatience en attendant le bon plaisir de

Mary. Ah! s'il s'agissait d'une autre femme, il irait se planter devant elle et lui dirait :

– Suis-je roi, Madame?

Mais avec Mary, ce rire toujours à fleur de lèvres, ce regard moqueur, ce corps offert, il n'ose pas! Il est désarmé. Il lui faut attendre... D'ailleurs, toute l'Europe est dans l'expectative. En Lombardie, Sforza et ses Suisses s'interrogent. Que vont-ils avoir : la paix ou la guerre? L'Espagnol et l'Autrichien se demandent si ce sont les vagissements d'un nouveau-né ou le cliquetis des armures qui vont venir de France. A Londres, le roi Henry tremble d'espoir sous sa charpente épaisse. Tout le royaume de France s'inquiète. Qui sera son maître? François ou...?

Soudain, une nouvelle éclate... Mais laissons la parole à Pierre de Brantôme, seigneur de Bourdeille.

La reine Mary « faisait courir le bruit, après la mort du roi, tous les jours, qu'elle était grosse; si bien que ne l'estant point dans le corps, on dit qu'elle s'enflait peu à peu par le dehors avec quelques linges... Mais Mme de Savoie qui était une fine Savoisyenne qui savait ce que c'est que de faire des enfants... la fit si bien esclairer et visiter par des médecins et sages-femmes, et par la vue et découverte de ses linges qu'elle faillit en son dessein et ne fut point reine mère... »

Brantôme parle par ouï-dire, car il naîtra seulement en 1540... Cependant, un autre chroniqueur nous donne cette version des faits :

« M. d'Angoulême, dauphin, qui ne parvenait point à croire à cette étonnante grossesse », se présenta, en dépit du règlement, devant la reine blanche et lui demanda « s'il pouvait se faire sacrer roi ».

– Sire, je ne connais point d'autre roi que vous, aurait-elle répondu en lui faisant une profonde révérence.

A François, elle ne peut mentir! La peur que cette prétendue grossesse a inspirée à Louise de Savoie et à son entourage la paye de toutes ses peines!

La comédie est finie...

Le 10 janvier, on enterre Louis XII. Le Trésor est vide, et François n'est même pas parvenu à trouver les 13 000 livres tournois nécessaires pour payer les funérailles. Les religieux de Saint-Denis et les clercs desservant la chapelle royale l'ont bien deviné! Ils se sont battus dans la basilique afin de s'emparer du drap d'or recouvrant la bière. Il faudra le bruit du cercueil tombant lourdement sur les dalles pour calmer l'affreux tumulte.

Le 12 janvier, François Ier distribue charges et privilèges. Le grave et bedonnant légiste Antoine Duprat, précepteur du roi, premier président du parlement de Paris, et surtout homme de confiance de Louise de Savoie, est désigné comme chancelier, charge qui lui permet de remplacer le souverain lorsque celui-ci est absent. C'est un homme dur, « scientifique et subtil », ainsi que le dit un témoin du temps. Le sourire rare et pincé, le visage blafard, la rudesse et le manque d'affabilité du ministre désarçonnent souvent François. Mais Duprat est un homme de loi habile et très exigeant en affaires. Ce qui est le plus important!

Séduisant, élégant et spirituel, Bonnivet, l'ami des femmes, deviendra amiral. Avait-il seulement navigué? Peu importe!... Le courageux La Palice est créé maréchal de France, et le duc de Bourbon élevé à la dignité de connétable, gouverneur du Languedoc et chambrier. Chef des armées lorsque François ne combat pas, il se tient à la tête de l'avant-garde lorsque le roi « commande la bataille ». Personne ne se doute encore que ce descendant de Saint Louis trahira la cause française!

Le principal conseiller de Louis XII, l'adroit et savant Florimond Robertet, est maintenu dans sa charge de secrétaire des Finances, qui lui permet d'assister aux délibérations du Conseil. Il travaillera bien souvent seul avec le roi, et les deux hommes se trouveront alors « en famille », puisque Robertet a épousé la plus chère des bâtardes de Charles d'Angoulême, la petite Souveraine. Quant à Louise de Savoie, son comté d'Angoulême est érigé en duché.

Le couronnement approche. Le 18 janvier, la cour prend la route de Reims où se déroulera le sacre du roi François. La reine Claude, qui attend déjà un enfant, n'accompagne pas son mari.

Après sept jours de voyage, le cortège atteint Reims et pénètre dans la cathédrale. François, profondément ému, s'incline devant le maître-autel, puis s'en va passer la nuit au palais archiépiscopal. Ne pouvant trouver le sommeil, il retourne à 9 heures du soir à la cathédrale et demeure là, seul, « vacquant à oraisons et choses contemplatives et divines moult dévotement ». Puis, à minuit, il chante matines.

Le lendemain, 25 janvier, tandis que les quatre gentilshommes de François vont chercher la Sainte Ampoule à Saint-Remi, l'archevêque, Robert de Lenoncourt, frappe à la porte du roi. Le souverain – il a fort peu dormi – a déjà revêtu la chemise et la tunique de soie ouvertes aux échancrures rituelles et fermées par des boutons d'argent. Il passe une robe de damas blanc fourrée de martre, et l'on part à petits pas, en procession, pour la cathédrale où se pressent les invités. Savourant cet instant de bonheur, François ne regarde que les habits et insignes royaux – couronne, épée, sceptre, main de justice, éperons d'or – déposés sur l'autel et gardés par les abbés de Saint-Denis et de Saint-Remi.

Après les serments se déroule l'interminable cérémonie des onctions. « Il est à noter, remarque le chroniqueur, que ladite huile qui est dedans la Sainte Ampoule, bien qu'il y en ait peu, et qu'à chaque sacre d'un roi de France on en prenne un peu, toutefois elle n'y diminue point; ce qui est un grand miracle. »

Et c'est le couronnement!

L'archevêque, entouré des pairs, pose la lourde

couronne d'or de Charlemagne, la couronne aux quatre fleurs de lys, sur le front de François. Enveloppé maintenant dans les plis d'un manteau fleurdelysé, le « roi en majesté » prend place au haut du praticable élevé au milieu de la nef. Toutes les trompettes, soutenues par les orgues, commencent à sonner. Les yeux de Louise et de Marguerite sont embués de larmes... Le peuple, massé dans le fond de l'église et sur le parvis – car tous n'ont pu trouver place à l'intérieur – crie : « Vive le roi! » Un roi qui règne sur près de vingt millions de sujets, sur le pays le plus peuplé d'Europe.

François a communié sous les deux espèces du pain et du vin, il est maintenant revêtu d'un caractère sacré. Selon une ancestrale coutume, il reçoit ensuite le pouvoir de guérir les écrouelles – la scrofule, ou l'inflammation tuberculeuse des ganglions – en se rendant au monastère de Corbeny, où il prie longuement devant la châsse contenant les reliques de saint Marcou.

> En vertu de la sainte onction
> Qu'à Reims reçoit le noble roy de France
> Dieu par ses mains confère guérison
> D'escrouelles : voici la démontrance.

Puis le roi remet à chaque malade deux petites pièces d'argent, des sols tournois, de la bonne monnaie frappée à Tours.

Au retour, François s'arrête à Compiègne où l'attendent les ambassadeurs de Charles de Luxembourg, archiduc d'Autriche, proclamé prince naturel des pays d'En-bas à Bruxelles, le 5 janvier. Henri de Nassau, Michel de Sempy et le président des Etats de Bourgogne, Mercurino de Gattinara, présentent les excuses de leur maître qui, en tant que comte de Flandre, de duc de Bourgogne – mais il n'a pas la souveraineté du duché – et de pair de France, aurait dû se trouver à Reims. Le comte de Vendôme l'avait remplacé. Le futur Charles Quint – il n'a que quinze ans – demande la main de Renée de France, belle-sœur du roi, et propose encore « une indissoluble amitié ».

Trois jours après le décès de Louis XII, à la première avance faite par les Autrichiens, le roi François s'était montré « assez aigre en ses devises ». Il se méfie de celui qui sera bientôt son rival et, un jour, son vainqueur. Et puis François ne pense qu'à son duché de Milan – ce sera d'ailleurs l'obsession de sa vie, de même que l'idée fixe de Charles sera « l'appartenance » du duché de Bourgogne. François désigne quelques gentilshommes pour les négociations qui se dérouleront un peu plus tard à Paris, mais dès maintenant, vis-à-vis des ambassadeurs, il tient à bien marquer les positions :

– Mon cousin, le prince d'Espagne, leur dit-il, en me rendant comme mon vassal le devoir des fiefs qu'il tient, me trouvera de ce côté tout raisonnable. Si comme mon parent et voisin, et à cause des autres pays qu'il a, il désire mon amitié, et que nous ayons union et intelligence ensemble, je le désire et suis bien joyeux qu'il soit hors de tutelle et que j'aie affaire à un homme seul.

Pensant à son duché de Milan, François précise encore avec superbe :

– Tous les princes, grands et petits, ne m'amèneront jamais à souffrir une diminution de ma hauteur.

Les deux représentants de l'archiduc s'inclinent :

– Sire, comme notre prince, vous êtes jeune; vous êtes tous deux des feuillets blancs; tous deux vous pourriez, étroitement unis, commencer votre règne pour le plus grand bien de la chrétienté.

Le roi approuve... puis prend le chemin de Saint-Denis où doit avoir lieu, le 8 février, une cérémonie différente de celle du sacre de Reims : il s'agit de la « prise de la couronne ». La semaine suivante, le 15 février, autre coutume ancienne, qui marque une « prise de possession » importante : François entre solennellement dans Paris. Son cheval « accoutré de blanc et entoilé d'argent », caracole fièrement durant la traversée de la capitale dont les rues ont été sablées. « Ce fut, nous dit *le Loyal Serviteur,* la plus riche et triomphale entrée qu'on ait jamais vue en France; car de princes, ducs, comtes et gentilshommes en armes, il y en avait de mille ou douze cents. »

Les cent cinquante mille habitants de la ville – elle en comptera soixante-dix mille de plus à la fin du règne – se préparaient somptueusement depuis un mois. Les tapisseries et les tentures cramoisies masquent les façades, les oriflammes flottent aux pignons, tandis que défile l'interminable cortège, la cavalcade plutôt, dont les chevaux sont caparaçonnés d'or et d'argent. Mais c'est le blanc, le blanc royal, et aussi le bleu qui dominent. Sur l'habit des gardes du corps flamboie la salamandre, emblème de François Ier, cet animal magique qui, dit-on, triomphe du feu et peut vivre au milieu des flammes sans être détruit. Mais qui eut la curiosité de démontrer le bien-fondé de cette légende, qui permit à François de choisir pour devise *Nutrisco et extinguo,* je m'y nourris et l'éteins?

François, tout en lançant à la foule des pièces d'argent et d'or, se rend à Notre-Dame pour « remercier Dieu et la Vierge Marie ». Ensuite, durant plusieurs jours, se succéderont tournois, joutes et banquets. Victorieuse, Louise rayonne :

– Humilité m'a tenu compagnie et patience ne m'a jamais abandonnée!

François veut montrer à tous qu'il est bien le maître. Lorsque, un peu plus tard, un poète, le sieur Cruche – qui aurait bien dû prendre un pseudonyme... – fait jouer sur un échafaud de la place Maubert une farce ridiculisant les amours de François et de Mme Dishomme, le roi envoie une dizaine de gentilshommes qui déshabillent Cruche et s'apprêtent à le jeter dans la rivière, mais soudain le poète leur montre sa tonsure et brise leur élan. Le chansonnier était un prêtre – ce qui lui épargne un bain forcé.

✶✶

Ce même 15 février, la quarantaine terminée depuis quatre jours, Mary aurait pu sortir de sa « prison » et assister à la « joyeuse entrée » de François dans sa bonne ville de Paris. Mais Mary a préféré demeurer chez elle, à l'hôtel de Cluny, plutôt que de subir la cérémonie qui marque le début du nouveau règne. Elle n'est plus rien qu'une reine douairière... de seize ans, il est vrai!

François vient la visiter, revêtu d'un costume violet.

– On dirait le diable, murmure-t-on sur son passage.

C'est effectivement un peu diabolique, ce que vient proposer François : il lui offre tout simplement de l'épouser. Louis XII n'a-t-il pas répudié sa première femme, fille de Louis XI? N'a-t-il pas convolé ensuite avec la veuve de Charles VIII, son prédécesseur? François – il en est certain – parviendrait facilement à obtenir de Rome l'annulation de son mariage. Pour fléchir le pape, il n'aurait qu'à supprimer la Pragmatique Sanction de Bourges, promulguée par Charles VII, en 1438, et qui limitait le pouvoir des papes sur l'Eglise de France. Quelle monnaie d'échange! Léon X accourrait jusqu'à Paris pour bénir leur union! Assurément, la Reine galante a dû soulever une objection majeure : Claude n'attend-elle pas un enfant du roi? Ce qui rend le divorce difficilement réalisable! De plus, en admettant que François parvienne à ses fins et puisse répudier sa femme, renoncer à Claude n'est-ce pas renoncer aussi à la Bretagne? Bref, Mary refuse la proposition du roi. Elle n'en est pas moins « fort ennuyée », et même « en ressent une extrême douleur ». Ce sont là les termes dont elle se sert pour peindre son état d'âme auprès de son frère Henry.

En veut-elle à François de n'avoir pas su forcer sa porte? Ce n'est pas impossible! Pourtant elle le lui

dit avec franchise : elle ne l'aime point et n'a en tête
que le duc de Suffolk!

– J'espère, demande-t-elle au nouveau roi, que
vous souffrirez que je me marie selon mon cœur?

Ainsi, pour un George Brandon, cet ancien
veneur, elle refusait le royaume de France? Mais,
pour Mary, l'homme qu'elle aime vaut tous les
royaumes. Sous son portrait on peut lire ces quatre
mots :

> *Plus fole que reyne!*

Cette devise serait, dit-on, de la main même de
François... N'y devine-t-on pas un mélancolique
regret? Lui avoir préféré Suffolk, quelle folie!

Ainsi, le 31 mars 1515 – après trois mois de
veuvage – Mary d'Angleterre épouse George Brandon, duc de Suffolk. Laissant à Paris un monceau de
notes impayées, ils partent en voyage de noces et
vont inspecter le douaire de la « reine blanche ».
Au retour éclatent d'âpres discussions : Mary veut
emporter tous les meubles et les joyaux qui lui
viennent de Louis XII. François se fâche. L'ex-reine
se résigne, mais refuse obstinément de céder le
Miroir de Naples, un superbe diamant que le roi
estime appartenir à la Couronne. De guerre lasse,
François abandonne la pierre précieuse à Mary qui,
lors de son arrivée à Londres, se fait siffler pour
avoir refusé le royaume de France que le nouveau
souverain lui avait offert.

Maintenant, le roi ne pense plus qu'à *son* duché
de Milan qui, dit-il, lui tient « merveilleusement à
cœur ». N'est-il pas l'arrière-petit-fils de Valentine,
héritière du Milanais, et épouse de Louis d'Orléans?
Mais il manque encore à François le nerf de la
guerre : l'or! Voilà plus de deux mois qu'il aurait pu
donner l'ordre de recruter des lansquenets allemands. La piétaille aurait déjà pris le chemin de

Lyon, mais le Trésor est vide! Le roi doit remplir ses coffres! L'Italie est là! Une belle proie qui s'offre et l'appelle! Il faut que cet été il franchisse les Alpes à la tête de ses chevaliers!... Car il tient à y aller lui-même : il aurait trop honte de se faire représenter à la tête de ses armées! Il se voit déjà conduisant cette presse, ce torrent d'hommes et de chevaux bardés de fer, débouchant des hautes gorges et dévalant vers la plaine.

L'éclair des piques et des armes!

François confirme ses intentions lorsque, dès le 25 mars, les deux ambassadeurs de Venise, Pasqualigo et Giustiniano, sont reçus aux Tournelles. Les diplomates pressent le roi de demeurer fidèle à l'alliance vénitienne et d'envoyer au plus tôt des forces nouvelles en Italie. François les entraîne dans l'embrasure d'une fenêtre et leur donne tous les apaisements qu'ils souhaitent!

– Je partirai pour l'Italie avec mon armée, répète-t-il, parce qu'il siérait mal à un roi jeune comme je le suis de s'y laisser conduire par d'autres!

Le 31 mars s'achève à Paris la conférence avec les envoyés de Charles de Luxembourg, prince des pays d'En-bas. Les exigences autrichiennes sont immenses et « toutes déraisonnables ». Les envoyés du futur empereur demandent, en effet, que la dot de Renée de France, fille de Louis XII, soit constituée par le Milanais! Finalement, les négociateurs parviennent à un accord : Renée recevra le Berry et 200 000 écus. En cas de rupture de la part de François, un dédit est prévu : le Ponthieu et les villes de Péronne, Amiens, Montdidier et Abbeville. On revenait à l'abominable traité de Blois... Mais, bientôt, Marignan remettra tout en question et, dans six ans, Pavie bouleversera bien davantage encore toutes ces promesses!

Le roi, après avoir obtenu du doge de Gênes que la France recouvre sa souveraineté sur le grand port méditerranéen, quitte Paris et se dirige vers le Val de Loire. A Gien, il s'embarque avec sa suite imposante sur des chalands qui descendent le fleuve jusqu'à Blois. Quel branle-bas! Plus de trois mille chevaux suivent la levée, ce chemin qui longe la Loire. Avec cette somptueuse cavalcade, que nous voilà déjà loin de la parcimonie de Louis XI ou de la simplicité du « Père du peuple »!

Le 26 juin 1515, la première fête du règne se déroule à Amboise : le mariage du duc de Lorraine avec Renée de Bourbon, sœur du connétable. Le roi, qui « ne faisait que penser comment il pourrait de jour en jour donner plaisir à cette belle compagnie », a l'idée d'affronter un sanglier en combat singulier. Bientôt, les veneurs ramènent un vert « cochon » de quatre ans qui se débat « dans un grand coffre fait de barreaux en chêne bien bardés de fer ». Louise de Savoie et la reine Claude supplient François d'abandonner son projet. Le roi s'incline avec galanterie et transforme la cour du château en arène. Il ordonne d'attacher des mannequins à des cordes tendues au milieu de la cour « pour voir comment ladite bête furieuse les assaillerait à première vue ». Après avoir déchiré à belles dents les mannequins, le sanglier fonce sur une ouverture mal *étoupée* : c'est l'entrée d'un escalier. Quelques secondes plus tard, l'animal bavant, le poil hérissé, *turquetant ses marteaux* – autrement dit ses défenses –, débouche dans la chambre où se trouve le roi. D'un geste, François écarte ses gentilshommes, tire sa forte épée « bien tranchante et piquante ». Hardi et assuré, « il passe sa lourde lame tout au travers du corps » de la bête. Le sanglier a la vie chevillée au corps. Il s'en va, prend un autre escalier, le descend, « marche dedans la cour environ cinq ou six pas » et, finalement, tombe mort.

Après avoir couru le risque d'être éventré par un sanglier, François « se met une épine dans la jambe dont il a moult douleur », écrit Louise...

CHAPITRE III

MARIGNAN, 1515!

Le roi a bien préparé son expédition. Il a ordonné que l'on fonde la vaisselle d'or de Louis XII, et l'opération a procuré un million d'écus – soit le double en livres tournois. De son côté, le chancelier Duprat a avancé 10000 louis. Ainsi a-t-on pu, enfin, recruter des lansquenets allemands, l'accord ne s'étant pas fait avec les Suisses. En même temps, François, pour un million d'écus, a acheté la neutralité d'Henry VIII, toujours avide d'argent. A côté de l'alliance vénitienne, il a obtenu l'appui du duc de Gueldre et du duc de Lorraine. Pour se saisir de son duché, il s'allierait même au diable!

Le 29 avril, à 3 heures du matin, le roi monte à cheval : il s'apprête à prendre le chemin de Lyon, sans prévenir de son départ la reine Claude, qui est « fort ensaincte ».

François ne se presse guère, car les entrées se succèdent. Le 12 juillet, Lyon se surpasse, trompettes et « clérons » sonnent joyeusement dès que le roi apparaît. A la hauteur du couvent de l'Observance glisse sur la Saône une nef qui semble tirée par un grand cerf blanc, sur lequel un chevalier tient une épée flamboyante. Des personnages censés représenter la famille royale, installés sur le pont, haranguent François. Puis le roi passe sous la porte Bourgneuf transformée en arc de triomphe. Ensuite, cinq lettres du prénom du roi servent de prétexte pour évoquer la *Foi*, la *Raison*, et la *Sapience*, en passant par la *Noblesse* et la *Charité*...

Le 15 juillet 1515, enfin, François signe les lettres patentes nommant Louise de Savoie régente du royaume en son absence. Forte de trente mille hommes, l'armée se concentre. « C'est une des plus belles que je vis oncques », s'extasie le seigneur de Fleuranges. Les mercenaires allemands sont dotés de lourdes *hacquebutes* ou d'arquebuses à croc, une arme à feu portative qui est en quelque sorte l'ancêtre du fusil. Son canon repose maintenant sur une fourche piquée en terre – ce qui permet de viser plus commodément. François dispose également de soldats armés d'une longue pique de frêne sur laquelle viendront se briser les charges de la cavalerie ennemie. Tandis que d'autres hommes sont munis d'une hallebarde destinée aux combats rapprochés, ou bien encore arborent à la ceinture une courte dague destinée à achever l'ennemi ayant vidé ses étriers. Ceux qui la portent sont les terribles *coutiliers*. Un régiment permanent d'archers fait encore partie de la maison du roi.

A côté de ces fantassins, la force de frappe de l'armée royale est formée par sa cavalerie lourde et ses compagnies d'ordonnance constituées d'un certain nombre de « lances », chacune composée d'un gentilhomme, l'homme d'armes, porteur d'une armure et d'une lance, de deux archers à cheval, d'un coutilier, et de deux valets.

On trouve encore plusieurs escadrons de cavalerie légère et une artillerie importante dont le grand-maître est, depuis 1512, l'adroit Galiot de Genouillac, un remarquable technicien. Les canons et bombardes, longues de huit pieds et pesant six mille livres, peuvent lancer des boulets de fer de quinze à vingt centimètres de diamètre. Les couleuvrines sont portées par deux roues seulement, ainsi que les *faucons* dont les boulets ne dépassent guère la grosseur d'une pomme.

A la demande de François, le connétable de Bourbon commande l'avant-garde et a réorganisé

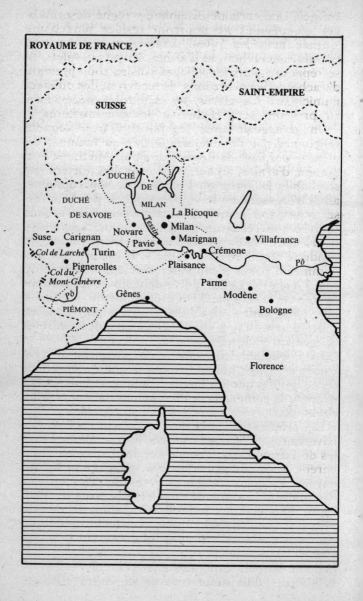

l'armée. Une certaine discipline y règne désormais. Les compagnies ne pourront résider plus d'une journée hors les villes fortifiées et « il ne sera permis à aucun homme d'armes, écuyers ni valets, de se répandre dans les villages voisins sous prétexte d'y acheter des provisions; ils recevront des officiers municipaux les vivres, les ustensiles nécessaires au prix qui sera réglé par les commissaires ».

On protégeait ainsi les paysans trop souvent rançonnés par la soldatesque qui, au moment du départ, oubliait de régler sa note. Mieux, « tout homme d'armes, archer, page ou valet, portera sur ses habits la livrée ou l'écusson de son capitaine, afin qu'on sache en le voyant à qui on peut s'adresser pour avoir justice. Quiconque sera surpris sans la livrée ou l'écusson de son capitaine sera cassé pour cette seule faute, quand bien même sa conduite serait irréprochable ». Il est interdit aux hommes d'armes d'emmener avec eux « femme ou fille » à cheval. Celles qui veulent suivre les troupes devront le faire à pied. On précise même – et c'était bien peu galant – « qu'il est permis à quiconque en rencontrerait une à cheval de la faire descendre et de s'emparer de sa monture... ».

Le connétable surveille aussi l'hygiène de ses troupes. Il exige, quand l'armée campe sur les bords d'une rivière, que les hommes aillent se baigner. Et pendant la campagne, les paysannes italiennes, alléchées, accourront pour assister au spectacle...

Les préparatifs s'achèvent également du côté des adversaires de François, Sforza, duc de Milan, Charles de Luxembourg, demain roi des Espagnes, l'empereur Maximilien, et jusqu'au pape Léon X, qui envoie Prospero Colonna vers le Piémont et demande à Laurent de Médicis de protéger Plaisance. Plus de vingt mille Suisses, alliés du duc de Milan, se sont massés aux deux principaux débouchés des Alpes : la route du col du mont Cenis, qui aboutit à Suse, et la route du mont Genèvre, par laquelle on peut atteindre Pignerol.

François doit donc trouver un autre passage.

C'est alors que des montagnards apprennent au maréchal de Trivulce qu'il existe une série de hauts défilés qui permettent de gagner l'Italie par les vallées de l'Ubaye et de la Stura méridionale. C'est aujourd'hui le col de Larche, alors obstrué par des lourdes roches.

Ce ne sont que de simples pistes, fort malcommodes pour des troupes bardées de fer, revêtues de leur pesant harnois de guerre. Il faut élargir les voies en faisant sauter des blocs de rochers. On construit même des ponts et des sentiers recouverts de rondins, afin que les bombardes menées par François puissent passer les Alpes. Le reste de l'artillerie prendra le col du mont Genèvre. François pense que Galiot de Genouillac bousculera et canonnera les Suisses, lorsqu'il débouchera dans la plaine. Avec Bayard et La Palice, sous les ordres de Montmorency, il attaquera Colonna qui commande les troupes milanaises massées le long des rives du Pô.

Le 13 août, les troupes dirigées par le roi s'apprêtent à traverser les Alpes. François est armé de toutes pièces, c'est-à-dire qu'il porte la lourde armure. Les hommes d'armes l'imitent et l'on voit l'extraordinaire spectacle de ces hommes drapés de fer grimpant jusqu'à deux mille mètres à travers les rochers. Le chemin est parfois si étroit et si rocailleux que les soldats sont forcés de mettre pied à terre en tirant par la bride leurs chevaux tout aussi lourdement caparaçonnés. Les villageois épouvantés par le spectacle ont quitté leurs hameaux pour se réfugier dans les montagnes.

Le 14 août, à Villafranca, La Palice réussit à surprendre Prospero Colonna. Le commandant des troupes papales, et d'un contingent espagnol, se gobergeait avec son état-major. Lui qui s'était vanté de prendre les Français « comme pigeons en cage » fut fait prisonnier presque sans résistance. Abasourdi, « il n'eût jamais pensé que les Français fussent passés les monts en telle sorte et en si grande subtilité. Par quoi fut pris au dépourvu et toute sa bande rompue et *deffaicte*. Ladite prise donna grande crainte aux Suisses quand ils en furent avertis ».

Pendant ce temps, dans un tintamarre grinçant de métal froissé, la descente de l'armée menée par François s'effectue sans trop de dommages, malgré les sentiers abrupts et les torrents qu'il faut franchir à gué ou sur des ponts improvisés et branlants. Quelques montures basculent et disparaissent dans l'abîme. A Ponte-Barricate, un défilé effarant oblige à descendre les canons de roche en roche, suspendus par des câbles. Mais, en cinq jours, miracle d'intrépidité et de courage, toute l'armée parvient à passer les Alpes – comme autrefois celle d'Hannibal – et François annonce à sa mère :

« Madame, nous sommes dans le plus étrange pays où jamais fut homme de cette compagnie. Mais, demain, j'espère être en la plaine de Piémont avec la bande que je mène, ce qui nous sera grand plaisir, car il nous fâche fort de porter le harnois parmi ces montagnes, parce que la plupart du temps nous faut être à pied et mener nos chevaux par la bride. A qui n'aurait vu ce que nous voyons, serait impossible de croire qu'on pût mener gens de cheval et grosse artillerie comme le faisons. Croyez, Madame, que ce n'est pas sans peine, car si je ne fusse arrivé, notre artillerie grosse fût demeurée. Mais Dieu merci je la mène avec moi. Vous avisant que nous faisons bon guet, car nous ne sommes qu'à cinq ou six lieues des Suisses. Et, sur ce point, va vous dire bon soir votre très humble et très obéissant fils, Françoys. »

Et l'on chante déjà :

> *Le roi s'en va delà les monts* (bis),
> *Il menra force piétons,*
> *Ils iront à grant peine*
> *L'alaine, l'alaine, me faut l'alaine* (1).

---

(1) Celui qui aime la marche et le mouvement; nous dirions aujourd'hui : « Il me faut de l'allant. »

M'amye avait nom Janeton (bis),
Elle avait un si joly con...
Point n'y avait de laine
L'alaine, l'alaine, me faut l'alaine.

Celui qui fist ceste chanson (bis),
Ce fust un gentil compaignon
Qui est vêstu de laine
L'alaine, l'alaine, me faut l'alaine.

Le 30 août, à Novare, toutes les troupes françaises font leur jonction. Les Suisses massés à Suse et à Pignerol se sont retirés en hâte vers Milan. François cherche aussitôt à négocier avec eux et propose de payer les sommes qui leur sont dues. En échange, il pourra lever des troupes en territoire helvétique. Les conditions sont acceptées : le roi versera 150 000 écus d'or comptant, le reste, 450 000 écus, sera réglé plus tard... François fait la quête parmi ses compagnons et parvient en dix heures à rassembler l'énorme somme « qui est bien pour démontrer le grand amour que les Français ont à leur prince ». Lautrec, chargé d'escorter l'or, quitte le camp. Toutefois, certains cantons ne semblent pas prêts à donner leur accord au marché.

Le matin du 13 septembre, à Milan, devant le couvent des cordeliers, le fameux cardinal de Sion, Mathias Schinner, prononce un violent discours, hostile à la France. Sans tenir compte de la parole donnée au roi, il veut entraîner avec lui une grande partie de la garnison suisse de Milan. Faisant sonner leurs cornes – les corons des *Bœufs* et de la *Vache* –, les Suisses se rassemblent et sortent de Milan derrière le cardinal juché sur un genet d'Espagne. Ils comptent attaquer les Français qui campent à Sainte-Brigide, sur la route qui va de Marignan à Milan. Mathias Schinner espérait surprendre les troupes françaises, mais la poussière soulevée par l'artillerie suisse a trahi son approche, et Bourbon fait avertir le roi. Aussitôt, François ordonne de courir après Lautrec pour qu'il fasse demi-tour avec ses 150 000 écus d'or...

En Flandre, ce même 13 septembre, les habitants d'Anvers et de Malines virent une grande comète « ayant figure de dragon rouge enflammé ». Après un jour ou deux, elle « se départit en plusieurs pièces et alla choir en la mer ». Assurément, affirmèrent les astrologues flamands, la comète préfigurait le signe de la journée de Sainte-Croix, autrement dit un jour de victoire...

Le champ de bataille de Marignan – ou de Melegnano – qui entre dans l'Histoire est une plaine sans relief, coupée de canaux, de fossés et de nombreux ruisseaux. La cavalerie ne peut charger qu'en se lançant sur les quelques larges chaussées rectilignes qui traversent les champs. C'est dans ce cadre, comme l'a remarqué Auguste Bailly, que va se dérouler une chanson de geste digne du Moyen Age.

François est en train de dîner, lorsque Fleuranges lui apprend que l'heure de la bataille est proche; il abandonne son repas et s'arme aussitôt, ce qui n'était pas une petite affaire : « Il passe, nous dit un témoin, une cotte d'armes bleu azur, semée de fleurs de lys, il se coiffe d'un casque surmonté d'une couronne éclatante d'or et de pierreries et se tourne vers ses compagnons » :

– Or, messieurs, combattons aujourd'hui virilement! Je suis votre roi et votre prince, je suis jeune, vous m'avez tous promis fidélité et juré d'être bons et loyaux. Je ne vous abandonnerai point et j'ai décidé de vivre et de mourir avec vous!

Le premier choc des deux armées est terrible. « Il y eut lourd combat, rapporte la chronique de Jacques de Maillen, de sorte que le roi fut en gros danger de sa personne. » En marchant vers l'ennemi, le duc d'Alençon recommande à tout son monde :

– Souvenez-vous chacun de votre dame, car au regard de moi, je n'oublierai point la mienne.

Et ainsi « à la longueur de trois piques des Suisses, l'épée à la main, il crie Sainte-Geneviève! tant il pouvait ». Il s'agit du prénom d'une demoiselle demeurant à Amboise dont il affirmait être amoureux...

La mêlée est indescriptible. Bayard charge au côté de François. A cette occasion, on prête au chevalier « sans peur et sans reproche » ce discours coloré adressé à l'ennemi :

– Suisses, traîtres et vilains maudits, retournez manger du fromage dans vos montagnes, si vous pouvez! Mais je vous promets que vous n'en aurez pas le loisir!

Mais les Suisses, qui portent sur la poitrine les clés de Saint-Pierre – ils sont défenseurs de l'Eglise, leur a affirmé le pape – ne se laissent pas abattre. Une trentaine de charges effrénées se succèdent, puis, tant qu'il fit jour, ce fut une lutte confuse, au milieu d'une poussière étouffante. Lorsque la nuit tombe, le combat se poursuit « jusqu'à ce que la lune nous manque, écrivit François à sa mère. Toute la nuit, poursuit-il, nous demeurâmes le cul sur la selle, la lance au poing, l'armet à la tête et nos lansquenets en ordre pour combattre; et comme j'étais le plus près de nos ennemis, il m'a fallu faire le guet... » La confusion est telle, a en effet remarqué Martin du Bellay, « qu'en plusieurs lieux se trouvèrent les Français et les Suisses couchés les uns auprès des autres, des nôtres dedans leur camp, et des leurs dedans le nôtre ».

François demande de l'eau. Un soldat lui en apporte, qu'il a puisée avec son casque dans la Spazela. Elle est souillée de sang et le roi, écœuré, refuse d'en boire.

François a profité de la nuit pour changer la disposition de son armée et la rapprocher légèrement du village de Melegnano. En outre, il envoie un messager appeler en renfort l'armée vénitienne commandée par le général Alviano. Enfin, il confie l'aile gauche de ses forces à son beau-frère, le duc d'Alençon, et l'aile droite au duc de Bourbon.

Lorsque le jour se lève, du camp suisse montent les sinistres beuglements des cornes, les clairs appels des trompettes françaises leur répondent.

La bataille reprend et afin, sans doute, de remonter le moral de ses troupes, Bayard lance à ses hommes :

– Ils ont trop dormi, il faut aller les réveiller!

Sans tarder, les Suisses attaquent. François, payant de sa personne, donnant de grands coups d'épée, se tient au milieu de la mêlée. Il effectuera, en changeant plusieurs fois de monture, jusqu'à trente charges!

L'aile droite, commandée par le connétable de Bourbon, résiste si bien qu'elle ne peut être entamée. Aussi les Suisses mettent-ils tous leurs efforts à attaquer l'aile gauche. D'Alençon, bien qu'il se batte comme « un sanglier échauffé », succombe sous la force de l'assaut et, désespéré, est obligé de se replier. Les Suisses foncent et menacent les bagages.

Fort heureusement, à 8 heures du matin, le général Alviano, à la tête de trois mille cavaliers vénitiens, débouche sur le champ de bataille en criant : *Saint Marc! Saint Marc!* Ils secourent aussitôt la chancelante aile gauche française, qui en avait bien besoin, et repoussent les Suisses. Il était temps! A 11 heures, l'infanterie vénitienne arrive à son tour sur le champ de bataille, tandis que, comme la veille, l'artillerie française fait pleuvoir sur l'ennemi une pluie de boulets. Ce sont bien les canons de Jacques de Genouillac qui vont achever la victoire. « Jamais homme ne s'en servit mieux! » annoncera François à sa mère.

Les Suisses lèvent le camp et essayent de reculer en bon ordre, mais n'y parviennent guère. Ils se mettent bientôt en fuite désordonnée, poursuivis par la cavalerie... C'est un sauve-qui-peut général! Et l'on verra le cardinal de Sion jouer des jambes et courir plus vite que tous les autres.

Sur le champ de bataille, il est maintenant 2 heures de l'après-midi.

Le « combat de géants », selon l'expression du vieux Trivulce, s'achève. Quel horrible carnage! Lorsqu'on peut dénombrer les morts, on compte seize mille cinq cents tués, dont treize à quatorze mille Suisses. Le roi décrit ainsi le spectacle à sa mère : « J'ai vu les lansquenets mesurer la pique aux Suisses, la lance aux gens d'armes; et ne dira-t-on plus que les gens d'armes sont *lièvres armés*, car sans point de faute ce sont eux qui ont fait l'exécution... Nous avons été vingt-huit heures à cheval sans boire ni manger... Et tout bien débattu, depuis deux mille ans, il n'y a point été vu une si fière ni si cruelle bataille... Au demeurant, Madame, faites bien remercier Dieu par tout le royaume de la victoire qu'il lui a plu nous donner. »

Les Suisses survivants sont rentrés chez eux, racontera Erasme qui séjournait alors à Bâle, « moins nombreux qu'ils n'en étaient partis, déguenillés, décharnés, défigurés et blessés, leurs drapeaux déchirés, leurs chants de fêtes changés en lugubres chants funèbres ».

Et maintenant, place à l'imagerie! Le soir du 14 septembre, devant son armée, François appelle Bayard :

— Bayard, mon ami, je veux aujourd'hui être fait chevalier par vos mains, parce que le chevalier qui a combattu à pied et à cheval en plus de batailles entre tous autres est tenu et réputé le plus digne chevalier.

— Sire, répond Bayard, celui qui est couronné, loué et oint de l'huile envoyée du ciel et est le roi du royaume, le premier fils de l'Eglise, est chevalier sur tous autres chevaliers.

— Bayard, dépêchez-vous, interrompt le roi.

Alors Bayard arme François chevalier, un chevalier qui vient d'atteindre sa vingt et unième année.

Clément Janequin peut écrire sa fameuse chanson de Marignan :

Escoutez, escoutez tous gentis Gallois
La victoire du noble roy Françoys!
Et oyez si bien
Des coups ruez de tous costez.

Soufflez, jouez, soufflez toujours!
Tornez, virez, faictes vos tours,
Phifres soufflez, frappez tabours!
Soufflez, jouez, frappez toujours!

Nobles sautez dans les arçons,
Armez, bouclez, frisqués mignons,
La lance au poing, hardis et prompts.

Alarme, alarme, alarme, alarme!
Suivez François, suivez la couronne!
Sonnez trompettes et clérons,
Pour réjouir les compagnons!

Victoire, Victoire, au noble roi François
Victoire au gentil de Valois!
Victoire au noble roi François!

La nouvelle de la victoire française et de la capitulation de Milan, le 15 septembre, se répand à travers l'Europe. Le futur Charles Quint croit adroit de féliciter le vainqueur. Le pape et Henry VIII se refusent à y croire, tandis que les Suisses veulent se venger. François se retire à Pavie et festoie avec ses compagnons. Mais bien des amis du roi gisent dans la plaine. Parmi eux, François de Bourbon, frère du connétable, le sieur de Roye, frère de Fleuranges l'Adventureux, Charles de La Trémouille, mort percé de soixante-deux blessures – sa mère, en apprenant la terrible nouvelle, ne put survivre à l'horreur de cette mort.

Le règne de la Renaissance n'en est pas moins bien commencé... François, ébloui par la *Cène* – il aurait bien voulu emporter la fresque avec lui, mais il aurait fallu emmener également le mur... – engage au service de sa gloire Léonard de Vinci, dont il fait la connaissance à Pavie.

Le merveilleux artiste n'a que soixante-trois ans, il en paraît bien davantage avec ses longs cheveux dont les boucles grises se mêlent aux ondulations d'une longue barbe. Il a construit pour le roi un automate, un lion qui, arrivé devant François, s'ouvre et laisse échapper de ses flancs un flot de fleurs de lys. Mais le roi s'intéresse assurément davantage aux travaux *guerriers* de son futur « ingénieur ». C'est l'extraordinaire inventeur qui fait la conquête de l'homme de guerre. Le roi se penche sur les épures et les dessins de celui qui apportera en France ses « rêves d'Icare ». Il l'avait déjà annoncé autrefois à Sforza :

– Je ferai des chars couverts, bien protégés et sûrs qui, pénétrant dans les rangs des ennemis avec leur artillerie, il n'y aura si grande multitude de soldats qui soit capable de leur résister. Et derrière ces chars, l'infanterie s'avancera, sans dommage et sans rencontrer d'obstacles.

Il ajoutait encore :

– Je sais comment on fait des bombardes très commodes et faciles à transporter, qui projettent une profusion de projectiles légers, et dont la fumée cause une grande épouvante dans les rangs de l'ennemi, pour sa plus grande confusion et sa perte certaine...

En écoutant Léonard de Vinci, l'esprit de François galope, débordant de projets.

François s'installe à Pavie, où, magnifique et glorieux, il reçoit de nombreux ambassadeurs, en particulier ceux du pape. Léon X – Jean de Médicis – se montre, en effet, fort inquiet. Il imagine déjà François aux portes de Rome, et se trouve prêt à faire bien des concessions et à témoigner au roi de France une sympathie qu'il ne ressent assurément pas. Aussi, quelques jours plus tard, le traité de Viterbe est-il signé entre François et le pape. Le roi promet d'aider Léon X à retrouver tous les biens de l'Eglise. La France s'engage en plus à défendre Florence et à y maintenir les Médicis. En contrepartie, Sa Sainteté donnera son appui au roi de France, afin qu'il conserve le Milanais et lui offre, en outre, Parme et Plaisance. Pour le reste, on en discutera dans deux mois, au cours d'une rencontre qui doit avoir lieu à Bologne.

Le 4 octobre, Maximilien Sforza, retranché depuis la capitulation, avec ses Suisses, dans le puissant *Castello* de Milan, vient, à son tour, à composition : il se rend à Pavie pour faire sa soumission au vainqueur de Marignan. Il accepte de renoncer à ses droits sur Milan, à condition que les habitants soient épargnés et – ce qui lui importe bien davantage – de recevoir en échange de son duché une somme de 94 000 écus et une pension annuelle de 36 000 écus.

Une épidémie se déclare à Pavie, contraignant François à quitter la ville et à gagner Milan où il fait sa joyeuse entrée le 16 octobre. La ville rebelle l'acclame d'autant plus qu'elle doit faire oublier sa culpabilité. Aussitôt, Duprat organise le duché afin de l'intégrer au royaume.

Quelques semaines plus tard, accompagné de ses gentilshommes, de ses juristes et de cinq mille cavaliers, François prend la route de Bologne. Le 4 décembre, il entre dans *sa* bonne ville de Plaisance et, le surlendemain, dans une autre de ses nouvelles possessions : Parme. Deux cardinaux viennent au-devant de lui à Modène et sont vite fatigués par le train royal :

– Que Votre Majesté ne voyage pas ainsi *presto,*

presto, supplie l'un d'eux quelque peu essoufflé, car nous sommes des prêtres et non des soldats, des Italiens, non des Français – et plus âgés que Votre Majesté.

Le 11 décembre, François, « l'air riant », l'épée au poing, respirant le bonheur de vivre, vêtu de velours bleu semé de fleurs de lys d'or, son cheval disparaissant sous un caparaçon de même étoffe, arrive à Bologne – « Bologne la Grasse » disait-on à l'époque – où le pape réside depuis quelques jours.

Vingt-deux cardinaux, « habillés en leur pontificat », se sont portés au-devant du roi. Des arcs triomphants ont été dressés à tous les carrefours. Le fils de Laurent de Médicis, pape depuis deux années, un obèse à la tête enflée, aux yeux globuleux et myopes, est suivi d'une véritable armée royale. Une troupe d'arbalétriers le précède et une foule de fonctionnaires, tant religieux que laïcs, l'entoure. Il attend son hôte « en son siège, nous dit du Bellay, et le reçoit comme fils aîné de l'Eglise, sans souffrir que le roi lui baisât les pieds, comme il était accoutumé, mais le vînt embrasser ».

« Embrasser », nous dit du Bellay. En réalité, les deux souverains « se baisèrent même en la bouche ». Puis le gros Duprat, en robe de drap d'or, prononce un discours interminable en latin, un discours ampoulé à souhait dans lequel, sans craindre l'hyperbole, il ne manque pas de faire l'éloge du Médicis :

– Bien heureux père, le roi très chrétien, les mains tendues, les bras ouverts, vénère en vous avec le plus grand respect un homme divin. Il vous dévoue et vous offre à vous et au siège apostolique toute sa puissance, ses flottes, ses armées, ses duchés...

Le « bien heureux père » répond en quelques mots, et rappelle que François est le « fils aîné de l'Eglise », puis il l'embrasse de nouveau. Comme son visiteur, Jean de Médicis se veut protecteur des arts et des sciences, et il s'entend fort bien avec le roi. Ils commencent aussitôt à préparer le concordat qui sera signé le 18 août 1516 entre la France et la papauté. Les deux chefs d'Etat se garantissent mutuellement leurs possessions et le pape rappelle qu'il confirme la cession de Parme et de Plaisance à la France.

Demeure le principal pour la papauté : supprimer la Pragmatique Sanction de Bourges, cette épine enfoncée dans l'œil de l'Eglise, cette pestilence de Bourges, disait-on même à Rome. En effet, les nominations aux archevêchés, évêchés et abbayes avaient été enlevées au pape et remplacées par des élections organisées au sein des chapitres épiscopaux et des chapitres conventuels. Bref, la riche Eglise de France qui « se mêlait à tout, ou plus exactement se trouvait mêlée à tout », était en fait presque indépendante de Rome et, détachée du Saint-Siège, marchait peut-être ainsi vers un schisme. Il s'agit donc maintenant, sinon de revenir au passé – François ne pouvait abolir la Pragmatique – du moins d'adapter le texte de Bourges et de trouver une base d'accord. Désormais, le haut clergé de France n'élira plus ses chefs : ils seront nommés par le roi, tandis que le pape conférera l'investiture.

La puissance de François Ier est dès lors considérable, puisqu'il désignera au cours de son règne dix archevêques, cent quatre-vingt-deux évêques, cinq cent vingt-sept abbés mitrés, sans parler des prieurs. On accorde au roi de France le versement d'un décime sur les revenus ecclésiastiques, tandis que, en revanche, le droit d'annates – la redevance équivalant à une année de perception – est rendu à Rome. Cependant, la nomination des prélats par le roi et ses successeurs donnera naissance à d'étranges abus. C'est ainsi que les habitants de Lodève auront un évêque âgé de quatre ans et qu'un abbé du Mont-Saint-Michel aura à peine seize mois !...

Durant près de trois cents ans, jusqu'à Napoléon Bonaparte, le concordat restera en vigueur. Ainsi que le dira au XVIIe siècle l'historien Mézeray,

« échange bizarre où le pape, puissance spirituelle, prit le temporel pour lui et donna le spirituel à un prince temporel ». On ne saurait mieux dire.

Quel pouvoir extraordinaire possède désormais ce jeune souverain devenu monarque absolu à vingt et un an! Le roi et ses successeurs pourront distribuer à leur gré les bénéfices ecclésiastiques, en faire profiter des laïques et récompenser leurs serviteurs s'ils le désirent. Bref, le *clergé royal* est institué, tandis que le bas clergé, réduit « à la portion congrue », deviendra misérable, jaloux et même parfois haineux vis-à-vis des grands seigneurs de l'Eglise.

Les deux souverains mettent également au point un projet de croisade contre les Turcs, et envisagent les modalités d'un accord qui permettrait au pape de quitter la ligue. Il est, en effet, important pour la politique italienne de François que le retrait de Léon X devienne effectif. Aussi le roi se montre-t-il empressé. Avec une intense dévotion, il sert la messe au souverain pontife, à San Petronio, et par des prévenances et des attentions parvient à conquérir toute la cour pontificale et surtout – ce qui importe au premier chef – rentre dans les bonnes grâces de Jean de Médicis, que les gentils-hommes venus de France trouvent « fort honnête et fort craintif ». Si ce gros myope ne voyait pas clair, il aimait fort la musique... François s'entretient également avec lui de sculpture. Léon X refuse cependant de donner au roi le *Laocoon,* le célèbre et pathétique groupe du Iᵉʳ siècle avant Jésus-Christ, conservé au Vatican. Le roi recevra plus tard le moule de ce chef-d'œuvre.

Ainsi que l'a très bien remarqué Louis Madelin, François a obtenu « sur le terrain diplomatique à peu près tout ce qu'il désirait », et il a « amené Léon X à proposer lui-même sur le terrain ecclésiastique ce qu'on entendait lui arracher ».

Après quatre jours de fêtes ininterrompues, François quitte Bologne pour Milan. Puis il se dirige vers les Alpes et la Provence. A 6 heures du soir, le

13 janvier 1516, il rencontre Louise de Savoie et Claude près de Sisteron. Le 22 janvier, revêtu d'un costume de velours argenté, le roi fait son entrée solennelle à Marseille, qui réserve un accueil somptueux au triomphateur. Deux mille enfants en tunique blanche, quatre mille hommes d'armes, deux cents archers viennent à la rencontre du cortège royal. Le soir même, les Marseillais organisent une grande bataille d'oranges à laquelle il semble bien que François ait participé avec enthousiasme. Il visite sa flotte de galères le 25 janvier et, le lendemain, fait serment de maintenir les libertés municipales. Il s'en va ensuite regarder « unc merveilleuse bête appelée *reynoceron* », un rhinocéros dont Albert Dürer fera le portrait. La galère qui transportait l'animal, offert au pape par Manuel de Portugal, fera naufrage entre Marseille et Rome, et le rhinocéros mourra noyé. Léon X devra se contenter de la peau de l'animal que l'on a pu repêcher...

On le devine, le roi, pendant son séjour au-delà des monts, a jeté le gant à quelques jolies Italiennes... On cite même le nom de l'une d'elles, la *signora* milanaise Clerice. Moissonneur, il moissonne. La légende raconte qu'à Manosque, le roi est attiré par le ravissant visage de la fille du consul Antoine de Voland. La jeune fille ayant deviné les intentions de François, et craignant de ne pouvoir lui résister, se serait, pour conserver sa vertu, brûlé le visage au-dessus d'un réchaud de soufre. Souhaitons que les Marseillaises se soient montrées moins cruelles pour elles-mêmes... et pour « François, seigneur de Gênes et duc de Milan ».

CHAPITRE IV

« LE MONDE EST DANS SA JEUNESSE. »

(Clément MAROT)

C'est la paix générale!

Pas le moindre bruit de guerre! « Les marchands, nous dit un chroniqueur, faisaient leurs trains de marchandises en grande sûreté, tant par mer que par terre, et commerçaient pacifiquement ensemble... Ce qui était grande grâce que Dieu faisait au peuple chrétien! » François, pour remercier le ciel, quitte Lyon le 28 mai 1516 et, par petites étapes d'une lieue par jour, fait à pied le pèlerinage de Chambéry où se trouve alors exposé le Saint-Suaire, ce bouleversant « document » qui, nous le savons aujourd'hui, date bien de l'époque où fut flagellé, couronné d'épines et mis en croix un certain Jésus...

Le 29 novembre 1516, le roi signe avec les cantons suisses la *paix perpétuelle* de Fribourg. Fait unique dans l'Histoire, elle dure encore aujourd'hui! Moyennant un million d'écus d'or et les débouchés de la vallée du Tessin, les cantons s'engagent « à ne jamais aller au service des princes, seigneurs et communautés qui voudraient prétendre endommager ledit seigneur roi en son royaume, en son duché de Milan, ou en ses appartenances ». On signe des accords avec le duc de Gueldre, le duc de Savoie, et surtout avec Charles de Luxembourg qui, peu après la mort de Ferdinand d'Aragon, a pris le titre de roi des Espagnes, bien que sa mère, Jeanne la Folle, la folle par amour, *Juana la Loca*, reine de Castille depuis le décès de sa mère Isabelle, soit toujours en vie. A demi consciente, elle croupit littéralement dans une chambre forte du palais de Tordesillas, au bord du Douro.

Le 28 janvier 1517, le comte de Roeux, ambassadeur de Maximilien, se rend à Paris pour préparer la ratification de la paix entre le roi et l'archiduc. Il mène grand train, entouré de ses gens « vêtus de robes de livrée de drap gris »; sur chaque manche de ces robes a été brodé, en fil d'or de Chypre, un dromadaire attaché à un arbre... Quelques jours plus tard est célébrée à la Sainte-Chapelle, en présence du roi et de l'ambassadeur, une messe « chantée en grande munificence » pour glorifier « la paix et l'alliance ».

Le 11 mars 1517, à Cambrai, François, le futur Charles Quint et son grand-père l'empereur Maximilien se garantissent tous trois, réciproquement, leurs possessions et vont même jusqu'à se promettre assistance. Bien sûr, on versa à Henry VIII d'Angleterre, éternel quémandeur, sa pension annuelle, afin qu'il se tienne tranquille dans son île.

Paris est en liesse : au mois de mai 1517, Claude, duchesse de Bretagne, devient *reine de France couronnée*. Le samedi 9 mai, l'épouse de François descend à Saint-Denis de sa litière toute drapée de drap d'argent. Le roi et Madame Louise l'accueillent. Puis on laisse seule la fille de Louis XII et d'Anne de Bretagne, afin qu'elle puisse se recueillir dans la crypte devant la tombe de ses parents. Après s'être confessée, elle communie, et passe la nuit à l'abbaye dont le portail est drapé d'un voile de soie blanc et bleu décoré aux armes de France et de Bretagne.

Le lendemain, Claude revêt une robe d'argent. Le légat Philippe de Luxembourg, cardinal du Mans, officie et l'oint des saintes huiles. Après les onctions, on lui tend le sceptre, puis la main de justice. L'anneau lui est passé à l'index et la couronne est soutenue par le connétable de Bourbon. Le sceptre est si lourd pour la reine que le prince de La Roche-sur-Yon vient à son secours et l'aide à le maintenir « en majesté ». Puis une messe est célébrée, suivie d'un banquet, et, le mardi 12 mai, Claude fait son entrée solennelle dans Paris. Les rues ont été tendues de tapis de Turquie et on a drapé de tissus d'or et de « pourpre sanguine » les façades – particulièrement celles des maisons du pont Notre-Dame que la prochaine crue de la Seine emportera...

Le peuple, tout le long du parcours, crie *Noël! Noël! Soyez la bienvenue!* Claude, revêtue d'une robe de drap d'or et d'un manteau d'hermine, passe dans sa litière précédée par le prévôt des marchands, les échevins, les archers et les arbalétriers de la ville. Des divertissements, des tableaux vivants, des raconteurs d'*hystoires*, jalonnent le trajet. On admire, à la fontaine du Ponceau – la « Fontaine de la Reine » – un *échaffaut*, où le lys royal se dresse au milieu d'un jardin, une salamandre à sa droite, une hermine de Bretagne à sa gauche.

« Le jeudi – 14 mai – écrit M. de la Borie à Mme d'Aumont, l'on commença les joutes, que le roi courut très bien et fit mieux que tout autre ce jour-là. Aujourd'hui, qui est vendredi, il en a fait meilleurs que jeudi, car ne pleuvait point, et aussi le roi a couru et grosses lances èt bien pesantes, et s'est porté vaillamment, et beaucoup d'autres. »

Tous regardent le roi, dont le menton est encore rasé. Il semble beau à tous, le plus bel homme de la cour, dit-on. Rutilant en ses costumes de drap d'or et d'argent ornés de pierreries, il plaît à ses sujets. En dépit de ses yeux un peu petits et de son nez busqué qui n'en finit pas de tomber, on est attiré par ce visage où se lisent l'intelligence, la ruse et la malice. François séduit aussi par sa haute taille, sa bravoure, sa force, son agilité, sa hardiesse et son adresse aux joutes et aux tournois « où il renverse tout ce qui se présente devant lui », nous dit, fasciné, le maréchal de Vieilleville. C'est à la suite d'une de ces rencontres que, blessé au visage, François, pour cacher sa cicatrice, laissera pousser sa barbe.

Magnifique cavalier, son élégance et sa tenue à cheval émerveillent. Marguerite, qui ne manque jamais de couvrir d'éloges son frère bien-aimé, le trouve « humble dans sa grandeur ». Il est très fier assurément d'être le souverain du plus beau royaume de la chrétienté, mais il a sans doute plus de superbe que d'humilité... Désormais, on n'appellera plus le roi de France *Altesse*, mais *Votre Majesté*.

Certes, son orgueil, ou plutôt le désir d'agiter son panache, guidera bien souvent ses actions. D'un naturel généralement frivole, il sait être sérieux quand il le faut. Tout en voulant seulement régner par lui-même, les mots *par le roi et son conseil* n'en terminent pas moins ses actes officiels, ses déclarations et ses ordonnances. Il ne peut s'empêcher de faire confiance à son entourage. Impulsif, il ordonne, prend les décisions, mais s'en remet aux autres pour les appliquer. L'ambassadeur vénitien, Marino Cavalli, l'a dit mieux que personne : « Il ne veut jamais prendre part à l'exécution, ni même la surveiller aucunement; il lui semble que c'est bien assez de savoir son rôle qui est celui de commander et de donner les plans; le soin du reste il le laisse à ses subalternes... » D'où, au cours de son règne de trente-deux années, une telle alternance de succès et de revers!

Pour l'instant, François rencontre de nombreuses difficultés avec ces messieurs du parlement, qui n'approuvent pas la suppression de la Pragmatique de Bourges et refusent d'enregistrer le nouveau concordat. Aussi, le 5 février 1517, le roi s'est-il rendu lui-même devant les Chambres assemblées en séance plénière, leur reprochant « d'entreprendre autorité par-dessus ce qu'il ordonnait – ce qu'il ne souffrait point ». Les magistrats et gens de chicane cèdent. On le sait, ils possèdent l'art de faire traîner les choses et de s'enliser dans la procédure. Cette fois encore, ils se montrent dignes de leur réputation et François, recevant les députés, « coléra aigrement ».

– Allez! s'exclame-t-il, et qu'il n'y ait faute!

C'est seulement le 22 mars 1518 que le parlement, de fort méchante humeur, accepte l'enregistrement et publie l'acte en précisant : « Lu, publié et registré, sur l'ordre et l'*exprès commandement* de notre sire le roi, plusieurs fois *réitérés.* »

On se venge comme on peut!...

Au printemps de 1517, Claude et François quittent Paris pour parcourir leur royaume. Ils se rendront d'abord à Boulogne, passant par Compiègne et Abbeville, puis reviendront par Rouen, La Ferté-Bernard, Moulins et Paris.

C'est « le train du roi »!

Tout au long de son règne, François multipliera ainsi les longues escapades. Désirant être près de son peuple, il vagabonde selon ses volontés changeantes et capricieuses. Le roi, non sans « tribulations de tous genres », prend la route, empruntant volontiers des chemins de terre creusés de fondrières dès les premières pluies. Ces voies non empierrées deviennent, en quelques heures, de profonds cloaques où les lourdes voitures s'embourbent et où les chevaux s'enfoncent jusqu'au poitrail. Hors les grands fleuves, peu de ponts, mais des bacs et des passages à gué.

Il n'y a pas de semaine sans « joyeuses entrées » dans « les bonnes villes » décorées de tapisseries. Aux carrefours on a élevé des *échaffauts* sur lesquels flamboie la salamandre royale, fleurissent les lys et où sont juchées des allégories. Ainsi, au mois de juin 1517, à Rouen, allusion à la bataille de Marignan, on verra une salamandre triompher d'un ours et d'un taureau. Toujours à Rouen, François écoute sonner la *Rigaude*, une cloche si pesante que les sonneurs les plus robustes éprouvaient le besoin de boire abondamment pour se remettre d'avoir sonné « à tirer la Rigaude »... – l'expression vit encore, seule l'orthographe a changé.

Et, dans chaque ville, c'est le même cycle traditionnel : décharges d'artillerie, remises de cadeaux, discours de magistrats, harangues des cours souveraines, allocutions des échevins, réceptions d'ambassades, joutes et tournois se succèdent, et ruinent les « bonnes villes »... car la dépense est considérable et les municipalités auront bien du mal à s'en remettre.

Et toute la cour flâne, chemine ou trotte derrière le roi... la cour et les ambassadeurs. L'un d'eux, le Vénitien Marino Giustiniano, précisera même que durant son ambassade de quarante-cinq mois, il fut « presque tout le temps en voyage... ». Les ambassadeurs, qui n'avaient emporté que des habits d'été durent s'habiller de nouveau pour l'hiver... « Peu de temps après son arrivée à Paris, le roi voulut de nouveau partir, poursuit-il, je fus forcé d'acheter encore dix chevaux, et cela au moment où Sa Majesté convoque son arrière-ban pour le passer en revue à cheval et en armes, ce qui fit hausser de beaucoup le prix des chevaux. Et comme j'attendis en vain des subsides de notre Sérénité – le doge –, force me fut de vendre une partie de mon argenterie. Jamais, du temps de mon ambassade, la cour ne s'arrêta dans le même endroit pendant quinze jours de suite... »

En plus des gentilshommes, dames d'honneur et officiers, une foule de gens accompagnent le roi : conseillers, secrétaires, musiciens, valets, cuisiniers, et même les tapissiers qui transportent le mobilier. Surtout les précieux tapis *velus* expédiés d'Orient. Ils sont secondés par les *reposteros* qui préparent les gîtes d'étape en étape dans le logis d'un gentil-

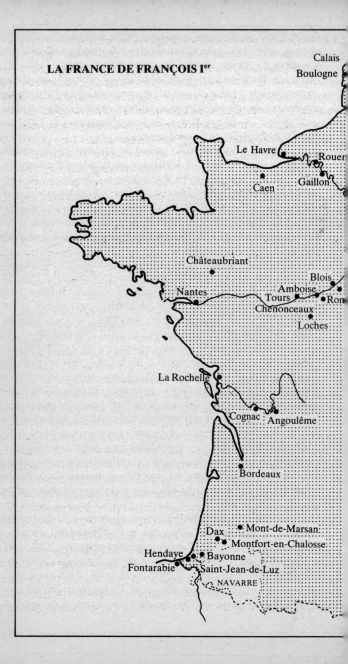

LA FRANCE DE FRANÇOIS Ier

Calais
Boulogne

Le Havre
Rouen
Caen
Gaillon

Châteaubriant

Blois
Amboise
Nantes
Tours
Ron
Chenonceaux
Loches

La Rochelle

Cognac
Angoulême

Bordeaux

Dax
Mont-de-Marsan
Montfort-en-Chalosse
Hendaye
Bayonne
Fontarabie
Saint-Jean-de-Luz
NAVARRE

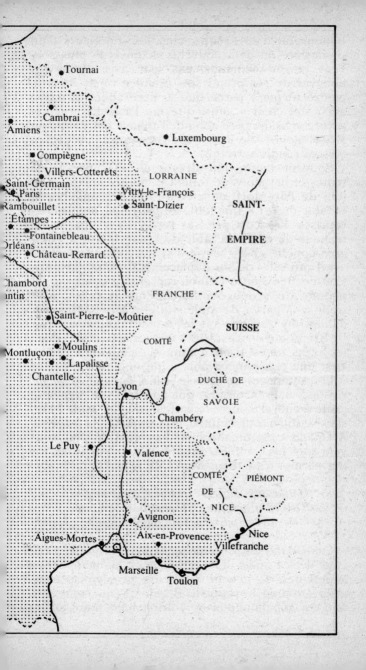

homme ou d'un évêque, chez les supérieurs d'un monastère ou d'un couvent, auxquels le plus souvent on ne demande pas leur avis... Dans les abbayes, le roi prend son premier repas dans le cloître même « parce que le père abbé lui ouvre ainsi son cœur », ainsi que me l'a appris l'actuel révérendissime père abbé de l'abbaye normande du Bec-Hellouin – le Père Dom Grammont –, où François se rendit autrefois.

Souvent même, on dresse en rase campagne tentes et baraques de toile. On montre encore, non loin de Port-Mort, en pleine forêt des Andelys, la « Table du roi », une table en pierre où, à plusieurs reprises, François prit ses repas. Bien sûr, on ne manque de rien à la table de François, car le roi a gros appétit, et les services se succèdent.

« L'attirail » de ses déplacements, selon l'expression de Benvenuto Cellini, représente quatre mille piétons, dix à douze mille chevaux de selle ou de trait, sans parler de mulets attelés aux litières des dames, ou transportant les innombrables bagages. Et Brantôme de s'extasier : « Dans un village, dans les forêts, on est traité comme si on eût été à Paris... c'est une chose incroyable à qui ne l'a vue. »

Les équipages de chasse, enfin, suivent la *smala* royale, car François, dès que l'occasion se présente, saute à cheval, courre le cerf, le sanglier ou le loup, sans se soucier de la pluie, du vent ou de la *froidure*. A l'étape, c'est un méchant logement, le plus souvent sous les combles, qui échoit aux courtisans. Ce qui permet à Clément Marot de rimer :

Prendrons d'assaut quelque rural séjour
Où les plus grands logeront en grenier
De toutes parts percé comme panier.

Cependant, entre deux réceptions, François s'occupe de ses sujets. Il les aime, reçoit lui-même leurs suppliques, se penche sur leurs problèmes, mais exige, comme le rappelle Brantôme, que tout soit fait « à son bon plaisir ». Aussi bien pour juger, pardonner, condamner ou absoudre, il se tient tout en haut de la pyramide.

Il est le monarque.

Le souverain s'intéresse à tout, entraînant à sa suite les gentilshommes ravis de se trouver ainsi dans l'intimité de leur prince. Sous la tente où l'on campe parfois, l'étiquette se relâche. Arrivé dans une ville, François interroge les artisans des échoppes – ces échoppes dont les étals se présentaient sans vitrines et sans volets extérieurs –, questionne les ouvriers du textile, ateliers dont l'essor est sans cesse grandissant, sans oublier les soyeux dont il admire le merveilleux travail. Il visite les imprimeries, « invention plus divine qu'humaine », s'était déjà extasié Louis XII en 1513. Aussi François se déclare-t-il le « protecteur » des imprimeurs – en attendant d'être appelé le Père des Lettres. Plus tard, il demandera à Claude Garamond, « tailleur et fondeur de lettres », de créer, à la place des lettres gothiques expulsées des imprimeries, trois caractères, le *gros romain*, le *cicero*, enfin le *gros parangon* que l'on utilise encore aujourd'hui.

François se penche également sur les problèmes de la paysannerie et, en 1523, ordonnera que l'on s'efforce de venir en aide aux gens de la terre, bien souvent écrasés par la terrible taille. En 1515, cet impôt direct, réservé aux roturiers, a rapporté près de trois millions de livres, un peu moins d'ailleurs qu'en 1514.

– Qu'on procure aux paysans, recommande-t-il, les moyens de manger leur pain et de vivre sur leurs biens en repos sans être vexés, battus, pillés, tourmentés et molestés...

Ce qui prouve qu'ils l'étaient... Fort heureusement, le terrible spectre de la peste est en régression et épargne le royaume, tout au moins au début du règne.

Le roi se préoccupe du sort des malades; le 2 juin 1520, sera posée la première pierre de l'Hôtel-Dieu de Paris, « sur la rivière Seine ». Au cours de ses randonnées, François a trouvé ses sujets « appauvris, tant par guerre, que par la superfluité et le désordre des habillements, des draps d'or, d'argent et de soie qu'il ne convient porter à leur état. » Aussi, au mois de février 1518, interdit-il « sous peine de confiscation et d'amende arbitraire », de vendre aux bourgeois des draps d'or et d'argent, ainsi que des « taffetas brochés ». Il défend également aux tailleurs « d'œuvrer avec leurs dits métiers des draps qui ne conviendraient point à leur état, hors ceux de notre sang et d'Eglise ». Bien entendu, les gentilshommes de la cour ont continué à s'habiller comme ils l'entendaient. Nous ne sommes point encore en démocratie! La liberté et l'égalité seront pour plus tard.

François aime son « appartenance » qui, ainsi que le remarquera quelques années plus tard l'ambassadeur de Venise, « est un pays si grand qu'il est naturel qu'il soit fort divers de paysages et de régions, et qu'il produise des choses fort diverses. Ces produits sont d'excellente qualité et tellement abondants qu'ils suffisent à l'usage des habitants et dépassent leurs besoins ».

Dans ses promenades à travers la France, le roi admire son royaume. Comme l'a dit un autre ambassadeur de Venise, Michel Suriano, « le royaume de France, placé à peu près au centre de la chrétienté, est dans une situation fort commode pour unir et pour diviser à plaisir les forces des plus puissants princes et les peuples les plus belliqueux... Nul pays n'est aussi uni, aussi facile à manier que la France. Voilà sa force, à mon sens : unité et obéissance... La liberté, sans doute, est le plus haut parmi les biens de la terre; mais tous les hommes ne sont pas dignes de la liberté... Aussi les Français, qui se sentent peut-être peu faits pour se gouverner eux-mêmes, ont-ils entièrement remis leur liberté et leur volonté aux mains de leur roi. Il lui suffit de dire : « Je veux telle ou telle somme, j'ordonne, je consens », et l'exécution est aussi prompte que si c'était la nation entière qui eût décidé de son propre mouvement ».

Le royaume compte près de vingt millions d'habitants dont quatre cinquièmes de paysans. Certes, il existe des enclaves de souveraineté, tels le comtat Venaissin ou la principauté d'Orange, mais le reste des territoires dépend directement ou indirectement du roi. Ecclésiastiques, grands seigneurs – même le futur Charles Quint pour les comtés d'Artois et de Flandre – doivent prêter à François hommage de vassal à leur suzerain.

C'est la mouvance. Cette unité du royaume de France, unique en Europe, fait l'admiration des contemporains. On le constatera au moment de la captivité de François, le sentiment patriotique commence à naître...

François, créateur de la monarchie, est le premier monarque français. Nous sommes loin ici du roi féodal, qui régnait seulement sur quelques villes, domaines, châteaux, monastères et seigneuries. Quant aux grands fiefs, l'« hommage » unissant le vassal au suzerain se bornait à faire régner la justice. Comme l'a si bien démontré Régine Pernoud, le roi, avant François Ier, « était seigneur entre d'autres seigneurs, son pouvoir de suzerain lui imposait plus qu'il ne lui conférait de droits ». François ne sera plus un suzerain. Il a supprimé par sa seule présence tout le bric-à-brac féodal. La féodalité française est morte! Seules résisteront encore certaines traditions héritées surtout de la chevalerie. François y tient! Il est empereur, si l'on ose dire, de son royaume et agite sans cesse le mot honneur – ce qui ne l'empêchera pas de trouver plus tard des arguments pour le moins spécieux afin d'expliquer des actes considérés par certains comme répréhensibles. Il se transformera alors en Machiavel – *le Prince* date de 1513 – et, puisqu'il s'agit de l'intérêt du royaume, il ne faut pas le lui reprocher.

En revenant de ses randonnées, le roi est tout heureux de pouvoir se retrouver en son cher pays de Loire.

Le roi François aime Amboise. C'est là, rappelons-le, qu'il a été élevé, alors qu'il n'était encore que dauphin de France et qu'il résidait au grand château, insouciant et heureux. C'est à Amboise, le dimanche 28 février 1518, que Claude met au monde son premier fils. En regardant l'enfant qui vient de naître, la reine s'extasie :

– Dites au roi qu'il est encore plus beau que lui!

François apprend que trop « d'allants et de venants » envahissent la chambre du dauphin pour venir le contempler. Le roi s'inquiète et recommande à son chambellan du Bouchage qu'on ne laisse entrer personne dans l'appartement de son fils.

En ce printemps de 1518, voici bien l'apogée d'Amboise! Quelle vie dans le château! Que de gentilshommes vêtus d'or et d'argent! Que de dames tout aussi joliment accoutrées, qui montent à cheval la rampe tournante de la tour Hurtault! Ils ne quittent leur monture richement caparaçonnée qu'aux portes de l'appartement royal.

Le 25 avril 1518, jour du baptême du fils de François, Amboise a revêtu une parure de fête. Les façades sont ornées de tapisseries représentant de « belles histoires qui seraient trop longues à réciter ». Dans la grande cour se dressent des pavillons de toile d'or, le sol est recouvert de tapis de Turquie. Quatre cents Suisses et quatre cents archers tiennent des torches sur le trajet qui, le soir, au son des trompettes et des clairons, conduit de la salle d'honneur à l'église. Bien que la cérémonie ait lieu de nuit, « il y faisait aussi clair que de jour ». Draps d'or, satinés et brochés, velours cramoisis...

Le connétable porte le cierge de cire vierge, un des « instruments » du baptême.

Le mariage du neveu du pape Léon X, Laurent de Médicis, duc d'Urbin, avec Madeleine de La Tour d'Auvergne, qui descend de Saint Louis, est célébré quelques jours plus tard, toujours à Amboise. Après le festin, nous dit un chroniqueur, « on mena coucher la mariée qui était trop plus belle que le marié ». Fleuranges le précise, « elle n'épousa pas le duc seul, car elle épousa la grosse vérole avec... » Elle mettra au monde, le 13 avril 1519 – et en mourra quinze jours plus tard – une petite fille qui, après être devenue la belle-fille de François, sera un jour la reine-régente de France, Catherine de Médicis, mère des trois derniers rois Valois, petits-fils du roi François.

Nous la retrouverons...

C'est bien la grande paix, puisque, le 28 août 1518, Henry VIII envoie au roi de France un chanfrein en or serti de pierres précieuses, ainsi qu'une barde, lame de métal dont on protégeait le poitrail des chevaux de bataille, ces chevaux drapés d'or et de pierreries. Lorsque François enfourchait sa monture rutilante, le vainqueur de Marignan devenait le symbole éclatant de la Renaissance.

A présent, le roi gouverne le matin et passe le reste du jour à la chasse. Souvent, à son retour, il s'arrête au petit château de Cloux, aujourd'hui le Clos-Lucé, qui élève sa gracieuse façade de brique rose et de pierre blanche, ornée de fenêtres à meneaux, dans l'actuelle rue Joyeuse, à quelques minutes du grand château.

Le roi entre dans la « salle » aux poutres apparentes.

– Mon père, je viens vous voir.

Un homme s'avance vers lui. C'est Léonard de Vinci.

Arrivé au bord de la Loire, le maître avait été

conquis. Certes, le soleil d'Italie n'était pas toujours au rendez-vous, mais sur les rives de ce fleuve royal qui convenait si bien à François, comme l'on entendait battre le cœur de la douce France! De cette harmonie, de cette beauté sereine, de cette mollesse de ligne, de ce sable blond, de ces saules légers, de ces peupliers frissonnants, émanaient – et émanent toujours – grâce, goût, mesure, qualités maîtresses de la France.

C'est bien ici que se trouve l'âme du pays du roi François!

Lorsque le roi vient à Cloux, il se rend avec Léonard dans l'oratoire d'Anne de Bretagne. Comme on le suppose, ce n'est pas pour se recueillir dans le lieu où l'épouse de Louis XII avait tant prié pour avoir un dauphin... Non, François, le regard brillant d'admiration, contemple les trois tableaux accrochés au mur que Léonard de Vinci a apportés avec lui. Les trois tableaux auxquels il tient le plus : Le *Saint Jean-Baptiste*, *la Joconde* et *Sainte Anne*, qui sourit, en contemplant la Vierge, inconfortablement installée sur ses genoux, la Vierge qui regarde en souriant son fils bien-aimé.

Que de doux sourires!

Celui d'Anne, d'une infinie tendresse; celui de Marie, attendri; celui de Jean, céleste, confiant, exprimant un extraordinaire message... tandis que la main du « précurseur » désigne le chemin du ciel. Enfin, celui de *la Joconde* qui continue à fasciner le monde. Léonard l'a-t-il peinte tandis que des musiciens berçaient le modèle de leurs mélodies? On l'a affirmé. Il s'agit là sans doute d'une légende, puisque Léonard de Vinci travailla plus de quatre années à son œuvre. On imagine mal Mona Lisa, épouse du Florentin Giacondo, gardant le sourire durant tant d'années, tout en écoutant luths et rebecs... D'ailleurs, *la Joconde* représente-t-elle vraiment la Florentine Mona Lisa?

François a-t-il interrogé Léonard de Vinci?... On l'ignore. Sans doute le roi s'intéresse-t-il davantage aux travaux de son « ingénieur ». Léonard, qui est hanté par le problème de l'eau, ne pense pas tant à construire sa fameuse horloge hydraulique ou son réveille-matin aquatique, qu'à de grands travaux d'« arrosement ». Il propose à François Ier un vaste plan d'irrigation de la Sologne et offre de relier les résidences royales par des voies d'eau, telle la Loire qui coule au pied du château d'Amboise, et sur laquelle on voyait alors de grosses barques avec mâts et voiles carrées. On mettait, au minimum, six jours pour aller d'Orléans à Nantes. Lorsqu'on s'arrêtait pour déjeuner à l'ombre des saulnaies ou *luisettes*, il fallait compter beaucoup plus... parfois aussi la gabare, faute d'eau, demeurait ridiculement à sec.

Léonard conçoit aussi la création d'un canal allant de Tours à Lyon en passant par Romorantin, Bourges, Moulins et Mâcon. Que n'invente-t-il pas! Il propose même des maisons démontables que la cour pourrait utiliser pendant ses fréquents déplacements. « Je ne me lasse jamais d'être utile, écrit-il. Ma nature m'a naturellement disposé ainsi. » Il imagine des machines extraordinaires, des automates pour les fêtes de la cour, des robots qui hantent les parcs!

Au début de l'été 1518, Léonard, vieilli, se voûte davantage. Il paraît maintenant centenaire. Il a eu une telle activité pendant toute sa vie! La paralysie a attaqué son bras droit et sa main droite, mais il n'en continue pas moins à travailler – car il est gaucher. Il affectionne même d'écrire à l'envers à l'aide d'un miroir – le jeu des reflets l'a toujours passionné. Il dessine encore, et prend des croquis du château qui domine la petite ville. Il a beau répéter avec un entêtement farouche : « Je continuerai! » – comme il l'écrit le 24 juin 1518 –, Léonard ne peut bientôt plus « continuer »...

Le 23 avril 1519, il fait venir le sieur Boreau ou Boureau, notaire royal d'Amboise. Tout ce qu'il possède à Cloux devient la propriété de son fidèle Melzi, mais sa servante tourangelle, Mathurine, reçoit « un habillement de bon drap noir garni de peaux, une coiffe de drap, et dix ducats ».

Peu avant de mourir, Léonard aurait, dit-on, demandé pardon à Dieu de n'avoir pas exercé son art comme il convenait. Peut-être estimait-il que le temps passé à ses recherches et à ses inventions aurait été mieux employé à peindre des œuvres religieuses... Il devait rendre l'âme dans sa chambre du premier étage où l'on a mis au jour, à notre époque, une cheminée monumentale et de belles poutres en châtaignier. Il quitta son lit pour la dernière fois à la fin du mois d'avril, afin de recevoir, debout, le Saint-Sacrement. Il ne mourut pas, le 2 mai, dans les bras de François Iᵉʳ, ainsi que l'a imaginé Ingres. Le roi se trouvait à Saint-Germain-en-Laye lorsqu'il reçut la lettre de Melzi lui annonçant la fatale nouvelle – et François ne put retenir ses larmes. Plus tard, lorsqu'il regardait avec ravissement l'énigmatique sourire de *la Joconde*, qu'il avait achetée, ses pensées se tournèrent bien souvent vers l'ermite du château de Cloux.

Plus de deux mois et demi après sa mort, tandis que, selon le désir de Léonard, trois messes étaient dites au même moment dans les trois principales églises d'Amboise, le corps du maître fut placé dans la nef de l'église Saint-Florentin (1) où furent célébrées les obsèques. Et, nous précise le procès-verbal, « fut inhumé dans le cloître de cette église Me Lionard de Vincy, noble milanais, premier peintre et ingénieur et architecte du Roy, meschasnis-chien d'estat et anchien directeur de peinture du duc de Milan ».

**

La reine ne tient certes pas la première place dans le lit royal, mais elle ne peut se plaindre d'être

---

(1) Un jardin public a pris la place de l'église Saint-Florentin. Le squelette de Léonard, retrouvé et identifié, a été transporté dans la chapelle du château.

sacrifiée. Le roi continue à la visiter... et de ces visites naîtront trois fils et quatre filles.

François, après s'être rendu auprès de Claude, ou d'une de ses maîtresses, regagne son lit. L'un des quatre gentilshommes de la chambre dort dans la pièce, « si bien qu'il a l'oreille du roi ». Le matin, après que François a revêtu une chemise – car il dort nu – entrent les « valets aux habillements ». Puis, en même temps, pénètrent dans la pièce « tous les princes, seigneurs, capitaines, chevaliers de l'Ordre, gentilshommes de la chambre, maîtres d'hôtel, gentilshommes servants... Et il leur parlait, et ils le voyaient, ce qui les contentait beaucoup ». Tous sortent ensuite, sauf les quatre secrétaires avec lesquels le roi regarde les dépêches, et auxquels il donne ses ordres concernant les réponses éventuelles. Tandis que François entend la messe, les officiers chargés de la chambre font le lit royal. Le grand chambellan ou le premier gentilhomme en exercice – il y en avait quatre – assiste à l'opération.

Puis vient l'heure du dîner. Toute la table est *couverte*, « servie à couverte » pour être plus précis, c'est-à-dire cachée par une grande nappe. Le maître d'hôtel démontre ainsi que « le *couvert* est mis » et qu'il a pris toutes les précautions d'usage afin d'éviter que le roi ne soit empoisonné par quelque passant mal intentionné. Plats, écuelles, verres, tranchoirs et bassines contenant fruits confits et sucreries disparaissent sous une grande nappe blanche, et il en est de même du dressoir où l'on a disposé les bassins d'argent, le vinaigrier, les piles d'assiettes en réserve, les carafes de vin et d'eau, les serviettes supplémentaires destinées aux hôtes imprévus – et aussi parce que l'on change de serviette après chaque service. Dans les corbeilles s'amoncelle le pain. Fait de farine, de lait et de beurre, le pain mollet vient de faire son entrée sur la table du roi. Le pain de *Saint-Esprit* est donné en aumône pendant la semaine de la Pentecôte, tandis que le pain de *calende* est coupé, la veille de Noël, en suivant le tracé de trois ou quatre croix.

Le roi installé, l'écuyer tranchant, précédé de l'huissier et suivi des officiers de bouche, cherche la nef cadenassée contenant la cuillère et le couteau du roi. Les manches de ces couteaux changent de couleur selon la période liturgique : ils sont noirs pendant le Carême, blancs à Pâques, mi-blanc et mi-noir à la Pentecôte. Il existe alors une grande variété de couteaux : pour trancher la viande, désosser la volaille, découper le pain ou, enfin, pour casser les noix. Puis l'on voit arriver de la cuisine les « viandes » en grand cortège. Pas de fourchettes, on mange avec ses doigts. Tout au plus certaines dames se servent-elles de *doigtiers* pour saisir un morceau de leur choix dans la sauce d'un plat trop chaud (1). Des gouttes de sauce tombent sur les robes et les habits... aussi nouer sa serviette sous le menton est-il admis. Mais, plus tard, lorsque les fraises godronnées ou tuyautées seront à la mode, il sera *difficile de joindre les deux bouts* de la serviette. L'expression existe toujours, mais le sens en a changé...

Le roi a une prédilection particulière pour « le joyau de la science de gueule », comme le dira Montaigne, autrement dit les truffes, qui ont la réputation d'être aphrodisiaques... Mais François avait-il besoin d'un stimulant ? Les tourtes défilent. Il y en a de toutes les façons. Fourré de quenelles, de ris de veau et, bien entendu, de truffes, c'est le *godiveau*, ancêtre du vol-au-vent inventé par Carême (2). Les tourtes à la viande sont appelées *pâtés*, mais il y a aussi les tourtes de morue, les tourtes aux herbes ou les tourtes à la moelle. Quant aux tartes, elles font leurs premiers pas et s'appellent

(1) C'est le petit-fils de François Ier, le roi Henri III, qui rapportera de Venise la fourchette à trois ou à quatre dents.
(2) Un jour, Carême, le fameux cuisinier de Talleyrand, fit une tourte plus grosse que les autres, et qui semblait s'élancer comme une tour vers le plafond. « Elle vole, s'écria-t-il, ravi de son tour de main, elle vole au vent ! »

encore tourtes aux fruits. La conversation est générale et l'on aborde des sujets variés « autant la guerre, nous dit Brantôme, que les sciences hautes et basses ».

Après le repas, François accorde des audiences. C'est ainsi qu'il reçoit, au mois de juin 1520, Guillaume Budé, qui deviendra, quatre ans plus tard, directeur de la Bibliothèque royale de Fontainebleau et inspirera à François, en 1530, la création du Collège de France, d'abord appelé le Collège des Lecteurs royaux.

Guillaume Budé avait reçu de son ami Jean-André Lascaris, un savant helléniste, une épître écrite en grec et, la lettre dans sa poche, le célèbre humaniste attendait la fin du dîner royal. « Au moment où le roi sortait de table pour entrer dans le salon intérieur, raconte-t-il, quelques personnes et moi nous parvînmes à nous y introduire avec lui. Certes, le roi, en ce qui le concerne, ne met aucun obstacle à cette liberté; néanmoins, je n'aime pas abuser de cette tolérance en usant de toutes les occasions qui se présentent. Je pense, en effet, qu'il n'est nullement convenable à ceux qui s'occupent d'études littéraires d'aller perdre ainsi leur temps avec des ignorants. Le roi m'ayant encouragé à parler aussi longuement et aussi librement que je le voudrais, je me mis en devoir, tout en tirant la lettre de ma poche, de toucher les sujets de conversation qui paraissaient les plus propres à me conduire au but que je m'étais assigné. Cependant, l'entretien s'engage justement dans le sens que je souhaitais le plus... Le roi, tantôt interpellant les assistants, tantôt leur répondant, se tourne à un certain moment vers moi et me demande :

« – Quelle est donc, Budé, cette lettre que vous tenez à la main?

« Et moi de lui répondre aussitôt :

« – C'est de Lascaris, qui est maintenant à Venise, où il s'occupe de choisir les jeunes étudiants, ainsi qu'il en a été chargé.

« Le roi m'ordonna aussitôt de lire la lettre. Voyant que je me taisais, il me la demanda et, après l'avoir considérée attentivement, se convainquit qu'il lui était impossible de la déchiffrer : il me la rendit alors et me la fit lire. En raison de ma grande habitude de toutes ces choses, je me mis à parcourir sans la moindre difficulté tout ce qui était écrit, l'expliquant avec perspicacité et non sans quelque ostentation. Le roi, enchanté, témoigna de son admiration, ajoutant qu'il s'étonnait de ne me voir manifester aucune hésitation au cours d'une lecture et d'une explication aussi difficiles. Tous les courtisans émerveillés n'en revenaient pas qu'il pût y avoir dans notre génération un homme aussi expérimenté à la fois dans la science du grec et dans celle du latin.

« Cet étalage de science était bien fait pour donner de l'illusion à des hommes totalement ignorants de ces choses et pour les arrêter bouche bée. Mon aplomb était d'autant plus grand qu'il n'y avait là personne d'assez érudit pour me contredire... »

Selon le Vénitien Marino Cavalli, le jugement de François est sain et son érudition fort étendue : « Il n'est chose, ni étude, ni art sur lesquels il ne puisse raisonner très pertinemment, et qu'il ne juge d'une manière aussi assurée que ceux-là mêmes qui y sont spécialement adonnés. Ses connaissances ne se bornent pas si simplement à l'art de la guerre, à la manière d'approvisionner, de conduire une armée, de dresser un plan de bataille, de préparer les logements, de donner assaut à une ville, ou même de la défendre, de diriger l'artillerie; il ne comprend pas seulement tout ce qui a trait à la guerre maritime, mais il est très expérimenté dans la chasse, dans la peinture, en littérature, dans les langues, dans les différents exercices du corps qui peuvent convenir à un bon chevalier. »

Il est bien l'ami et le protecteur des Lettres. Plus tard, – le 28 décembre 1537 – il instituera le dépôt légal : tout livre imprimé en France devra être envoyé en double exemplaire à la Bibliothèque royale – et cet ordre du roi est toujours appliqué (1). François enverra bientôt en Orient Pierre Gilles, avec mission d'acheter des manuscrits destinés aux collections royales.

(1) « Faire retirer, mettre et assembler en notre librairie toutes les œuvres dignes d'être vues qui ont été et seront faites, compilées, amplifiées, corrigées et amendées de notre temps pour avoir recours aux dits livres, si, de fortune, ils étaient cy-après perdus de la mémoire des hommes ou aucunement immués ou variés de leur vraie et première publication. »

CHAPITRE V

« MES BELLES AMOURETTES... »

L'œil de François brille et sa lèvre devient gourmande lorsqu'il regarde les femmes.

– Je ne veux autour de moi, répète-t-il, que les femmes les plus belles et les plus gentilles.

Le mot « gentille » appliqué à une dame avait un sens plus large qu'aujourd'hui et signifiait « point cruelle ». A la cour, comme dans les châteaux et parfois aussi dans les hôtels de la haute bourgeoisie, la souveraineté de la femme est indéniable. Elles règnent d'abord par leur beauté. Dévêtues, reproduites par les sculpteurs et par les peintres, on voit leur corps s'affiner bien joliment. Regardez la cheminée et la décoration de l'ancienne chambre de la duchesse d'Etampes au château de Fontainebleau – aujourd'hui l'escalier du roi – : les femmes sont représentées sveltes, élégantes, gracieuses, elles ont la silhouette élancée des femmes d'aujourd'hui. Le sein rebondi, maternel et d'une rondeur pourtant appétissante, prêté par Agnès Sorel à la *Vierge* de Fouquet, n'est plus à la mode. Abandonné? Momentanément, car il reviendra, bien sûr...

Les dames règnent aussi par leur conversation spirituelle, leur présence d'esprit, leur don de la repartie, par leur verve malicieuse, leurs saillies, leur mordant et leur habileté à ne pas « rester court ». La femme n'est plus seulement la maîtresse de maison, ou la femme au foyer, elle joue un rôle important. Elle s'occupe même de politique, comme Louise et Marguerite – et plus tard, Diane de Poitiers. Grâce aux femmes, la société devient plus artiste, plus policée, plus raffinée, et ici l'influence de François a été primordiale. Par sa civilité, sa courtoisie, par le ton qu'il emploie pour s'adresser à ses compagnes, il est parvenu à faire de la femme le joyau de la cour.

– Une cour sans dames, explique-t-il, est un jardin sans fleurs.

Et il le dira en vers (1)...

La poésie tient une place essentielle dans les rapports du roi séducteur avec celles qu'il aime, qu'il désire, ou tout simplement avec celles qu'il apprécie. François multiplie rondeaux et épigrammes galants. Le reflet de la vie quotidienne se retrouve dans ces petits vers vifs, piquants et légers, tels ceux de Clément Marot que François essaie d'imiter. On cueille ainsi « les roses de la vie ». On salue sa belle, on maudit gentiment la cruelle qui vous fait souffrir, on s'extasie devant le galbe de sa gorge d'albâtre, et l'on pose ses lèvres sur sa bouche « de corail précieux ». On demande de ses nouvelles. On apprécie la manière de parler de l'être aimé et surtout le son de sa voix...

> *... Ce petit ris folâtre*
> *Est à mon gré ce qui lui sied le mieux.*

François aime la conversation des femmes. Il est sous le charme de ses compagnes, riches souvent de ce sixième sens qui manque tant aux hommes.

La maison du roi compte vingt-sept dames ou demoiselles que le roi habille à ses frais et selon son goût personnel. Sa sœur bien-aimée, la spirituelle et savante Marguerite – la perle des Valois, si mal mariée au duc d'Alençon – mène avec lui la cour. La

---

(1) Certains poèmes attribués à François ne sont peut-être pas de lui...

« Marguerite des marguerites » est « de moult joyeuse vie et la meilleure compagnie possible ». Tous deux s'entendent à merveille pour lancer sur le tapis un sujet. Il est souvent question de passion. Une femme doit-elle cacher l'amour qu'elle porte à un homme? Si celui-ci ne s'aperçoit pas de sa flamme, peut-elle lui ouvrir les yeux? Et l'on cite des exemples, on insinue, on discourt. Marguerite – et sur ce point elle diffère de son frère – préfère ses livres à d'éventuels amants, alors que François chérit autant sa bibliothèque que ses amours. Amant inconstant, impénitent, il versifiera, non sans nostalgie :

> *Où êtes-vous allées, mes belles amourettes?*
> *Changerez-vous de lieu tous les jours?*
> *A qui dirai-je mon tourment, mon tourment*
> > *[et ma peine?*

François sait bien que la femme est changeante, mais il interdit que l'on en médise à sa cour. Le roi chevalier tient à ce que les dames soient traitées avec « grand honneur et respect ».
– Quiconque touche à l'honneur des dames, déclare-t-il un jour en souriant, sera pendu sans rémission.
Il admet leur infidélité, et Brantôme affirme qu'un de ses familiers l'a vu tracer avec un diamant sur une vitre du château de Chambord ce distique qu'il a gravé de sa main :

> *Souvent femme varie*
> *Mal habile qui s'y fie.*

Pour lui, le titre de femme rend inviolable et sacrée même une fille publique. Il protège celles qui suivent la cour dans ses déplacements, comme le confirme cette note adressée par François à Johan Duval « notre féal trésorier de notre épargne », lui ordonnant de remettre à « Cécile de Viefville, dame des filles de joie suivant notre cour, quarante-cinq livres tournois faisant la valeur de vingt écus d'or au soleil ». Il ne s'agit pas d'une indemnité ou d'une gratification, mais d'une mensualité, « tant pour elle que pour les autres femmes et filles de sa vocation (sic) et à répartir entre elles ». L'acte est daté de 1540, mais François précise « qu'il est accoutumé de faire (ce don) de toute ancienneté ».

Il n'use point pour lui-même de ces filles de joie. N'a-t-il point l'embarras du choix parmi les dames de la cour? Et l'on chansonne l'infortune des maris... L'adultère règne avec aisance et désinvolture. Bien des femmes s'en donnent à cœur et à corps joie et, si certains maris jaloux vont jusqu'à sévir, d'autres se montrent plus complaisants, surtout lorsque François se trouve placé en tiers...

Le roi apprend que Jean de Laval possède une ravissante épouse en la personne de Françoise de Foix, qui ne quitte guère leur manoir de Châteaubriant, et s'insurge devant ce qu'il est tout près d'appeler une séquestration. Françoise avait onze ans en 1506, et vivait à la cour d'Anne de Bretagne, lorsque Jean de Laval, alors âgé de vingt ans, s'était épris de cette appétissante enfant et l'avait enlevée. Françoise, fort précoce, ne tarda pas à s'éprendre de son suborneur. Une petite fille vint au monde au mois de mars 1508 – Françoise avait alors treize ans... – et on peut lire ces deux mots sur l'acte de baptême : *Non uxoris*. Les parents ne se marièrent en effet qu'en 1509.

Jean de Laval, jaloux et méfiant, connaissant l'esprit dissolu de la cour, se garde bien d'y entraîner Françoise. On verra cependant leurs noms réunis sur le procès-verbal officiel du baptême du dauphin, le 25 avril 1518. A cette époque, le sire de Châteaubriant a reçu une charge importante, le commandement d'une compagnie d'ordonnance royale. Depuis quelque temps déjà, Françoise est devenue la maîtresse officielle de François. Comment les choses se sont-elles passées? Selon l'historien quelque peu romancier Antoine Varillas, qui écrivait à la fin du XVIIe siécle, voici à peu près le dialogue qui s'échangea un beau matin entre le roi et le sire Jean de Laval :

– Monsieur le seigneur de Châteaubriant, nous aurions grand plaisir à voir votre femme venir à Amboise.

– Sire, mon épouse ne quitte guère notre château...

– On me parle de tous côtés de sa beauté, de son intelligence. Françoise de Foix, dame de Châteaubriant, sera des nôtres!

Varillas prétend que le seigneur de Châteaubriant, en se rendant à la cour, se doutait qu'une telle demande lui serait adressée par le trop galant souverain. Il aurait fait exécuter deux bagues semblables, en retint une et donna l'autre à la comtesse en lui recommandant :

– Je vais à la cour, je serai peut-être obligé de vous faire venir, mais n'ajoutez foi à mes lettres que si vous y trouvez enfermée la bague que j'emporte avec moi.

Or un domestique du comte aurait trahi le secret de la bague. C'est pourquoi le courrier – lui aussi acheté – apporte à Françoise une lettre contenant le signal d'appel... – une copie fidèle de l'original, on s'en doute – et la jeune et jolie femme, elle avait alors vingt et un ans, apparut à Amboise. François exprime aussitôt son éblouissement en vers :

Car quand je pense au jour où je te vis
Tous mes pensers jusqu'au plus haut volèrent
Te contemplant et là ils demeurèrent.

Ils y demeurèrent... La beauté brune de Françoise était telle qu'il y avait véritablement de quoi ne pas redescendre sur terre. On ne pouvait rêver visage plus harmonieux, des yeux plus joliment fendus en amande, un teint plus ambré, une bouche plus petite et charnue, des cheveux aux reflets de jais. Quant au corps, mieux vaut ne point le décrire, les adjectifs manqueraient.

Françoise se fit un peu prier, afin que le roi attachât plus de prix à sa victoire. Enfin, elle accepta d'être « gentille » – et lui envoya ces vers :

> Ce que je veux maintenant révéler
> C'est qu'il te plaise de garder mon honneur
> Car je te donne mon amour et mon cœur.

Et, durant dix ans, ce fut l'une des plus brûlantes passions de l'Histoire...

Le sire de Châteaubriant prend tout d'abord quelque ombrage de la liaison du roi et de sa femme. De ce fait, les contemporains le considèrent comme un mari mal élevé. Cependant, peu à peu – sauf quelques brefs accès de colère – Jean de Laval se fait une raison et accepte même de partir en mission pour Nantes afin de contraindre les Bretons à payer l'impôt... En réalité, pour laisser plus de liberté à sa femme. Voulant le remercier, le roi décide « qu'il sera donné au sire de Châteaubriant le commandement d'une compagnie de quarante hommes d'armes ». Le mari, continuant à montrer beaucoup de compréhension, devient seigneur de Dinan « en considération des services rendus par son frère... »

Les frères de Françoise, Odet, Thomas et André de Foix, vont bénéficier, eux aussi, de la manne royale et obtenir de François, pour le malheur du royaume, de hauts commandements militaires. L'aîné, vicomte de Lautrec, devient maréchal de France, mais on le verra perdre le Milanais en 1522. Les deux autres furent des soldats médiocres, mais courageux. Thomas de Lescun mourut à Pavie d'un coup d'arquebuse et André de Lesparre perdit la vue après avoir reçu trop de chocs sur la tête.

François et Françoise, que le roi appelait sa *mye*, peuvent s'aimer tout à loisir. Tandis que Jean de Laval s'occupe des affaires bretonnes, les deux amants poursuivent leur dialogue en vers.

lui déclare le roi. Ce qui n'empêche nullement le galant souverain de papillonner, même sous les yeux de sa maîtresse qui le menace de lui rendre la pareille.

> *Car j'ai grand-peur que déjà tu commences*
> *A te servir des ailes d'inconstance...*

François essaie de se défendre... en vers :

> *Si mon regard s'adresse à aultre dame,*
> *Souvent au lieu où vous êtes présente,*
> *Ce n'est pourtant que je sente aultre flamme.*

Mais il ne peut s'empêcher de *fleureter* et la jolie comtesse regarde alors avec complaisance l'amiral de Bonnivet. S'il faut en croire Brantôme, elle se laissa même aller dans les bras de l'ami du roi. C'est ainsi qu'un jour, à Amboise, la dame de Château-briant se consolait avec son amiral des infidélités royales, lorsque François vient gratter à la porte. Bonnivet n'a que le temps d'aller se cacher dans la cheminée où « l'on avait mis branches et feuilles, car c'était en été ». Françoise, bien que comblée, accueille son royal amant avec appétit. Lorsque le roi est prêt à partir... Mais laissons la parole à Brantôme. Bien que nous soyons à l'époque de Rabelais, le lecteur pudibond aura peut-être pour lui plus d'indulgence : « François, écrit l'auteur des *Dames galantes,* voulut satisfaire un besoin pressant. Faute d'autre commodité, le vint faire dans ladite cheminée dont il était si pressé qu'il en arrosa le pauvre amoureux en forme de chante-pleure de jardin de tous côtés. Je vous laisse à penser en quelle peine était ce gentilhomme car il n'osait remuer. »

Le roi surprend souvent Françoise conversant et

riant aux éclats avec Bonnivet. Il en montre quelque humeur :

– Je m'amuse, se défend Françoise. L'amiral pense être beau, et tant plus que je le lui dis, tant plus il le croit!

Et le roi, rassuré, éclate de rire.

Il fredonne, comme tout le monde à la cour, cette chanson :

Ceux qui voudraient blâmer les femmes aimables
Qui font secrètement leurs bons amis cornards,
Les blâment à grand tort, ce ne sont que bavards
Car elles font l'aumône, et sont fort charitables,
En gardant bien la loi, à l'aumône donnée
Ne faut, en hypocrite, la trompette sonner.

Le roi n'est guère discret en ce qui concerne ses amours. Le seigneur de Brantôme nous conte encore une histoire fort gaillarde que François se plaisait à rapporter à ses courtisans. Il s'agit d'une jeune et jolie femme venue à la cour. Elle avait « pris l'*étendard* du roi et l'avait planté dans son *fort* avec une très grande humilité ». Puis elle lui avait demandé comment « il voulait qu'elle le servît, ou en femme de bien et chaste, ou en débauchée, puisqu'en cela elle y était plus agréable que la modeste; en quoi il trouve qu'elle n'y avait perdu son temps et après le coup, et avant, et tout; puis lui fit une grande révérence et le remerciant humblement de l'honneur qu'il lui avait fait, dont elle n'était pas digne, en lui recommandant quelque avancement pour son mari... » Et Brantôme de préciser : « Le roi n'en épargna pas le conte qui courut à plusieurs oreilles. »

Il est friand d'histoires croustillantes et interroge volontiers ses gentilshommes sur leurs prouesses amoureuses, écoutant, un sourire malicieux aux lèvres, le récit de leurs ébats. Il se fait préciser – toujours selon Brantôme – « quelle contenance et posture les dames tenaient quand elles étaient à leur manège... et puis il en riait à pleine gorge ».

Pour Françoise qu'il aime, et dont il apprécie fort
« les manèges », le roi multiplie les fêtes. Il recrée
ainsi sur les bords de la Loire l'atmosphère de son
cher duché de Milan. Mais il a pour Claude une
grande tendresse. C'est pour elle qu'il ordonnera de
poursuivre l'œuvre de Louis XII à Blois, et de
construire l'aile qui portera le nom du roi François.
Elle devrait porter celui de la reine! Ce logis à la
double façade – celle des loges sur la ville et celle
qui, dans la cour, encadre le fameux escalier – ce
logis si français en dépit de ses pilastres florentins,
avec cette ordonnance assouplie, ces rinceaux de
feuillages, ces chapiteaux en corbeille, ces rubans
qui sont mêlés à tous les motifs, figure bien la
demeure de cette douce et mélancolique souveraine, cette reine Claude un peu effacée, un peu
pâle, humble fleur à côté du chêne royal. Sur
l'escalier aux lignes montantes – « fouillé comme
un ivoire de Chine », disait Balzac – auprès de la
salamandre flamboyante, on peut voir l'hermine de
Claude, blanche comme son âme. On remarque
aussi cette lune – son emblème – accompagnée de
la devise de la reine : *Candida candidis,* qui pourrait,
je crois, se traduire fort librement par : *J'offre mon
cœur aux gens de cœur.*

Ici la Renaissance cesse d'être un ornement pour
devenir un style architectural. « Je crois, dira plus
tard La Fontaine en contemplant l'aile François-Ier
du château de Blois, je crois que difficilement on
pourrait trouver un aspect plus riant et plus agréable. Il y a force petites galeries, petites fenêtres,
petits balcons, petits ornements sans régularité et
sans ordre. Cela fait quelque chose de grand qui
plaît assez. » La Fontaine avait du mérite! Au
XVIIe siècle, on détestait la Renaissance!

Déjà, Charles VIII, Louis XII et leurs entourages
avaient été conquis par cette Italie où l'art et l'esprit
brillaient à la toute première place. Les princes de

Florence, de Mantoue et de Ferrare, ces merveilleux mécènes, protégeaient et encourageaient peintres, sculpteurs et architectes. De ceux-ci, de leur esprit et de leurs mains ont sortis des chefs-d'œuvre qui ont fasciné les Français et les ont enthousiasmés à tel point que la France va *s'italianiser*. C'est le règne de la Renaissance!

– Le monde rit au monde, s'exclame Clément Marot, ainsi est-il dans sa jeunesse!

Cependant, si le terrain se trouve ainsi préparé, c'est François, âme de cette Renaissance, qui donnera l'impulsion nécessaire pour rompre avec le passé et abandonner les règles, les pensées et le goût devenus caducs et démodés. Il suffit d'accoler à François les noms de Léonard de Vinci, de Benvenuto Cellini, de Dominique de Cortone, ceux du Rosso ou du Primatice, peintres dont les œuvres vont prendre la place des tapisseries, il suffit d'évoquer les châteaux de Chambord, d'Amboise, de Blois, de Fontainebleau, un ensemble tel que la cour du Louvre, qui sera terminée après la mort du roi, pour se rendre compte de tout ce que la France doit à François Ier. Et, autour de lui, on imite le maître! Sortent de terre Chenonceaux, Chaumont, Azay-le-Rideau, Beauregard, Valençay, le petit château de Chantilly, La Rochefoucauld, Ussé, Le Lude, Anet, Gaillon que l'on remet fort heureusement en état aujourd'hui. Combien d'hôtels aussi à Tours, à Loches ou à Poitiers!

Mais il ne s'agit pas de travailler « à la manière de ». Des Français nommés Jean Goujon, Pierre Lescot, Philibert Delorme, Jacques et Denis Sourdeau, Pierre Trinqueau apportent dans leurs œuvres une touche personnelle et bien française. Les Italiens eux-mêmes, influencés par la lumière de nos paysages, créent en France un style nouveau! Il suffit pour s'en convaincre d'admirer la galerie François-Ier à Fontainebleau. Nous la parcourrons un jour en compagnie de Charles Quint...

Le règne de la Renaissance triomphe par l'abandon de la brique et l'engouement pour les dentelles de pierre. Hors les villes, les châteaux descendent dans les vallées. Plus de douves croupissantes! La demeure se mire dans les rivières ou même, bientôt, enjambe les cours d'eau. L'appareil guerrier est maintenu, mais seulement pour indiquer aux passants que la demeure appartient à une famille noble. Le bourgeois n'y avait point droit et l'on cite comme un fait mémorable que, le 12 septembre 1520, le marchand Bernard Saviati obtint l'autorisation d'armer son château de Paley « de barbecanes, canonnières, mâchicoulis et autres choses défendables servant à maisons fortes, pourvu, toutefois, qu'au moyen desdites fortifications, il ne puisse en aucune manière se dire seigneur châtelain, ni avoir droit de guet et de garde ». Ces « dites fortifications » sont bien un symbole correspondant à certains privilèges.

Tout comme aujourd'hui « la rigole pour le sang » qui orne l'épée des académiciens, au XVIᵉ siècle, ce qui subsiste de l'architecture féodale n'est plus qu'un simple décor. Le château fort médiéval est allégé, habillé par toutes les grâces et les fantaisies de la Renaissance. Le chemin de ronde est devenu balcon, les mâchicoulis ceinture décorative, le pont-levis un jouet pour dame amoureuse qui aime bien clore son château lorsqu'elle reçoit son amant, enfin la tourelle d'angle ne sert plus à guetter l'ennemi mais, au petit matin, à regarder partir l'être aimé...

Le style « château de la Loire » s'achèvera à Chambord – sa construction commence en 1519 – par un éclatant feu d'artifice de pierre. En cinq siècles, grâce à l'*italianisation* de la France, le lourd donjon quadrangulaire – nous le gravirons à notre tour un peu plus tard – a évolué, et finit par devenir une lanterne ajourée, un léger campanile entouré d'une cour de trois cent soixante cheminées.

Quel cadre prestigieux si le roi pouvait coiffer la couronne impériale! François empereur? Mais il faudrait pour cela que Maximilien disparaisse!

A la foi autrichien et anglo-portugais, à la fois chevalier, aventurier et astrologue, Maximilien, le grand-père du futur Charles Quint, le gendre de Charles le Téméraire, est un extravagant personnage. Il lui prend des lubies. C'est ainsi qu'un jour, il décide « de ne plus hanter femmes nues ». Dans quel dessein? Celui de briguer le trône pontifical! Il semble ravi à la pensée qu'après sa mort, sa fille Marguerite sera obligée de l'adorer, « ce dont, écrit-il, je me trouverai bien glorifié... »

Maximilien n'a que soixante ans, mais il est déjà tourmenté par l'idée de la mort. Depuis quatre années, depuis 1514, ce perpétuel inquiet, ce grand malade, se fait suivre par son cercueil... un coffre auquel il adresse même parfois la parole! Avant de mourir, il s'est fixé pour but de placer sur le trône impérial son petit-fils Charles de Luxembourg, roi des Espagnes et prince des pays d'En-bas, né avec le siècle, le 25 février 1500, et que nous avons vu refuser de se rendre au sacre de François.

La couronne d'Allemagne ne correspond nullement à un Etat organisé et structuré, mais cette couronne est élective – et le titre impérial demeure prestigieux! Souhaitant abdiquer, Maximilien demande à la Diète d'Augsbourg de ne pas attendre son décès pour élire le jeune Charles à sa place. Mais les sept électeurs, représentant la confuse mosaïque allemande, voudraient que l'affaire leur rapportât : ils vendront leur voix au plus offrant des candidats, sans reculer devant la surenchère. Tel est l'usage! Aussi les électeurs – les archevêques de Mayence, Trèves et Cologne, le roi de Bohême, le margrave de Brandebourg, le duc de Saxe et le comte palatin de Bavière – vont-ils temporiser devant la demande impériale.

Quelle déception pour l'empereur!

Et pourtant, depuis son mariage avec Marie de Bourgogne, fille du Téméraire, qui lui avait apporté les vastes domaines bourguignons – sauf la souveraineté de la Bourgogne elle-même, retournée dans l'appartenance française – les choses avaient marché selon ses désirs. Pour ne plus penser à ses déconvenues, tout en continuant d'ailleurs à négocier avec les électeurs, il s'épuise à un tel point à la chasse... qu'il en meurt, le 12 janvier 1518. Il avait bizarrement exigé que l'on rasât soigneusement son corps et qu'on lui arrachât les dents avant d'ensevelir son cadavre à Innsbruck. Etait-ce pour en faire des reliques?...

Pour François Ier, l'élection impériale devient alors un événement plus important que la croisade contre les Turcs qu'il envisageait de commander. Le titre d'empereur, successeur de Charlemagne, confère à celui qui le porte, répétons-le, une autorité morale et politique considérable. A cette priorité de gloire et d'honneur s'ajouterait la souveraineté du duché de Milan, que le roi vient de reconquérir et qui relève du Saint Empire.

Les électeurs ne sont sans doute que sept, mais au-dessous d'eux se presse une noblesse divisée en une bigarrure baroque – et anarchique – de principautés, comtés, duchés, margraviats, cités maritimes, évêchés et archevêchés plus ou moins indépendants. Bref, un chaos que ce Saint Empire romain qui, selon le mot de Voltaire, au XVIIIe siècle, n'était ni saint, ni romain, ni empire!... Maximilien n'en avait pas moins été l'âme de cette vieille relique.

François Ier, Charles d'Espagne, Frédéric de Saxe et Henry VIII sont candidats au trône impérial. Mais les deux derniers se retirent rapidement. Henry VIII sait bien que la position géographique de son pays lui enlève tout espoir. Quant à l'électeur de Saxe, il ne pouvait parvenir à la pourpre que soutenu par François Ier. Il est bien regrettable que l'orgueil du roi l'empêche de s'effacer! Dans l'intérêt même de la France, il fallait absolument éviter que Charles ne l'emporte. Malheureusement François, aveuglé par l'ambition, ne veut pas abandonner cette course au trône impérial qui semble, au départ, lui sourire. Moyennant un nombre respectable de sacs d'or, quatre électeurs sur sept lui ont en effet promis leur appui : l'archevêque de Trèves, le margrave Joachim de Brandebourg, son frère, le cardinal-archevêque de Mayence, et le comte palatin de Bavière.

– Je veux que l'on consente à tout ce qu'il demande, préconise François à propos du margrave : il faut le rassasier à tout prix.

Le voici grisé!

François est persuadé que ses quatre alliés sont solides. D'autant plus qu'il fait valoir des arguments qui lui paraissent indéfectibles : d'abord la proximité de la France avec les terres d'Empire, si éloignées, en revanche, de l'Espagne. Ensuite, en portant le Français au trône, l'Allemagne ne subirait pas la tutelle espagnole. Descendant de Charlemagne, François considère les Allemands comme des frères de race – et, comme eux, il se tient pour le fils des lointains et fiers Sicambres. De plus, n'est-il pas tout désigné pour défendre la Croix contre le Croissant?

– Trois ans après l'élection, promet François, je jure que je serai à Constantinople ou que je serai mort!

Pour emporter la décision des électeurs, le roi fait répandre à travers l'Allemagne un manifeste dans lequel il vante son physique et ses mérites, en employant, pour se dépeindre, la troisième personne : « Il est jeune et à la fleur de l'âge, libéral, magnanime, expérimenté et habile à la guerre. Un gros royaume où il est aimé et obéi tellement qu'il en tire ce qu'il veut... Des ports et havres tant sur la Méditerranée que sur l'océan, avec navires équipés et armés. Il a bonne paix avec tous ses voisins, en sorte qu'il pourra employer au service de Dieu et de la foi sa personne et tout son avoir sans que nul le détourne et que rien l'empêche. »

Malheureusement François s'aliène Franz de Sickingen, une manière de condottiere allemand, qui possède une puissante armée et une redoutable artillerie. Le roi lui verse une pension de 3 000 livres, mais hélas! lors d'une visite en France du terrible capitaine, François commet l'erreur de le traiter de haut... et Sickingen, humilié, s'allie à Charles.

La situation du concurrent de François semble pourtant moins favorable. Plus jeune que le Français, il est sujet à des crises d'épilepsie. Ses nombreuses possessions, fort éloignées les unes des autres, sont loin d'avoir la cohésion du royaume de France. Né et élevé aux Pays-Bas, il parle flamand – langue plus germanique que latine – mais son autorité reste fort discutée au-delà des Pyrénées. Pour bien des Espagnols, tant que vit la pauvre *Juana la Loca*, Charles n'est nullement roi des Espagnes. Tout au plus lui a-t-on accordé, non sans de nombreuses discussions, le titre de *roi de Castille*. Et François Ier charge ses agents secrets d'entretenir cet état de fait.

On le devine, Charles, conseillé et guidé par sa tante, l'adroite Marguerite d'Autriche, qui l'a élevé, riposte sur le même ton. Il prédit aux Allemands que François Ier va les assujettir et les écraser d'impôts, alors que lui-même, vivant à Madrid, au loin, leur laissera infiniment plus de liberté... Atout majeur, il insiste adroitement sur son appartenance à la maison d'Autriche, donc à une race germanique. François n'est qu'un *Welche*, un étranger! Pourtant, le sentiment national n'entre pas en jeu dans cette élection impériale : sauf pour Frédéric de Saxe, seul compte l'intérêt.

Bien vite, les trafics d'influence et les marchandages se multiplient... et les enchères montent! Les émissaires français parcourent l'Allemagne « à main pleine »... C'est ainsi que l'électeur de Mayence reçoit plus de 100 000 florins d'or, fournis à la fois par les deux candidats!... Le Bavarois, lui, se montre d'une rare duplicité : il affirme à François qu'il donnera des assurances pour son vote en retour des sommes qui lui seront offertes, « si on lui garde le secret ». Ce qui ne l'empêche pas de promettre sa voix au chambellan de Charles, Armerstorff, pouvu qu'on y mette le prix. Il s'engage même à rendre visite aux autres électeurs « car, remarque-t-il, le vent est assez contraire pour détourner un mauvais navire ».

Jusqu'au dernier moment, on ne saura plus très bien de quel côté penchent les sept électeurs. Seul le ventripotent Frédéric de Saxe semble honnête. Il se pose en moraliste :

– Plût à Dieu! s'écrie-t-il, qu'une corne poussât au front des princes qui se livrent à un pareil trafic! On pourrait alors les reconnaître.

François est certainement plus riche que son rival qui, à la suite des quatre voyages de Christophe Colomb, dispose pourtant des trésors des « Indes occidentales ».

– Il ne m'épouvante pas, disait le Français de l'Espagnol, car il n'a pas d'argent.

Mais Charles peut compter sur l'organisation bancaire des Fugger d'Augsbourg. Leur chef, Jacob Fugger, avance au roi de Castille 850 000 florins en exigeant 18 % d'intérêt. Ainsi couvert, le postulant peut remettre de bonnes lettres de change payables *après* l'élection, alors que François, imprudemment, paye *avant* le vote – et, de surcroît, en argent comptant! Ce qui coûte au Trésor et au royaume 400 000 écus d'or représentant·une tonne et demie de métal précieux.

Bonnivet reçoit mission de convoyer le trésor à travers la France, jusqu'en terre d'Empire. Quel spectacle! Huit cents chevaux chargés d'or!

– La prodigalité des Français est vraiment merveilleuse, s'extasie Marguerite d'Autriche. Ils donnent carte blanche aux électeurs et ceux-ci obtiennent tout ce qu'ils veulent... Je n'ai jamais vu de gens plus cupides que les princes!

Il fallait s'y attendre : le papier des Fugger l'emporte sur les écus de François! A la Diète de Francfort, le 28 juin 1519, les sept électeurs, revêtus, selon la tradition, d'un costume de drap écarlate, prennent place dans le chœur de la chapelle de Saint-Barthélemy, comme ils le font depuis dix jours... Chacun, à tour de rôle, développe son point de vue. Soudain, on apprend que Sickingen, à la tête des vingt mille hommes de la ligue de Souabe, campe devant la ville. Les dés sont jetés! Le soir même, à 10 heures, Charles est élu à l'unanimité roi des Romains et futur empereur. Il devient « Charles Quint » – et l'on rime :

France, Allemagne, Espagne aspirent à l'empire.
Charles est élu. Comment ne pas l'élire?
Espagnol, Allemand et Français à la fois,
Il réunit en lui tous les titres des rois.

François, qui séjourne à Poissy, prend sa défaite avec bonne humeur et feint même de ·ne pas paraître inquiet. De son côté, Charles Quint savoure sa victoire et prédit :

– Ou le roi de France m'exterminera, ou je serai maître en Europe.

Commé bien souvent en Histoire, la prédiction ne devait pas s'accomplir. Cependant, François a été touché et meurtri, moins par son échec devant le trône impérial que par la honte d'avoir été battu par un gamin de dix-neuf ans. Il se console en partant pour la chasse, et courre le cerf en forêt de Fontainebleau à en perdre haleine.

Les paysans sont avertis en ces termes : « Tu ne toucheras pas à mon gibier, sorti de ma forêt et qui fait tort à tes récoltes. Par procédé de bon voisinage, je laisserai encore tes bêtes venir prendre en ma forêt l'herbe gâtée en tes terres par mes fauves, moyennant faible redevance. Car tel est notre bon plaisir. »

CHAPITRE VI

QUAND DEUX ROIS SE JETTENT
DE LA POUDRE D'OR AUX YEUX...

Lorsque le roi désire s'entourer de visages amis, il se tourne alors vers Bonnivet. Bien qu'il soit un peu écervelé, que son intelligence soit assez limitée, c'est un compagnon fidèle et d'un courage admirable. Les deux hommes partagent le même goût pour la guerre et les plaisirs de l'amour. L'autre ami du roi, Guillaume de Fleuranges, ne rêve, lui aussi, que de combats et mérite bien son surnom d'« Adventureux ». François leur pose la même question : que faire, alors que la puissance germano-espagnole déséquilibre l'Europe occidentale ?

François réunit son conseil, sans lequel il ne veut rien décider. On y voit le connétable de Bourbon, le plus puissant seigneur du royaume, Charles d'Alençon, le pâle mari de Marguerite, Anne de Montmorency – qui deviendra un jour connétable –, le pondéré Artus de Boisy, frère de Bonnivet, et surtout le cardinal Antoine Duprat, qui, rappelons-le, servait déjà Louis XII et la reine Anne dont il était le protégé. Certes François ne l'aime guère. La rudesse et le manque d'amabilité de son ministre le gênent, mais il peut compter sur son dévouement – c'est là le principal ! Il ne faut pas croire que François se contente de recueillir les avis sans prendre part à la discussion.

— Il n'y a qu'un roi en France, répète-t-il, c'est moi!

Cependant, s'il donne son opinion avec une ardeur qui impose et un enthousiasme qui entraîne, il sollicite des conseils. Devant la puissance de Charles Quint qui monte en flèche, devant cette dangereuse hégémonie qui se prépare, que faire? Sans cesse la question revient, lancinante. Assurément, se rapprocher d'Henry VIII est la sagesse même. Déjà, à l'automne 1518, le roi d'Angleterre s'était montré fort accommodant en proposant en mariage sa fille Mary au dauphin de France. Il s'agissait encore une fois d'unir deux enfants en bas âge. Mary n'avait que quatre ans, et le fils aîné de François, qui ne régnera d'ailleurs pas, était au berceau!

D'autre part, le roi souhaitait acheter Tournai qui, depuis 1510, appartenait à l'Angleterre. Pour négocier ces deux projets, il adressa à son « bon frère Henry » une ambassade conduite par son cher Bonnivet. Son titre d'amiral impressionnerait peut-être les Anglais. Vingt-quatre seigneurs l'entouraient « et autre grand nombre de gentilshommes et train tellement qu'on les estimait en tout bien huit cents chevaux », sans compter vingt-cinq mulets portant les bagages.

Le 4 octobre 1518 se déroulèrent les fiançailles: « Je serai en grande gloire ce jour-là, avait annoncé Bonnivet à François, car on désire que je joue le rôle de Monsieur le Dauphin comme fiancé de Madame la Princesse. » Le lendemain, l'amiral passa au doigt de la petite Mary un gros diamant serti dans une minuscule monture. Henry VIII se tenait devant son trône, avec à ses côtés la reine Catherine... et Mary, notre reine galante.

Bien entendu, l'on fit bombance. Dans la seule journée du 7 octobre, on dévora 27 douzaines de poulets, 32 douzaines de pigeons, 54 douzaines d'alouettes, 6 douzaines d'oies, 11 bœufs, 56 moutons, 10 porcs, 15 cygnes et 5 paons.

Malgré ces agapes, on parvint à mettre au point

l'achat de Tournai, évalué à 600000 livres. Il faudrait en outre démanteler les nouvelles fortifications établies par les Anglais. Les Français ont de l'or, et promettent à Henry de remplir sa bourse. Car pour alimenter son escarcelle, le roi d'Angleterre ne peut compter que sur l'argent des Communes – et les bourgeois anglais se montrent aussi avares que leur maître! ce qui n'est pas peu dire... François, lui, n'a qu'à augmenter la taille pour que ses caisses se remplissent. Aussi Bonnivet s'engage-t-il à verser au roi Henry le règlement des vieilles dettes de la maison de France – coût : un million d'écus d'or. Bien plus, Henry VIII et ses successeurs recevront une pension annuelle de 100000 livres tournois, payables en deux termes. La manne française se répand également sur la cour anglaise. Il n'est pas jusqu'au duc de Suffolk, l'époux de la reine Mary, qui ne reçoive sa part!

Pour sceller les engagements, les diplomates proposent une prochaine rencontre entre les deux souverains. Le cardinal-prestidigitateur Wolsey approuve, car François Ier lui a offert une pension annuelle de 12000 livres en échange de l'évêché de Tournai dont il s'était attribué le diocèse dix années auparavant. C'était là de l'argent bien placé! L'ambassadeur du pape ne racontait-il pas que le ministre d'Henry VIII lui avait dit un jour : « *Sa Majesté* fera ceci et cela. » Le lendemain, Wolsey avait précisé : « *Nous* ferons ceci et cela. » Un peu plus tard, il avait spécifié : « *Je* ferai ceci et cela. »

Tout semble s'arranger au mieux : les pensions, que l'on ne payera guère, le mariage, la vente de Tournai et la future rencontre royale. Afin de tout conclure, une ambassade anglaise se rend à Paris. On fête l'accord définitif par un banquet donné sous une tente montée dans la cour même de la Bastille, un festin « triomphant où il y avait tant de luminaires, de torches et de cires ardentes qu'il semblait qu'il fût jour clair ».

Henry VIII se montre fort accommodant, car son intérêt est d'éviter que François Ier et Charles Quint ne s'unissent et d'empêcher, d'autre part, que l'un ne devienne plus puissant que l'autre – toujours l'équilibre... Cependant, les sympathies du roi d'Angleterre se portent vers Charles Quint, d'abord parce qu'il est son oncle par son épouse, Catherine d'Aragon, mais surtout parce que la jalousie le tenaille, le faste et l'élégance de François Ier l'irritent.

La rencontre – un déploiement ostentatoire de somptuosité – se déroulera le 7 juin 1520, jour de la Fête-Dieu, à la frontière des deux pays, entre Ardres et Guignes, non loin de Calais – alors en territoire anglais. Chacun veut éblouir son compère et, tandis que les tailleurs préparent les pourpoints en n'épargnant ni l'or ni les pierreries, les pionniers nivellent le sol, tracent des routes et rasent le terrain où s'élèveront les tentes et les pavillons, tendus d'étoffe d'or et coiffés de longues banderoles et d'étendards armoriés qui claqueront au vent.

Cependant, le 27 mai 1520, l'empereur Charles accourt auprès d'Henry, en espérant le dissuader de traverser la Manche. L'empereur n'obtient que la promesse de rencontrer Henry après l'entrevue. Le roi d'Angleterre est, en effet, bien pressé de connaître François.

– Dites-moi, a-t-il demandé à l'ambassadeur de Venise, le roi de France est-il aussi grand que moi?

– Votre Grâce, il y a peu de différence.

– Est-il aussi gros?

– Non, sire.

– Quel genre de jambes a-t-il?

– Votre Majesté, il a des jambes maigres.

– Regardez!

Henry montre ses cuisses puissantes et musclées.

Ce n'est pas tout :

– Et vous le voyez, j'ai d'aussi beaux mollets!

Il ajoute encore :

– J'aime beaucoup ce roi de France.

Il ne dira pas toujours cela...

L'exhibition dorée approche...

Le 31 mai 1520, tandis que François, Louise et Claude séjournent à Montreuil, Henry monte à bord du plus beau vaisseau de l'époque, le *Henri-grâce-à-Dieu* qui jauge mille tonneaux et a été armé de cent vingt-deux canons. Ses deux hauts châteaux – celui de proue et celui de poupe – s'élèvent au-dessus de la mer comme des immeubles de plusieurs étages. Les voiles sont de drap d'or, et au haut des mâts flottent au vent de longues oriflammes multicolores aux armes des Tudor.

Tandis que ce monument arrive à Calais, François couche à Ardres. Le roi-chevalier a fait construire une vaste maison de ville où l'on fera « festoyer » le roi d'Angleterre. Non loin du petit bourg, François donne l'ordre d'élever « un autre édifice couvert de toile, comme le festin de la Bastille avait été fait; et était de façon comme au temps passé les Romains faisaient leur théâtre, tout en rond, à ouvrage de bois, chambre, salles, galeries, trois étages l'un sur l'autre, et tous les fondements de pierre. Toutefois, elle ne servit de rien », regrette Guillaume de Fleuranges.

En revanche, « serviront » les trois à quatre cents tentes et pavillons construits par Galiot de Genouillac, grand-maître de l'artillerie, d'après des dessins de Jean Bourdichon, un enlumineur tourangeau, élève de Jean Fouquet. L'ensemble resplendit, nous dit encore le chroniqueur, « de drap d'or frisé en dehors et de drap d'or frisé en dedans, tant dans les chambres, que dans les salles et galeries... » Tout est entoilé de drap d'or et d'argent. « Et avaient dessus lesdites tentes force devises et pommes d'or et quand elles étaient tendues au soleil, il les faisait merveilleusement beau à voir. » Nous le croyons volontiers. Pour l'usage personnel de François, quatre pavillons ont été tendus de drap d'or, doublé de velours bleu; celui où dormira le roi est surmonté d'une statue de saint Michel foulant aux pieds le dragon.

Henry, de son côté, fait dresser en dehors du château de Guines deux mille tentes blanches destinées à sa suite ainsi qu'une demeure « en bois et en verre amenée par mer toute faite... et couverte de toiles peintes en forme de pierre de taille, puis tendue par dedans d'étoffes de velours et de soie et des plus riches tapisseries d'Arras... la couverture peinte à l'antique recouvre huit grandes salles... » Ce « Windsor de cristal » sera d'ailleurs ensuite remonté en Angleterre, et utilisé comme maison de campagne pour le roi.

Devant l'une des portes avaient été élevés deux hauts piliers dorés ornés « d'images à l'antique », « l'une représentant Cupidon, dieu de l'Amour, et l'autre le dieu Bacchus, qui jetaient incessamment l'un du vin de Malvoisie et l'autre du vin clairet ». A portée de la main étaient disposées de « belles grandes tasses d'argent pour boire qui voulait ».

C'est vraiment un spectacle extraordinaire, grandiose, et les chiffres sont révélateurs de l'agitation que provoque cette rencontre : 5172 personnes et 2865 chevaux ont débarqué à Calais. L'entrevue des deux souverains aura lieu le jeudi 7 juin, entre les deux villages, mais en territoire anglais, exactement au lieu appelé le Valdoré – le bien nommé – où Henry a fait ériger un pavillon de drap d'or, évidemment... Sur son emplacement s'élèvera plus tard une chapelle.

Un coup de feu est tiré du château de Guines, tandis qu'un coup d'arquebuse lui répond du château d'Ardres, et les deux rois se mettent en route l'un vers l'autre. François est précédé de ses Suisses et du connétable de Bourbon portant ostensiblement son épée nue.

Un régiment de fifres, de tambours et de trompettes ouvre la marche, puis voici le roi de France, que l'on ne peut regarder sans cligner des yeux. Casaque de drap d'or, *sayon* à longues basques – en fils d'or bien entendu – disparaissant sous la veste

dogaline rutilante qui élargit les épaules du souverain, à la carrure cependant déjà fort imposante. Et
partout, partout – et surtout sur son bonnet – des
perles, des diamants, des émeraudes, des rubis...

Quelle fastueuse parade!

De son côté, Henry, entouré de quatre cents
archers, s'est vêtu d'argent et de pourpre. Les deux
cortèges descendent vers le fond de la vallée. Les
flûtes, les clairons et les trompettes retentissent.
Quand François et Henry ne furent plus qu'à quelques dizaines de toises, ils « donnèrent des éperons
à leurs chevaux comme font deux hommes d'armes
quand ils veulent combattre à l'épée : et au lieu d'y
mettre les mains, chacun d'eux mis la main à son
bonnet. Aussitôt l'un près de l'autre, ils s'embrassè-
rent et s'accolèrent moult doucement; puis descen-
dirent de dessus leurs coursiers et derechef s'accolèrent. Cela fait, se prirent par les bras pour entrer
dans le beau pavillon tout tendu de drap d'or et
avant d'entrer s'entrefirent plusieurs révérences et
honneurs, car le roi n'y voulait entrer le premier, ni
pareillement le roi d'Angleterre... et y entrèrent
ensemble. »

Maintenant les deux hommes, face à face, se
mesurent du regard.

François, de haute taille, a vingt-cinq ans. Henry
vingt-neuf. Le roi de France a un visage ouvert,
pétillant de malice, un sourire légèrement ironique,
joyeux « et tout françoys ». Le roi d'Angleterre,
« un peu grasset », est puissant, athlétique, plus
trapu, mais également raffiné et jouisseur. Malgré la
rondeur de sa physionomie, le sourire qu'il arbore
est plus sarcastique que celui de François. On le
sent capable de violence, et même de cruauté...
L'avenir le prouvera. Ayant appris que le roi de
France portait maintenant la barbe, Henry avait
laissé pousser la sienne. « Comme elle est rousse,
nous dit l'ambassadeur de Venise, il a maintenant
une barbe qui luit comme l'or. »

Décidément, tout est en or ce jour-là...

Deux hommes seulement assistent à l'entrevue :

l'amiral de Bonnivet et le cardinal Wolsey. Bourbon fait la grimace; il demeure devant la porte telle une sentinelle et n'oubliera pas l'affront... Les deux souverains s'embrassent une nouvelle fois et Henry commence à lire le traité. Après le texte concernant la France, il prend l'autre partie du document et commence :

– Je, Henry, roi de Fr...

Il s'arrête et enchaîne en regardant François :

– Je ne le mettrai point, puisque vous êtes ici, car je mentirais.

Et il conclut :

– Je, Henry, roi d'Angleterre...

Mais les mots *roi de France* subsisteront dans le traité...

Les seigneurs qui accompagnent chacun des souverains sont ensuite autorisés à entrer, autant que le pavillon peut en contenir. Les musiques joyeuses se font entendre et le vin commence à couler à flot. On boit en portant des *tostées*, c'est-à-dire en faisant porter à la personne que l'on veut honorer un verre de vin au fond duquel trempe un petit morceau de pain que l'on mange ostensiblement avec reconnaissance. Les gardes imitent leurs maîtres « en *tostant* et disant ces paroles : *Bon amis français et anglais* et buvaient l'un à l'autre de bon courage ». Une *tostée!* Le mot, comme le jeu alors à la mode de la *balle aux pieds*, nous reviendra un jour d'Angleterre...

Le dimanche suivant, double banquet : François dîne chez la reine d'Angleterre, où il rencontre la toujours ravissante reine Mary qu'il avait trouvée si fort à son goût en 1514... Que de souvenirs! Pendant ce temps, Henry dîne avec la reine Claude, Louise et les princesses. Bien entendu, toutes les vaisselles sont d'or, les repas interminables et les services entrecoupés de danses et de chansons.

Tout cela, en dépit des chamarrures, est assez froid, et pour tenter de créer un climat plus détendu, François décide de rendre à Henry une visite impromptue. Le matin du vendredi 9 juin, prenant seulement avec lui deux gentilshommes et un page, le roi se dirige vers le château de Guines, résidence du roi d'Angleterre. Grande est la stupéfaction des deux cents archers qui gardent le pont de la ville. Ils laissent passer François qui, quelques instants plus tard, fait irruption dans la chambre royale où Henry dort encore. « Et ne fut jamais homme plus ébahi que le roi d'Angleterre », réveillé en sursaut par cette irruption.

– Mon frère, déclare-t-il, vous m'avez fait meilleur tour que jamais homme ne fit à l'autre et vous me montrez la grande confiance que je dois avoir en vous. Quant à moi, je me rends votre prisonnier dès cette heure et vous baille ma foi.

Il défait de son col un collier valant 15 000 *angelots* – une monnaie sur laquelle était gravé un ange terrassant un dragon – et prie « le roi de France de le prendre et de le porter ce jour-là pour l'amour de son prisonnier ». François tend alors à son « prisonnier » un bracelet de 30 000 angelots et lui demande de bien vouloir l'accepter pour l'amour de lui « laquelle chose il fit et le lui mit au bras ».

– Vous n'aurez point d'autre valet de chambre que moi, s'exclame alors François qui chauffe la chemise du roi d'Angleterre et la lui donne au moment où il se lève.

Le lendemain, à l'aube, Henry VIII rend la pareille à François.

Le surlendemain – dimanche 11 juin – les joutes commencent. A cette occasion le roi d'Angleterre saisit le roi de France par le collet et lui déclare :

– Mon frère, je veux lutter avec vous.

« Et il lui donne une attrape ou deux, et le roi de France, qui est fort bon lutteur, lui donne un tour, et le jette par terre... » Henry est, en effet, tombé sur le sol. Humilié, il se relève et se force à sourire de sa défaite. « Et voulait encore le roi d'Angleterre lutter, mais cela fut rompu et il fallut aller souper... »

François a manqué d'intuition, il aurait mieux fait de se laisser battre par Henry, car l'Anglais est rancunier et n'oubliera pas de sitôt ce qu'il considère comme un affront. Déjà, il se sent éclaboussé par cet étalage de luxe dont s'entoure le roi de France. Henry jaloux, la bonne entente entre les deux rois est à la merci d'une maladresse – et celle qui vient de se produire est de taille... Faire mordre la poussière au roi d'Angleterre devant les deux cours réunies – et à la suite d'un croc-en-jambe –, l'orgueil d'Henry VIII ne s'en remettra pas!

Certes, on feint d'oublier l'incident, mais, le soir, le coucher du roi d'Angleterre se déroule, paraît-il, « dans un silence à entendre marcher une fourmi ».

Le jeudi 15 juin, le tournoi reprend. Voir François à cheval est un vrai spectacle.

– Je vous ai vu souvent entrer en lice, admirera le célèbre humaniste Guillaume Budé, paré de vos couleurs. Puis, le tournoi fini, en sortant au son des trompettes sonnant la retraite, faire bondir en l'air votre monture. Ainsi monté sur un cheval volant, vous teniez aussi fermement dessus que si vous eussiez eu les cuisses collées à la bête!

Le connétable de Bourbon veut étonner à son tour le roi d'Angleterre. Il pénètre dans la lice, non par la porte, mais en sautant par-dessus la barrière d'une forte hauteur. Henry VIII applaudit et le duc, mettant pied à terre, offre son destrier au roi d'Angleterre qui l'accepte, mais se penche à l'oreille de son voisin, le cardinal Wolsey, pour lui faire remarquer :

– Mon frère de France a dans Monsieur le connétable quelqu'un dont je ne voudrais pas être le maître. Dans tous les cas, il fera bien de ne pas ferrer le mors de ce fier coursier, car il me paraît propre à regimber; c'est un vassal qui aimera toujours mieux sentir la main d'un ami que celle d'un maître.

On ignore les réactions de François, mais peut-être est-ce à propos de cet incident qu'il s'est exclamé, parlant d'un homme par trop ambitieux, en utilisant, lui aussi, le langage équestre :

– Je vais lui couper les paturons!

Le 17 juin, les deux familles royales se réunissent à Guines. Un nouveau spectacle somptueux se prépare, mais le banquet ne peut se dérouler à l'endroit prévu. « Le vent et la tourmente vinrent tels que tous les câbles de fil d'or de Chypre et cordages de soie bleu turquin rompirent et furent jetés par terre : de sorte que le roi fut contraint de changer d'opinion et fit dresser en grande diligence un lieu pour faire le festin... » Le repas terminé, les rois disparaissent chacun de son côté et reviennent avec une joyeuse compagnie de gentilshommes masqués et déguisés. C'est le moment des « momeries », autrement dit des mascarades.

Le lundi 19, le jeu d'arc, où brillent les archers d'Angleterre, succède au tournoi. Henry, cette fois, triomphe et remporte la première place, car « il était un merveilleux bon archer ».

Un détail lors des banquets : les deux rois, par crainte du poison, prennent la précaution de dîner chez eux avant de s'attabler, et durant le festin royal, « ils ne font que deviser en regardant le service et les viandes ». Décidément, la confiance ne règne pas!

Le samedi 24 juin, François et Henry VIII se séparent, « sentant bien qu'ils laissaient l'un l'autre à regret », affirme le chroniqueur avec un optimisme de commande... Les milliers d'assistants ont mangé et bu à satiété et ont fait assaut d'élégance « portant leurs moulins, leurs forêts et leurs prés sur leurs épaules ». Du Bellay précise même : « Beaucoup se sont cassé les reins à vouloir porter leurs manoirs sur leur dos à l'occasion de ces grandes journées... »

Certes les deux rois se sont lancé de la poudre d'or aux yeux, mais quel est le bilan réel de cette prestigieuse rencontre?

Un vague accord, où il est principalement question des paiements que François s'est engagé à verser à Henry... et c'est avec bien de la peine que François apprend que, sur le chemin du retour, le roi d'Angleterre, selon sa promesse, a rencontré

Charles Quint à Gravelines. L'entretien anglo-allemand a été placé sous le signe de la simplicité et de la cordialité. Une tente de combattant abritait l'entrevue. L'empereur a traité son hôte en aîné et avec honneur, en lui proposant une alliance, un arbitrage, même, entre la France et l'Empire.

Proposition plus agréable à Henry que le croc-en-jambe de François...

Un traité secret – et infiniment plus sérieux que le précédent – est signé entre les deux souverains, qui décident de se revoir et de parler ensemble de leurs intérêts... formule assez ambiguë pour permettre à Henry VIII d'affirmer à François qu'il n'a pas signé d'alliance, et qu'il demeure fidèle à ses engagements avec lui.

Henry VIII remonte sur son imposant vaisseau, et Charles d'Autriche, après un séjour dans ses possessions de Flandre, se dirige vers Aix-la-Chapelle où il fera une entrée solennelle le 22 octobre 1520. Le lendemain, il est couronné empereur tandis que, le même jour, François campe au bourg de Milly-en-Gâtinais. Il se console en apprenant les graves ennuis de Charles Quint en Espagne où les *comuneros* – les bourgeois soutenus par des membres de la noblesse et du clergé – se sont révoltés... Ce 22 octobre, encore, le sultan Soliman II, commandeur des Croyants, maître de la Sublime Porte, monte sur le trône.

Après avoir passé les fêtes de Noël à Blois, nous retrouvons le roi à Romorantin, le cher château de Louise. Le 6 janvier 1521, Mme de Savoie écrit dans son *Journal :* « Environ 4 heures après midi, mon fils fut frappé d'une mauvaise bûche sur le plus haut de ses biens, dont je fus désolée. »

C'est à la tê.. que le roi a été blessé. En ce jour des Rois, il s'est amusé, en effet, à attaquer avec ses compagnons la maison de M. de Saint-Pol. « Et parce qu'il faisait grandes neiges, rapporte du Bellay, mon dit sieur de Saint-Pol fit grande munition de pelotes de neige, de pommes et d'œufs pour soutenir l'effort. Etant enfin toutes armes faillies pour la défense de ceux de dedans, ceux de dehors forçant la porte, quelqu'un mal advisé jeta un tison sur la tête du roi. »

– Ne cherchez pas qui a jeté ce tison, ordonna François. Si j'ai fait la folie, il faut que j'en boive ma part.

Cependant, le bruit court que le roi demeurera aveugle. François convoque alors les ambassadeurs pour leur démontrer qu'il se porte infiniment mieux qu'on ne le dit, mais il lui faudra deux mois pour se remettre.

A la fin de l'hiver 1521, une nouvelle guerre approche. « Or, Messieurs, ainsi que l'écrivait du Bellay, pour vous faire entendre la source et origine de la guerre entre deux si grands princes que l'empereur et le roi, par laquelle sont devenues tant d'oppressions de peuples, de ruines de provinces et la mort de tant de gens de bien et de vertu, je vous le dirai sommairement, et jugerez par adventure que le commencement fut de peu d'occasion... »

Peu d'occasion!

En effet, au mois de février, François reçoit à Romorantin le père de son ami Fleuranges, Robert de La Marck, duc de Bouillon, prince de Sedan, possesseur d'un fief d'empire. Il vient se plaindre de l'empereur. Selon ses intérêts, La Marck, oscille vers l'un ou vers l'autre de ses puissants voisins. L'affaire commence par une querelle de clochers, une querelle qui va dégénérer en conflit européen. Un vassal de Charles Quint – un certain Aymeries – avait saisi le château de Hierge, appartenant au duc de Bouillon. La Marck demande alors à l'empereur de lui faire rendre son bien. Charles refuse et le prince de Sedan lui annonce que, s'il persiste dans sa fin de non-recevoir, il passera au service de François Ier.

Charles s'en moque!

Fleuranges intervient. Son père, moyennant une

rente annuelle de 10 000 écus d'or, devient vassal du roi François et, sans plus tarder, le duc de Bouillon met le siège devant Virton, qui appartient à Charles Quint. François pense que c'est agir hâtivement, et que le procédé est déplaisant :

– J'ai grosses pratiques entre l'empereur et moi, et j'espère qu'elles viendront à bonne fin, explique-t-il.

La Marck et son fils lèvent donc le siège, commencé seulement deux jours auparavant. D'autre part, Henri d'Albret, roi de Navarre, ou plutôt l'un des deux rois – car, afin de compliquer les choses, il existait une Navarre française et une Navarre espagnole –, avait été dépouillé de son petit royaume par l'empereur Maximilien. Ayant vainement attendu les réparations que, selon le traité de Noyon, lui devait Charles Quint, d'Albret lève une armée de six mille Gascons. Il obtient l'aide de François qui, trouvant juste la revendication du roi de Navarre, lui envoie une poignée d'hommes – un soutien dérisoire – commandés par Lesparre, frère de Lautrec et de Mme de Châteaubriant.

Le 1er avril 1521, François séjournait à Sancerre lorsque l'ambassadeur de Charles Quint, Philibert Naturelli, lui remet une note constatant l'action menée par les alliés de la France, au nord par le duc de Bouillon et par le duc de Gueldre – cet autre allié de François avait levé des troupes contre l'empereur – et, au sud, par Henri d'Albret « qui se disait roi de Navarre ». Or pour Charles, le seul vrai roi de ce royaume ratatiné était son candidat... Aussi, affirme Naturelli, il est démontré que François veut faire la guerre! L'empereur considère l'action des vassaux du roi comme « défi et rupture de traité » et, s'estimant « assailli et provoqué », décide de se défendre. François répond qu'il a désapprouvé le duc de Bouillon; quant au roi de Navarre, il ne l'a pas vu depuis le mois de février! C'est tout juste s'il ne déclare pas que les quelques centaines d'hommes envoyés à Henri d'Albret séjournaient en Navarre en permission de détente...

Bref, c'est la guerre!

Le peuple, pourtant, n'a guère besoin de nouvelles pilleries, alors que, au début du mois de mai 1521, la traditionnelle famine s'abat sur Paris, « tellement qu'on ne pouvait trouver blé ni pain en ville pour argent »! Il en est de même en Normandie où le setier de grains – cent cinquante à deux cents litres environ – atteint le chiffre exorbitant pour l'époque de 10 livres.

En ce même mois de mai 1521, François signe avec douze cantons suisses un traité qui lui donne toute latitude pour lever des troupes. Le roi a besoin de l'aide helvétique pour combattre l'infanterie espagnole, assurément plus puissante que celle de François! D'autre part, les Suisses promettent de le seconder en Italie, afin qu'il puisse plus facilement garder ses possessions de Milan et de Gênes,

Lesparre, qui ne doit son commandement qu'à l'influence de sa sœur sur le cœur du roi, est parvenu à s'emparer de la Navarre espagnole, mais il ne réussit pas à pénétrer en Castille et, le 30 juin, est vaincu à Esquirros. La Navarre redevient espagnole!

Dans le nord, les Français enregistrent également des échecs. François Ier se résout à négocier et demande à Henry VIII de servir de médiateur. Le 4 août 1521, les négociations s'ouvrent à Calais, sous la présidence du chancelier d'Angleterre, le cardinal Wolsey. François Ier s'est fait représenter par Duprat, et Charles Quint par Gattinara, un homme qui hait cordialement la France. Les deux partis désirent la paix, mais y mettent des conditions déraisonnables. Wolsey, favorable cette fois à Charles Quint, estime que la paix étant indispensable pour la France, François doit faire des concessions. Au cours des discussions, Duprat a la manie d'offrir sa tête pour témoigner de sa bonne foi, ce qui permet à Gattinara de s'exclamer grossièrement :

– Le chancelier de France se montre fort libéral de sa tête, encore que j'en eusse préféré une de porc.

La situation est inextricable. Le fossé entre Charles et François se creuse davantage. Pêle-mêle interviennent les traités rompus, l'arrogance des délégués espagnols, les serments violés, le droit des Etats méprisé – et surtout l'épineuse question de la Bourgogne, province que l'empereur revendique absolument en qualité d'arrière-petit-fils du Téméraire, n'admettant pas le retour des apanages à la Couronne française. La paix paraît s'éloigner et ce n'est pas Duprat qui l'obtiendra en s'exclamant, à l'instar d'une Catilinaire cicéronienne :

– *Non feremus, non patiemur, non sinemus*! Nous ne le supporterons pas, nous ne le souffrirons pas, nous ne le permettrons pas.

Tandis que se poursuivent les palabres, d'Orval, lieutenant du roi en Champagne, et Bayard font des miracles en fortifiant, en « remparant » et en approvisionnant rapidement Mézières, assiégée par les Impériaux.

– Comment, Messieurs, aurait déclaré Bayard en arrivant à Mézières, nous sera-t-il reproché que par notre faute cette ville soit perdue, vu que nous sommes si belle compagnie ensemble et de si gens de bien? Il me semble, quand nous serions en un pré, et que devant nous eussions un fossé de quatre pieds, que nous combattrions encore un jour entier avant que d'être défaits; et, Dieu merci, nous avons fossé, muraille et rempart, où je crois, avant que les ennemis mettent le pied, beaucoup de leur compagnie dormiront au fossé.

« Bref, nous dit *le Loyal Serviteur,* il donnait tel courage à ses gens qu'ils pensaient tous être en la meilleure et plus forte place du monde. » Nassau, qui ne se doute de rien, somme Bayard de se rendre.

– Avant que d'en venir là, répondit le chevalier, j'espère faire avec les cadavres de mes ennemis un pont par où je pourrai sortir.

C'est le comte de Nassau qui est contraint de se retirer. Il se comporte d'atroce façon en massacrant les habitants de « tout sexe et de tout âge » du village d'Auberton, avec une sauvagerie monstrueuse – « et de là sont venues depuis les grandes cruautés qui ont été faites aux guerres trente ans après ».

François a revêtu son armure et, à la tête de l'armée royale – près de trente mille hommes –, reprend Mouzon, Bapaume, Landrecies et arrive à Haspres, dans le Cambrésis. Son beau-frère d'Alençon commande l'avant-garde, alors que cette place, à la tête de l'armée, aurait dû revenir au connétable, d'où un nouveau « malcontentement » du duc de Bourbon. On comprend qu'il fasse la grimace. Rien de plus légitime, puisqu'il a levé près de sept mille hommes sur ses terres, et que le commandement de sa petite armée lui échappe pour être donné à Châtillon, adjoint du duc d'Alençon.

François apprend que l'empereur est à Valenciennes. Entre les deux armées coule l'Escaut. Le roi donne l'ordre à ses pontonniers de jeter deux ponts sur le fleuve, l'un pour les combattants, l'autre, plus solidement charpenté, destiné à l'artillerie et aux bagages. A minuit, le 22 octobre 1521, commence la traversée. Aussitôt Charles Quint – il campe à Bouchain – ordonne à ses capitaines de foncer vers le fleuve. Malheureusement, ils sont ivres et refusent de quitter Valenciennes avant le jour... sans doute après avoir cuvé leur vin. En arrivant à Denain, l'empereur trouve devant lui les six mille lansquenets du comte de Saint-Pol, et doit s'arrêter pour attendre Nassau, qui a reçu l'ordre de doubler les étapes. Pendant ce temps, François est parvenu à faire passer tout son monde. Le général Henry de Nassau rejoint enfin Charles Quint, mais avec seulement douze mille hommes et quatre mille chevaux, alors que les Français sont près de vingt-huit mille! François possède, en outre, une puissante artillerie qui, pour l'instant, détient la supériorité au feu.

Le soleil se lève et disperse la brume.

– Il faut combattre, ils sont à nous! s'exclament Bayard, La Palice, La Trémoille et Fleuranges.

Bourbon approuve, lui aussi.

– Oui, il faut en découdre!

L'état d'esprit de François vis-à-vis du connétable – dont il se méfie de plus en plus – ne manquera pas d'influencer fâcheusement sa décision. Il préfère écouter Châtillon qui s'écrie, au moment où la résolution est prise de faire donner la cavalerie et l'infanterie :

– Non pas! Que non pas!

Le roi se range à cet avis parce qu'il est opposé à celui de Bourbon... Fleuranges en aurait pleuré de rage! Si les Français avaient attaqué, l'empereur était battu et « il y eût perdu l'honneur ». Du Bellay précise, lui aussi : « Dieu nous avait baillé nos ennemis entre les mains, que nous ne voulûmes accepter, chose qui depuis nous a coûté cher, car qui refuse ce que Dieu présente de bonne fortune par après ne revient quand on le demande! »

En effet, la nuit suivante, Charles Quint, en la seule compagnie d'une centaine de cavaliers, abandonne son armée. Bourbon prend sa revanche, le 24 octobre, en s'emparant de Bouchain. François s'apprête à secourir Tournai, lorsque se présentent deux envoyés impériaux, arrivant de Calais. Ils demandent une trêve. L'arrêt provisoire des hostilités arrangerait fort Charles Quint, qui en profiterait pour rassembler les fonds qui lui font toujours défaut.

– Trêve suspecte de fraude, laisse tomber Duprat du bout de ses lèvres minces.

En effet, quelques semaines plus tard, la fausse conférence de Calais s'étant terminée, l'empereur signe, le 24 novembre, un traité offensif avec Henry VIII et le pape Léon X, contre François. Ce sera d'ailleurs le dernier acte du fourbe et gros myope. Le pontife meurt de joie, prétend du Bellay, en apprenant que Lautrec a perdu Milan et la presque totalité du Milanais. C'est l'ancien précepteur de Charles Quint qui est élu au trône de saint Pierre, et prend le nom d'Adrien VI. Nouvel échec pour François!

Pendant ce temps Bonnivet reprend Fontarabie et Charles Quint exige que le roi lui rende cette clé de l'Espagne. François refuse – et la guerre se déchaîne à nouveau.

L'hiver est là avec son cortège « de froidure et de vents ». Le 9 novembre 1521, d'Amiens, François licencie son armée. On se retrouvera au printemps! Seul, en Picardie, un rideau de troupes est chargé de guerroyer et d'empêcher le foyer de s'éteindre. Le roi gagne Saint-Germain où Claude – le 22 janvier 1522 – met au monde son troisième fils, Charles, duc d'Orléans. Ainsi, François poursuit son rôle d'étalon royal.

Le roi traite encore avec les Suisses pour envoyer des renforts à Lautrec. Il peut compter sur seize mille combattants. Paris fournit un millier d'hommes de pied et les Lyonnais deux cents lances – sang nouveau pour l'armée qui se bat par-delà les monts.

François reçoit de tristes nouvelles de son cher Milanais. En dépit de l'arrivée des Suisses, Lautrec n'est pas parvenu à reprendre Milan. En revanche, Montmorency a pénétré dans Novare, où les Espagnols ont atteint le comble de l'horreur en transformant le ventre de leurs prisonniers morts en mangeoires pour leurs chevaux! Ils ont même poussé la cruauté jusqu'à dévorer le cœur des Français qu'ils dépeçaient encore vivants...

Au mois d'avril 1522, Lautrec met le siège devant La Bicoque : « C'était, nous dit du Bellay, la maison d'un gentilhomme, *circuite* de grands fossés, et le circuit si grand qu'il était suffisant pour mettre vingt mille hommes en bataille. » Colonna s'y fortifie et Lautrec estime plus prudent de ne pas attaquer la place. « Argent, congé ou bataille », lui donnent à choisir les capitaines des mercenaires suisses, dont la solde n'a pas été réglée. Lautrec s'incline : on attaquera! – et c'est la défaite. Deux mille morts gisent sur le terrain, le duché de Milan est perdu pour François, les cités de Lodi et de Crémone sont, elles aussi, abandonnées. Seules quelques forteresses restent entre les mains des Français.

Le roi fait mauvais visage à Lautrec lors de son retour et, comme le capitaine s'étonne de cet accueil, François lui répond :

– J'en ai si grande occasion, puisque vous m'avez perdu un tel héritage que le duché de Milan!

– Non, réplique hardiment Lautrec, ce n'est pas moi qui l'ai perdu, mais bien Votre Majesté!

Et Lautrec d'expliquer qu'il avait, à plusieurs reprises, demandé de l'argent au roi.

– Mais ne vous ai-je pas fait envoyer 400 000 écus lorsque vous me les avez demandés? s'écrie François.

– Et moi, je n'ai jamais vu la somme, affirme Lautrec, mais seulement ces lettres en lesquelles on m'en promettait l'envoi.

On fait venir Semblançay.

– Effectivement, explique celui-ci, j'ai reçu du roi commandement d'envoyer la somme et l'ai réunie. Mais quand elle fut prête à envoyer, Madame la régente l'a réclamée.

Louise de Savoie assure n'avoir jamais donné aucun ordre de ce genre. Assurément la mère du roi n'est pas sincère, elle a toujours souhaité ardemment que son fils abandonne sa chimère italienne. François respecte trop sa mère pour lui faire le moindre reproche, mais il n'oubliera pas de sitôt que Semblançay a préféré obéir à la régente plutôt qu'à son roi...

Il faut remplir les coffres! Pour cela, François Ier crée les premières rentes sur l'Hôtel de ville de Paris, une « initiative, écrit le duc de Lévis Mirepoix, qui eut un grand succès social et donna naissance à toute une classe de citoyens modestes qui, voyant assuré le sort de leurs petites épargnes, formèrent par leur nombre et leur zèle une des plus solides armatures de la chose publique. » Mais ce moyen détourné pour renflouer le Trésor ne suffit point; aussi augmente-t-on les tailles, et François se trouve, d'autre part, obligé d'emprunter à quelques grandes familles financières – telles que les Briçonnet ou les Bohier.

Le plus grand et le plus riche de tous ces financiers demeure Jacques Beaune de Semblançay qui, sans en avoir le titre, est le véritable surintendant des finances du royaume. François et Louise de Savoie lui confient également leurs propres fonds, sans exercer de contrôle sur les différents comptes de Semblançay. En fait, le roi et sa mère lui demandent d'ouvrir sa cassette, sans chercher à savoir si leur « surintendant » peut leur fournir des subsides... Et Semblançay de confondre fâcheusement sa propre bourse avec le Trésor royal... (1).

En cette année 1522, Louise note dans son *Journal :* « Mon fils et moi commençâmes à connaître des hypocrites blancs, noirs, gris, enfumés et de toutes couleurs, desquels Dieu par sa clémence et bonté infinies nous veuille préserver et défendre. »

« Enfumés », en effet! La France est atteinte par ce que l'on appelait alors la peste luthérienne. Celle-ci va se répandre et se développer principalement dans le bas clergé, et la faute en est en partie à la signature du Concordat de 1516. Parmi les membres du clergé royal, nommés par François Ier, ses parents, ses favoris et ses amis se partagent les bénéfices les plus rémunérateurs, tandis que ceux qui sont éloignés des prébendes royales vivent plus

(1) C'est ce que fera plus tard Fouquet...

ou moins médiocrement – et certains même misé-
rablement.

Certes, Martin Luther avait affiché au mois d'octobre 1517 sur la porte de l'église de Wittenberg ses
célèbres quatre-vingt-quinze propositions contre le
trafic des indulgences, mais déjà, en 1512, le théolo-
gien picard Jacques Lefèvre d'Etaples avait établi
les idées fondamentales de ce que l'on a pu appeler
la première Réforme.

« C'est dans l'Ecriture Sainte, écrivait-il, que se
trouve la doctrine du Christ... Ne suivons pas les
dogmes des hommes qui n'ont pas de fondements
dans la lumière qui a brillé d'en haut. Attachons-
nous donc au seul Christ et à la doctrine apostolique; le reste est peut-être plus superstitieux que
religieux. »

Un groupe de fidèles l'entoure, tels Guillaume
Budé, Gérard Roussel, Guillaume Farel, et surtout
Guillaume Briçonnet, évêque de Meaux, qui admire
profondément son ami Lefèvre. Aussi est-ce justement dans son diocèse que naît le premier essai de
la Réforme française, mouvement protégé de toute
son âme par Marguerite d'Alençon, sœur du roi. Les
Commentaires des Epîtres de saint Paul deviennent
son bréviaire.

Réformer l'Eglise, ou plutôt le clergé en perdition, semble urgent. Il faut tout reconstruire, organiser, raccommoder plutôt, car les morceaux de
l'édifice religieux gisent à terre. Les abus frisent le
scandale. Certes, il existe d'heureuses exceptions,
mais nombreux sont les évêques qui ne résident pas
dans leur diocèse ou les curés dans leur paroisse –
tout en cumulant, bien sûr, les bénéfices. Une
grande partie de ceux qui vivent parmi leurs ouail-
les leur vendent sans vergogne sacrements et indulgences. Ils ne montent plus en chaire, laissant ce
soin à quelque frère prêcheur de passage. Ils s'eni-
vrent, se battent, vivent en concubinage et considèrent les visites pastorales comme une habitude
surannée. Le résultat de ce laisser-aller est que l'on
se moque ouvertement de ces prêtres « faméliques,

sales, gloutons, toujours en quête de pitance et d'aventures amoureuses et cherchant à abuser de la crédulité des fidèles pour monnayer bénédictions et indulgences ».

Par ailleurs, un autre procédé de la papauté scandalise alors les partisans d'une réforme de l'Eglise. Il s'agit d'une immense collecte lancée par le pape avec un double but : achever la construction de Saint-Pierre de Rome, et préparer une nouvelle croisade contre les infidèles. En échange, on accorderait des indulgences plénières non seulement au profit des vivants qui verseraient leur obole dans le tronc des églises, mais également aux âmes souffrantes qui mijotent au Purgatoire, en attendant que s'ouvrent les portes glorieuses du Ciel. Une vente dégradante et honteuse des indulgences qui a fait bondir Luther, mais que François, en bon administrateur, approuve, puisque les sommes versées pour la croisade passent par ses mains. Ne devait-il pas armer ses troupes ?

Meaux compte parmi les diocèses les plus déréglés et indisciplinés; aussi Guillaume Briçonnet, qui a accueilli Lefèvre d'Etaples, commence-t-il à mettre de l'ordre dans son clergé, approuvé par Marguerite. Pétrie de culture, de délicatesse, de finesse et d'intelligence, la sœur du roi s'est composé, sous la direction de Briçonnet, une manière de religion personnelle où elle mêle les Idées de Platon et la doctrine des Evangiles... C'est probablement Briçonnet qui l'a persuadée de s'exprimer en vers dans lesquels elle insiste sur l'impuissance de la volonté humaine :

> *Si vous avez vouloir de faire bien,*
> *C'est le vouloir de Dieu.*
> *Car le seul vôtre est vouloir mal*
> *Quand rien n'y a du sien.*

Le vouloir de Dieu! Erasme, lui aussi, répétait que les chrétiens devaient *d'abord* suivre la parole de

Dieu – et cette parole ne se trouvait-elle pas *d'abord* dans la Bible et dans l'Evangile ?

Déjà, à la fin de 1521, du moins s'il faut en croire Marguerite, François et sa mère se montraient « affectionnés à la réformation de l'Eglise », et reconnaissaient que « la vérité de Dieu n'était point hérésie ». François écoute sa sœur, mais il refusera de la suivre lorsque les disciples de Lefèvre d'Etaples cesseront d'être des réformistes pour devenir des protestants.

Lorsque certains membres de l'entourage du roi s'effraient en voyant la voie dans laquelle s'engage Marguerite, François répond :

– Elle m'aime trop et ne croira jamais que ce que je crois...

Cependant Lefèvre prône une réforme sans révolution, une réforme *par* l'Eglise et *avec* l'Eglise. Il ne s'agit donc pas de la réforme luthérienne ! A l'opposé, Noël Bédier, principal du fameux collège de Montaigu, tonne et cloue au pilori les réformateurs. Il deviendra bientôt le grand adversaire de la Réforme et entre avec vigueur dans la lutte sans admettre le moindre compromis :

– Une souche plutôt qu'un homme ! s'exclame Erasme.

Et la faculté de théologie de Paris s'en mêle en déclarant, le 15 juin 1521, que Luther se montre un hérésiarque schismatique en s'opposant aux indulgences, au culte des Saints, à celui de la Vierge, et en affirmant que la Bible est la seule autorité en matière de foi. Pour lui, l'épouvantail appelé Purgatoire, cette ridicule chaudière où l'on échaude seulement à demi les âmes, n'existe pas !

La Sorbonne, ne s'arrêtant pas en aussi bon chemin, poursuit Briçonnet. Cependant, le 9 novembre 1521, François Ier, prévenu par Budé et par Marguerite, donne l'ordre d'arrêter le procès de l'évêque de Meaux qui se défend en soulignant vigoureusement les différences opposant sa doctrine à celle des luthériens. Il n'est certes pas un « mal pensant » de la foi !

François protège aussi Louis de Berquin, « le plus savant des nobles », que l'on a jeté en prison après avoir trouvé chez lui des écrits hérétiques approuvant les doctrines de Luther et d'Erasme. Le roi envoie un officier pour le délivrer, et annonce que sa cause sera portée devant son conseil... c'est-à-dire enterrée! On se contente de brûler les écrits incriminés. Or, le jour même où se déroule l'autodafé, le roi étant au loin, un pauvre religieux augustin du couvent de Livry – Jean Valière – est traîné aux marché aux pourceaux de Paris, devant la Butte aux Moulins. On lui coupe la langue, puis il est brûlé vif pour avoir mis en doute la virginité de Marie, « ce qui était méchamment parler de si grande et excellente Vierge »...

Premier martyre de la nouvelle foi! Il y en aura bien d'autres plus tard, et encore bien davantage sous les règnes du fils et des petits-fils de François! Peut-être le roi, s'il avait été à Paris, n'eût-il pas approuvé cette atrocité. Il demeurait cependant très attaché à la foi de son enfance, et s'inclinait encore devant les décisions de la faculté de théologie. Aussi approuvera-t-il les poursuites lancées contre Guillaume Farel qui, en 1524, dut s'enfuir de Meaux et se réfugier à Neuchâtel, puis à Genève. Selon Farel, les pasteurs doivent être élus. L'Eglise repose sur le jugement personnel des fidèles qui, écoutant celui qui leur transmet la parole de Dieu, jugent s'il est bon ou mauvais prophète.

D'après lui, la nature humaine est corrompue, tous les actes humains sont mauvais car « l'homme est méchant, fol et téméraire, ambitieux, plein de fausseté et d'hypocrisie, inconstant, variable ». Bref, il ne pense « que mal et péché ».

On s'en doute, le superbe François, si loin de l'être impitoyable dépeint par Guillaume Farel, ne pouvait partager son avis...

Le 29 mai 1522, le roi d'armes du roi Henry – Clarence – rejoint le roi François à Lyon, et, tout en tremblant de peur, lui déclare la guerre au nom de son maître devenu, avec le pape, l'allié de l'empereur Charles Quint.

Quelle coalition!

Deux années auparavant, Henry et François partaient l'un de Montreuil, l'autre de Douvres, pour se retrouver au triomphal camp du Drap d'or et « s'accoler derechef ». Et, aujourd'hui, en jetant trente mille hommes sur la Normandie et la Picardie, l'Anglais espère bien tirer à son profit les marrons du feu, puisque la grande lutte entre la maison d'Autriche et le roi de France, le grand duel, se poursuit.

CHAPITRE VII

LA FÉLONIE DE MONSIEUR LE CONNÉTABLE

Au printemps de 1521, au château de Montluçon, Suzanne de Bourbon, fille de l'ancienne régente Anne de Beaujeu, se sent dolente. Elle rédige alors un testament instituant et nommant son époux, « Monseigneur le Connétable », son héritier universel. Elle prévenait ainsi les problèmes que pourrait causer sa disparition. Car, si l'on n'y prenait garde, le principal de ses possessions, autrement dit les apanages, retournerait à la couronne de France. Ce serait le sort du duché d'Auvergne, des comtés de Clermont-en-Beauvaisis, de la Marche, de Gien, des seigneuries de Roche-en-Rénier et d'Annonay. Il risquait d'en être de même pour certains biens « attachés à la lignée masculine », tels les duchés de Châtellerault et de Bourbonnais. Mais Louise de Savoie, cousine germaine de Suzanne, pouvait revendiquer – et elle ne s'en priverait pas! – l'héritage transmissible aux filles aussi bien qu'aux mâles, comme le comté de Forez, les baronnies de Roannais, de Beaujolais et des Dombes, sans parler d'autres seigneuries.

Quels arcanes que ce futur héritage de la maison ducale de Bourbon!...

Sachant qu'elle ne pouvait plus donner d'enfant à son mari, Suzanne poussa même l'abnégation jusqu'à spécifier que tous ses biens pourraient revenir

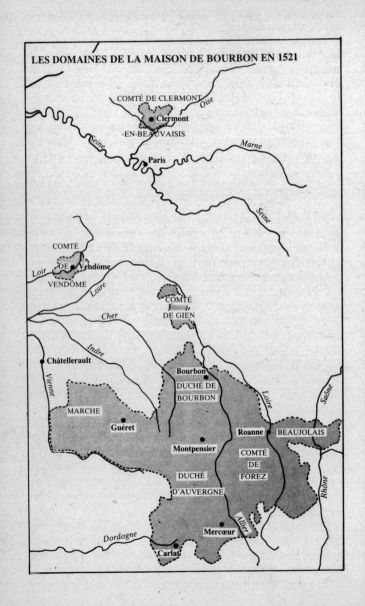

LES DOMAINES DE LA MAISON DE BOURBON EN 1521

COMTÉ DE CLERMONT

Oise

● Clermont

-EN-BEAUVAISIS

Seine

Marne

● Paris

Seine

COMTÉ

DE ● Vendôme

Loir

VENDÔME

Loire

Cher

COMTÉ
DE GIEN

Indre

● Châtellerault

Bourbon ●

DUCHÉ DE

BOURBON

Loire

Saône

Vienne

MARCHE

● Guéret

Roanne ● BEAUJOLAIS

● Montpensier

COMTÉ
DE
FOREZ

DUCHÉ

Rhône

D'AUVERGNE

Allier

Dordogne

Mercœur ●

● Carlat

aux enfants que le connétable *aurait* éventuellement en secondes noces.

Quels étaient les sentiments d'Anne de Beaujeu, la « vieille » duchesse de Bourbon, ainsi qu'on la nommait pour la différencier de sa fille? Aussi étonnant que cela puisse paraître, elle approuvait les dernières volontés de Suzanne. Pourtant ce testament mettait entre les mains de son gendre, le connétable, des terres apanagées qui auraient dû normalement revenir à la Couronne. Mais Anne de Beaujeu oubliait qu'elle avait été Anne de France!

Passe pour les comtés, en dépit des droits de Louise de Savoie, mais les apanages, à défaut d'héritier mâle, ne devaient-ils pas retourner, selon l'usage, à la monarchie? Quant aux biens de Louise, on pouvait être certain qu'elle les léguerait à son fils... C'est-à-dire à la France!

Rien, à la naissance du futur connétable, n'avait laissé présager pareille fortune. Etant enfant, cadet d'une branche cadette de la famille de Bourbon – les Montpensier – il jouait un jour avec son frère aîné, Louis, lorsque son inquiétante gouvernante, plus ou moins devineresse, s'exclama :

– Vous, *Charles Monsieur* – ainsi l'appelait-on –, vous serez duc de Bourbon!

Que devenait l'aîné dans cette histoire?

– Je le vois mort, avait-elle prédit.

En effet, en 1501, Louis mourut brusquement à Pouzolle, là même où cinq années auparavant avait été enterré son père, Gilbert de Montpensier. C'est ainsi qu'à onze ans l'orphelin Charles devenait chef de la branche cadette des Bourbon-Montpensier. Or sa mère, la belle Italienne Anne de Gonzague, disparut deux années plus tard. C'est peut-être d'elle que le futur connétable tiendra son côté condottiere. L'hécatombe de la famille bourbonienne ne s'arrêta pas en si macabre chemin. Le duc de Bourbon, chef de la maison, Pierre II de Bourbon, seigneur de Beaujeu, à qui de fortes migraines avaient valu le surnom de *Malatesta*, mourut à Moulins en 1503, en instituant sa femme

Anne légataire universelle dans le cas où leur fille Suzanne n'aurait pas d'héritier – car les Bourbons de la branche aînée n'avaient pas de fils. C'est alors que l'intelligente – et, maintenant, dangereuse – Anne de Beaujeu, duchesse de Bourbon, l'ex-régente de France, répétons-le, entra en scène.

La fille de Louis XI – « la moins folle femme de France, car de sage, il n'y en a point », disait son père – fit venir à la cour de Moulins son jeune parent Montpensier. Voilà le fils dont elle rêvait et dont elle pourrait faire son héritier, en lui faisant épouser sa fille Suzanne! Anne avait aimé Louis XII – ce qui ne l'avait pas empêchée de le jeter en prison, alors qu'il était encore duc d'Orléans – mais le roi Louis ne lui en voulut guère et... lorsque son ancienne soupirante était venue lui demander d'annuler la clause exigée par Louis XI, et selon laquelle les cadets Montpensier ne pouvaient hériter de la branche aînée des Bourbons, le roi avait accepté. Vraiment dépourvu de rancune, il donna également son accord au mariage du jeune Charles de Montpensier avec la disgracieuse Suzanne, fille d'Anne et du malheureux *Malatesta*.

Le mariage fut digne d'un fils de France. Pendant la cérémonie, ducs et princes arborèrent leurs couronnes, et l'on raconte que, pour la première fois, les femmes utilisèrent ce jour-là, au lieu de se moucher peu joliment dans leurs doigts, un fin carré de toile tout naturellement baptisé *mouchoir*...

La prédiction de la gouvernante-pythonisse s'est accomplie : Charles de Montpensier est devenu Charles III, huitième duc de Bourbon, dauphin d'Auvergne, prince souverain des Dombes, pour lequel il est vassal, non du roi de France, mais de l'empereur, et enfin connétable de France.

Bref, le dernier grand féodal, un nouveau Téméraire, un arrogant et « mal endurant » condottiere à la barbe noire en collier, au nez en bec d'aigle, un guerrier remarquable qui avait fait ses preuves à Agnadel!

Quelle joie dans le duché lorsqu'on avait appris, en 1517, que « Monseigneur le duc » allait être père ! Quelle joie aussi lorsque François avait annoncé qu'il acceptait d'être le parrain du petit comte de Clermont et qu'il se rendrait à Moulins en compagnie de Louise de Savoie et de la reine, qui attendait un enfant.

L'orgueil exalte le connétable. Pour recevoir ses visiteurs, il envoie successivement au-devant de son suzerain des détachements de *son* armée en costumes colorés et bigarrés. Certains groupes se livrent le long de la route à des combats simulés. En arrivant à l'immense et quelque peu disparate château – c'est en cette demeure que Louise de Savoie a été élevée – le roi est accueilli par le connétable, entouré de ses conseillers conduits par son chancelier. Derrière lui, la nombreuse cohorte d'officiers, chambellans, secrétaires et pages, et les hérauts d'armes. Sur leur poitrine flamboie la devise ducale : *Par où le soleil darde ses rayons, j'irai les attendre au passage.* Quant au connétable, il ruisselle de diamants et tous les objets qu'il utilise, jusqu'à ses éperons, sont en or...

Un train royal !

Charles III n'est-il pas également un souverain – hors des obligations féodales dues à la monarchie ? Il règne sur sa mosaïque de provinces, acquises par suite d'apanages, et sur une multitude de fiefs réunis grâce à des héritages adroits et à des mariages avisés. Quatre de nos départements, soit vingt-six mille kilomètres carrés, pour parler en mesures actuelles, quatre mille kilomètres carrés de moins que la Belgique d'aujourd'hui ! Avec des revenus de 800 000 livres, il peut lever trente à quarante mille hommes sur ses terres – et, de plus, il commande l'armée du roi de France ! Comme le dira Henry VIII à François, lors du camp du Drap d'or :

– Si j'avais un tel vassal, je ne lui laisserais pas longtemps la tête sur les épaules...

Huit jours de fêtes et de festins ! Mais le nouveau-

né devait trépasser quatre ou cinq mois plus tard –
« ce dont tous ceux de la maison de Bourbon furent
très déplaisants ».

Les rapports entre François et son connétable ne
s'aigrirent réellement qu'au lendemain de la mort, à
Châtellerault, de la duchesse Suzanne de Bourbon,
le 28 avril 1521. Dès le lendemain, Louise de Savoie,
en sa qualité de cousine germaine de la défunte, se
manifeste. N'est-elle pas la nièce d'Anne de France?
C'est donc elle qui doit hériter des biens de
Suzanne et non son gendre, le connétable! Quant à
la donation faite par la duchesse de Bourbon à son
mari lors de son mariage, avec une mauvaise foi
évidente la mère de François Ier soutient que cette
donation est nulle, car la duchesse étant alors
mineure, il aurait fallu un jugement pour lui donner
le droit de tester. Pourtant Louis XII avait donné
son accord...

Mais Madame de Savoie ne veut rien entendre :
le duc de Bourbon ne devait pas plus hériter des
biens de sa femme – des biens féminins – que des
apanages – biens masculins – qui devaient revenir à
la Couronne! Elle n'en démordait pas!

On peut à juste titre s'étonner : Louise commet
une exaction et François l'approuve! Le roi, il est
vrai, a pour elle une profonde affection et une
immense reconnaissance. Sa mère l'a élevé pour
ceindre la couronne avec une ténacité farouche.
Elle est sa plus sûre alliée, et il le sait! Ne lui a-t-il
pas confié la régence, tandis qu'il se battait en
Italie? Et puis, pense-t-il que les biens de la famille
de Bourbon reviendront un jour, après la mort de
Louise, à la couronne de France?

L'affaire est portée devant le parlement au mois
d'août 1522. Mais les magistrats ne tiennent nullement à plaire au roi. François leur montre trop de
mépris! Il hausse les épaules en écoutant les inuti-
les et stériles « remontrances » de ces messieurs les
robins! Quant au chancelier Duprat, gouvernant au
nom de François, il fait preuve d'une terrible fer-

meté et n'a pas hésité à jeter en prison quelques récalcitrants.

Pour la plupart des membres du parlement, le duc de Bourbon est bien l'héritier légitime de sa femme Suzanne. Anne de France, par un acte passé entre vifs, n'a-t-elle pas fait donation de tous les biens qu'elle possédait en propre à son gendre?

Mais Anne de Beaujeu, au moment de la mort de son mari, n'avait pas voulu s'effacer devant un garçon de quinze ans – son futur gendre pourtant – et avait omis d'envoyer Charles à Paris afin de prêter hommage au roi Louis XII, en qualité de duc de Bourbon.

Là réside la faille... dans laquelle Louise va se précipiter!

❖
❖❖

A l'automne de 1522, Anne de Beaujeu, sentant venir la mort, donne à son gendre cet affreux conseil :

– Mon fils, considérez que la maison de Bourbon a été alliée à la maison de Bourgogne, et que durant cette alliance elle a toujours fleuri et été en prospérité. Vous voyez à cette heure-ci les affaires que nous avons, et le procès que l'on vous met dessus ne procède que par faute d'alliance. Je vous prie et commande que vous preniez l'alliance de l'empereur – et j'en mourrai plus contente.

Quelle indigne perfidie de la part d'une fille de France! Une véritable trahison envers le royaume!

Le 14 novembre 1522, dans son château de Chantelle, Anne rend l'âme, un an et demi après sa fille. Son corps est porté au prieuré de Souvigny, tandis que, tout le long de la route, les paysans demeurent agenouillés.

Et plus de trois mois passent...

Bourbon, vers la fin du mois de février 1523, arrive à Saint-Germain où séjourne le roi. Il espère pouvoir défendre sa cause et obtenir encore satisfaction. En servant François à table, il s'enhardit :

– Sire, j'ai procès contre Madame votre mère qui est une chose que je n'aime point avoir. Pour l'envie que j'ai à vous faire service, je voudrais vous supplier que votre bon plaisir fût d'y mettre ordre et que ce procès n'eût point lieu.

– Monsieur de Bourbon, Madame ma mère ne demande que justice, répond François entre deux bouchées. Vous savez que je ne la puis dénier au moindre homme de mon royaume. Mais laissez aller le procès et justice, car s'il y a homme en tout mon parlement qui fasse plus de faveur à Madame ma mère qu'à vous, je le ferai pendre... Laissez donc faire le procès comme il est commencé, je vous promets, foi de gentil compagnon, de vous faire le plus honnête tour que jamais prince fît à un autre, tellement que vous vous louerez grandement de moi, et fiez-vous à ma foi.

Que voulait dire François? Avait-il l'intention, une fois le procès terminé et perdu par le connétable, de rendre à celui-ci ses domaines mais seulement à titre viager, puisqu'il n'avait pas d'héritiers? Ce n'est pas impossible! Il n'en reste pas moins vrai que le roi, sans plus se préoccuper du procès toujours en cours, fait don à sa mère de la Haute et Basse-Marche, du vicomté de Carlat et de Murat et, ne s'arrêtant pas en aussi bon chemin, met tous les autres domaines du connétable sous séquestre royal – en attendant qu'un jugement soit rendu. Bourbon, poussé à bout par ce procédé, suit les conseils de sa défunte belle-mère, et entame des négociations avec Charles Quint. L'empereur, tout heureux de l'aubaine, s'engage à lui donner pour épouse sa sœur Eléonore avec une dot de 200 000 écus.

C'est là le début d'une véritable alliance.

Mais Bourbon n'a pas encore franchi le dernier pas. Il ignore que le roi a été mis au courant de ses projets matrimoniaux. Avant de poursuivre ses tractations, il rend visite à Claude. Il a beaucoup d'estime et d'amitié pour elle, et espère que la reine pourra influencer son mari. La fille de Louis XII est en train de dîner, ce qui n'empêche nullement M. le connétable d'entrer dans la pièce. Décidément, c'est une manie que de vouloir parler affaire entre deux plats... Claude est seule et invite Charles de Bourbon à prendre une escabelle à ses côtés.

La table de François a été dressée, selon l'usage, dans une pièce voisine. Sitôt son repas terminé, le roi se rend en hâte dans la chambre de sa femme et abrège les salutations que lui prodigue le connétable. Sans tarder davantage, il passe à l'attaque :

– Il paraît, mon cousin, que vous êtes marié ou sur le point de l'être? Est-il vrai?

– Non, sire, répond le duc.

– Si, je le sais, réplique vivement le roi, je connais vos pratiques avec l'empereur. Qu'il vous en souvienne bien de ce que je vous dis là. Je m'en souviendrai! Je m'en souviendrai, répète-t-il à plusieurs reprises.

– Alors, sire, c'est une menace? Ah! je n'ai pas mérité un semblable traitement!

Bourbon regagne son hôtel, accompagné par de nombreux gentilshommes qui, par leur attitude déférente, semblent vouloir donner raison au connétable. Cette fois, le duc n'hésite plus : il franchira le pas!

Pendant ce temps, François concentre ses troupes à Lyon avec l'intention de reconquérir son duché de Milan. Toujours son idée fixe! Montmorency est envoyé en Suisse pour lever douze mille hommes. Les Impériaux, eux aussi, se rassemblent et Charles de Lannoy, vice-roi de Naples, futur commandant en chef des troupes de Charles Quint, traite avec les Vénitiens, les Florentins, les Siennois et les Lucquois. François devra donc défendre la frontière des Pyrénées contre les Espagnols, et le nord du royaume contre Henry, nouvel allié de Charles de Bourbon. En apprenant la volte-face de son gros compère anglais, le roi a été ulcéré :

– Après ce qui vient de se passer, je ne veux plus me fier à aucun prince vivant!

Et fièrement, il lance :

– J'ai toute l'Europe contre moi, eh bien, je ferai face à toute l'Europe!

Il ne savait pas à quel point!

En effet, ce mois de juillet 1523, Beaurain, sire de Roeux, arrive à Moulins. Il apporte au connétable le traité avec l'empereur. Bourbon devient l'allié de Charles Quint et, du même fait, d'Henry VIII « envers et contre tous, sans exception de personne », autrement dit sans excepter le roi François!

Comment les armées pénétreront-elles « dedans les entrailles du royaume »? Comment se fera la curée?

Les nouveaux alliés ont conçu le plan suivant : au mois d'août, alors que François se trouverait en Italie, Charles Quint envahirait la France par Narbonne, Henry VIII par le Nord et la Normandie, tandis que Bourbon mènerait une incessante guérilla à l'intérieur même de la France. Il lui est recommandé d'attaquer partout où il le pourrait, afin d'ouvrir les portes des villes assiégées par ses alliés. Ensuite, on se partagerait le pays! L'empereur prendrait la Bourgogne, la Picardie et Paris, le connétable la Provence, et Henry VIII la Normandie, la Champagne et le Poitou. Et ce n'est pas tout! Au cas où l'empereur n'aurait pas d'héritiers, le connétable, devenu son beau-frère par son mariage avec Eléonore, pourrait succéder à Charles Quint, non seulement en Bourgogne, en Picardie et à Paris, mais également à Aix-la-Chapelle.

Bourbon empereur!

Le voici grisé, et il offre le comté de Beaujolais à sa future épouse. Puis il s'engage résolument sur le chemin de la félonie en battant le rappel de tous ses amis et commensaux. Un jour, il reçoit Saint-Vallier. Le père de Diane de Poitiers, effrayé de l'ampleur des ambitieux projets du connétable, essaie de le raisonner :

– Pensez au gros mal qu'il en suivrait tant en effusions de sang humain, destructions des villes, bonnes maisons, églises, forcements de femmes et autres calamités qui viennent de la guerre... Si vous venez à être l'occasion de la ruine de ce royaume, vous serez la plus maudite personne qu'il y eût jamais et les malédictions qu'on vous donnera dureront mille ans après votre mort.

Et comme, abasourdi, Bourbon ne répond pas, Saint-Vallier, père de Diane de Poitiers, affirmera avoir lâché le mot qui sera désormais accolé au nom du duc de Bourbon :

– Songez aussi à la grande *trahison* que vous faites après que le roi sera parti pour l'Italie, vous laissant en France et se fiant à vous... Si vous n'avez égard au roi et à Madame sa mère, au moins ayez égard à la reine et à Messires ses enfants. Ne veuillez causer perdition de ce royaume dont les ennemis, après que vous les auriez introduits, vous chasseraient vous-même.

Ayant repris ses esprits, Bourbon répond en exposant ce dilemme :

– Cousin, que veux-tu que je fasse? Le roi et Madame veulent me détruire. Déjà ils ont pris une partie de ce que je possède!

Ainsi, le connétable ne veut rien entendre et il fait un pas de plus sur le chemin du déshonneur. Il charge l'un de ses complices, Luc-Lucry, de rendre visite à deux jeunes Normands, les seigneurs d'Arcouges et de Matignon – qui ont envers lui une dette de reconnaissance, Monsieur le connétable leur ayant très souvent rendu service dans le passé. Luc-Lucry transmet le message et dévoile même aux deux gentilshommes qu'il s'agit de mettre au roi « un chaperon rouge », autrement dit que l'on s'emparera de sa personne pour l'enfermer dans la forteresse de Chantelle.

Effarement des deux Normands devant la gravité de tels projets!

Affolés, ils vont se confesser à Lisieux auprès de l'évêque qui, épouvanté à son tour, trahit le secret de la confession – il y va du sort de la France!... Il rapporte ce qui vient de lui être confié au grand sénéchal de Normandie Louis de Brézé, époux de Diane de Poitiers. Celui-ci prévient à son tour

Louise de Savoie qui adresse ce billet dramatique à son fils, déjà en route pour Lyon :

« Vos ennemis, soutenus par l'un des plus gros personnages du royaume et de votre sang, ont décidé d'envahir votre royaume. Sire, il est besoin de vous garder, car il a été (donné) parole d'essayer (de vous) prendre entre ici et Lyon et de vous mener en une place forte qui est dedans le pays de Bourbonnais, à l'entrée de l'Auvergne. »

Le courrier rejoint le roi à Saint-Pierre-le-Moutier. La lettre lui arrive bien à propos, « car, annonce-t-il à Louise, je m'en allais dîner à Moulins assez mal accompagné. Mais puisque je suis averti, je crois que je ferai faillir leur entreprise. » Il parvient à rassembler une « bonne bande » de cinq à six mille hommes, « de sorte qu'à cette heure, poursuit-il, j'ai plus de moyens de leur faire un mauvais tour qu'ils n'ont à moi ».

C'est alité, et en apparence oppressé et frissonnant, que Bourbon reçoit le roi : une fièvre maligne qui n'est peut-être pas simulée, ainsi que l'imagine du Bellay, l'immobilise.

– Monsieur de Bourbon, lui annonce le roi, je suis averti que vous avez intelligence avec l'empereur et les Anglais.

Mais fort habilement, François ajoute aussitôt :

– Je suis bien assuré de la bonne affection que vous portez à la couronne de France, et je pense bien que vous n'avez écouté ces propos pour mauvaise volonté que vous porteriez à moi ou au royaume, car vous êtes sorti de ma maison, et vous en êtes si proche! Mais, désespoir et crainte de perdre votre état peuvent avoir troublé la bonne amitié et l'affection que vous avez toujours portées envers votre prince et seigneur. Mettez hors de votre fantaisie de telles idées qui vous troublent. Je vous assure, au cas où vous perdriez votre procès contre moi et contre Madame ma mère, de vous restituer tous vos biens. Et tenez-vous préparé pour m'accompagner en mon voyage d'Italie. Je vous prie, s'il est vrai, dites-le-moi, et je vous pardonne de bon cœur et ne vous désespérez point, je vous serai toujours ami.

Pour se tirer d'embarras, il ne reste au connétable qu'une seule issue, le mensonge :

– Sire, ose-t-il affirmer, ceux qui vous ont averti ont faussement menti, car je suis votre bon sujet et loyal serviteur. Bien vous confesse que le seigneur de Roeux m'a recherché de la part de l'empereur, mais je n'ai jamais voulu y prêter l'oreille, et j'ai bien eu en pensée de vous avertir au premier lieu que je vous parlerais. Toutefois je ne l'ai voulu mettre en la bouche d'autrui. Et le plus grand regret que j'ai à ma maladie, c'est que je ne puis marcher avec vous. Mais je vous assure que les médecins me promettent que dedans peu de jours, je pourrai faire le voyage avec vous et me trouver à Lyon, y dussé-je aller en litière.

Lorsque François sort de la chambre, ses conseillers, moins crédules que leur maître, s'exclament :

– Sire, saisissez-vous de sa personne!

– Non, répond le roi dont l'opinion est ébranlée par les dénégations du connétable, non, étant donné que les choses ne sont pas bien avancées, il n'est pas raisonnable de faire injure à tel prince qu'est Monsieur de Bourbon, sans que premièrement soient les choses bien justifiées.

Bref, il tergiverse dangereusement... mais prend néanmoins une précaution. En partant pour Lyon, il laisse à Moulins l'un de ses gentilshommes, Perot de Warty, seigneur de La Bretonnière, avec mission de surveiller le malade, ou le pseudo-malade. Celui-ci semble vouloir gagner du temps avec l'espoir que, las de l'attendre, le roi passerait les monts. Sans cesse des courriers arrivent ventre à terre au château et Perot de Warty devine que le connétable prépare le rassemblement de ses complices et de son armée. A bride avalée, il avertit aussitôt le roi qui le renvoie à Moulins, en lui demandant d'insister pour que le connétable le rejoigne aussitôt à Lyon. Mais Bourbon refuse de sortir de son lit, il est malade, la fièvre ne le quitte pas!

Perot de Warty reprend à nouveau, à vive allure, la route de Lyon et, cette fois, François se fâche. Ses conseillers avaient raison; aussi les messagers repartent-ils pour Moulins avec l'ordre impératif de ramener absolument le connétable. Galopant vers Moulins, Perot rencontre Bourbon étendu dans sa litière.

La scène se passe à Saint-Gérand-de-Vaux.

D'une voix languissante, le connétable déclare à l'envoyé de François qu'il se rend, non pas à Lyon, mais à Lapalisse – et reprend la route au pas de ses mules. Il arrive au château pour se mettre au lit, annonçant qu'il se traînera seulement le lendemain vers Lyon. Si toutefois la halte le guérit. Mais le lendemain 5 septembre, il confie à Perot de Warty, en larmoyant :

– Je me sens le plus malheureux des hommes de ne pas pouvoir servir le roi et si je passais outre, les médecins m'assurent qu'ils ne répondraient pas de ma vie. Et je me sens encore plus mal qu'ils ne le disent. Mon chagrin n'est pas de mourir avant trois jours, comme je ne puis l'éviter, mais de ne pouvoir servir le roi. Je vais reprendre le chemin de mon air naturel comme les médecins me le conseillent, et si je retrouve un peu de santé, j'irai vers le roi.

Perot n'est pas dupe, et essaye de le raisonner :

– Vous avez promis d'accompagner le roi en Italie, tenez votre promesse. Vos bons et loyaux services seront le meilleur démenti à tous les fâcheux bruits que vos ennemis répandent à la cour. Et même si vous avez eu réellement l'intention de vous rebeller, le roi vous donne sa parole que non seulement il vous pardonne, mais il oublie tout ce qu'il a pu savoir.

Le duc s'en retourne pourtant à Moulins, au petit trot cette fois, puisque son « air naturel » – entendez son air natal – doit le rétablir. On le retrouve le 7 septembre à Gayette, chez sa maîtresse Madeleine de Bourré, où il reçoit John Russel, envoyé par Henry VIII. Sans doute Bourbon refuse-t-il de reconnaître les droits du roi d'Angleterre à la Couronne de France, mais il affirme qu'il appuiera le débarquement des envahisseurs. Puis, apparemment guéri, il prend le chemin de son château de Chantelle, puissamment fortifié et situé à onze lieues de Moulins. Perot de Warty le suit toujours. Lors du procès du connétable, il racontera que Bourbon, en le voyant arriver, s'était exclamé :

– Monsieur de Warty, vous me chauffez les éperons de bien près!

– Monseigneur, lui répondit l'envoyé du roi, vous les avez meilleurs que je ne le croyais et ils vous ont merveilleusement servi.

– Pensez-vous que je n'ai pas agi sagement, si n'ayant qu'un doigt de vie, je l'ai mis en avant pour éviter la fureur du roi?

– Comment, Monseigneur, répliqua de Warty, le roi n'a jamais été furieux contre aucun homme et encore moins le serait-il à votre endroit!

François est néanmoins réellement exaspéré. Bourbon, en refusant d'obéir aux ordres du roi, fait acte de rébellion et, le 11 septembre, hors de lui, il prescrit d'arrêter le connétable. *Cri* en est lancé à son de trompe à travers la France. Ordre est également donné de mettre en prison tous les complices. Le connétable, aussitôt prévenu, déclare à Perot de Warty :

– Je sais bien que M. le Bâtard de Savoie et M. le maréchal de Chabannes sont partis de Lyon avec deux cents gentilshommes, les archers de la garde et quatre ou cinq mille lansquenets pour me prendre. C'est ce qui m'a fait venir en cette maison, en attendant que le roi veuille m'entendre. Je sais bien ceux qui m'ont accusé envers lui, lesquels ont faussement menti.

Bourbon est bien renseigné : Chabannes marche, en effet, sur le château de Chantelle.

– Il y a aussi deux gentilshommes de Normandie, précise encore le connétable, nommés d'Arcouges et Matignon, par le moyen de Mgr de Lisieux, qui ont fait beaucoup de rapports au roi, lesquels sont faux. Je me justifierai, de sorte que le roi connaîtra que je suis un homme de bien.

Bourbon est un fieffé menteur, puisqu'il écrit le même jour à l'évêque d'Autun : « Adieu, mon évêque. Je m'en vais gagner Carlat, et de Carlat je me déroberai pour m'acheminer vers l'Espagne. »

En effet, le soir du 7 septembre 1523, sans attendre le Bâtard de Savoie qui approche de Chantelle, le connétable place 30000 écus d'or et des bijoux dans un sac et, en compagnie d'une petite troupe de cavaliers, s'enfuit par une poterne s'ouvrant sur la Bouble.

Il émigre.

Sous divers déguisements, Bourbon commence une longue et étonnante randonnée. Le chemin de la trahison est semé de difficultés. De vrais méandres! On le verra tournoyer à travers le Limousin, obliquer vers l'Auvergne, flairant les pièges, évitant les obstacles, et toujours à la recherche d'un refuge. Le fugitif n'a plus que deux hommes avec lui lorsqu'il atteint le Rhône. Après un périple sinueux d'un mois, il arrive à Besançon où l'attendent ses fidèles. De là, il gagnera Crémone, puis Plaisance où l'accueilleront Lannoy et les troupes de Charles Quint.

La trahison est consommée, tandis que le roi fait proclamer à son de trompe qu'il donnera 10000 écus d'or au soleil et « d'autres biens et honneurs » à celui qui lui livrera la personne du connétable.

En cet automne de 1523, François n'ose quitter la France. La conquête du Milanais se fera plus tard! Bonnivet, qui occupe Verceil avec l'armée royale, doit pouvoir tenir ses positions en attendant l'arrivée du roi. Pour le faire patienter, on lui envoie de l'argent, produit de la saisie des trésors des églises. C'est ainsi que la grille d'argent entourant le tombeau de saint Martin à Tours est transformée en écus. Le charitable évêque tourangeau qui avait, de son vivant, donné à un miséreux grelottant la moitié de son manteau, pouvait bien faire ce cadeau à François après sa mort!...

Le roi forge aussi sa nouvelle armée – celle de Pavie. Il demande à la ville de Paris, « par amour ou par force », de lui « bailler cinq cents hommes de pied soudoyers » aux dépens des contribuables parisiens. Rouen, bien plus riche, en fournit un millier.

Le procès de Bourbon va commencer, tandis que le plan mis au point par le connétable, le dépècement du royaume, entre en action.

Tout se noue.

Certes, Bourbon n'est plus sur place pour faire la guerre « dedans les entrailles du royaume », comme il a été prévu, mais Anglais, Espagnols et Allemands n'ont pas besoin de lui! Ils connaissent le chemin! Les Espagnols ouvrent le bal en assiégeant Bayonne, qui se défend si bien que l'ennemi se retire et se porte vers Fontarabie. La place est commandée par un certain capitaine Franget. Il n'est plus tout jeune, et, à la première sommation, rend la ville. On le déclare « traître et perfide », et il sera dégradé pour couardise l'année suivante. Désarmé sur l'échafaud, sa cuirasse enlevée, son écu brisé, il ne sera plus qu'un simple roturier. Désormais, lui et ses descendants paieront la taille, seront corvéables à merci et n'auront plus le droit de combattre l'épée à la main – privilège du gentilhomme.

A l'est, les lansquenets de La Mothe de Noyers – ils servaient Bourbon – sont expulsés par le duc de Guise. Cependant François reçoit de mauvaises nouvelles : quinze mille Anglais ont débarqué à Calais. Pourtant le roi, au mois de mai de cette même année, avait donné l'ordre de déverser dans le port de grosses pierres, « pour empêcher l'*arrivement* des navires dans le port », mais l'obstacle n'a pas empêché l'invasion et l'ennemi a fait sa jonction avec les dix mille lansquenets levés par l'empereur.

Commandés par le duc de Norfolk, les Anglo-Germains marchent sur Paris où le moral des habitants est d'autant plus exécrable que « depuis la Saint-Martin jusqu'à Pâques, il ne fut trouvé aucune herbe en terre, tant de choux, épinards, poireaux, laitues, oseilles, persils et autres herbes, que tout ne fût gelé... et aussi les vignes, verjus et arbres furent gâtés... »

Les soudards, gens de guerre sans engagement – pourtant un bruit d'armures couvrait l'Europe – multiplient les exactions. Dans les villages d'Ile-de-France, les gens d'armes pillent les pauvres gens et mangent leurs provisions. On arrête l'un de leurs chefs, Maclou, que les hommes de sa bande appellent le roi Guillot. On lui coupe la tête et l'on dépèce le corps en quatre morceaux que l'on exhibe aux entrées de la ville. Le roi défend le port de bâtons « quels qu'ils soient, dont on puisse faire meurtre ». Il interdit aussi, afin de créer un climat plus calme, de jouer « *publiquement* aux dés, cartes, quilles et autres jeux défendus, sous peine de punitions corporelles ».

Cependant les Anglais continuent d'avancer et approchent de Paris. Le guet est renforcé et l'on tend, en hâte, des chaînes aux carrefours. Les bourgeois élèvent des fortifications et creusent des tranchées, porte Saint-Honoré et porte Saint-Denis, tandis que deux mille hommes veillent sur le chemin de ronde de l'enceinte. Le guet est sur le qui-vive. On descend vivement la châsse de « Madame Sainte Geneviève » que l'on promène dans les rues – ce qui m'empêche pas de nombreux Parisiens, nullement tranquillisés par la procession, de quitter la cité pour aller se réfugier à Orléans avec le meilleur de leurs biens...

Les courriers galopent vers François pour appeler à l'aide. Le cœur du royaume est en grand danger! Les bourgeois sont « délaissés de tout confort ». Si le roi, toujours à Lyon, n'ayant que son duché en tête, ne mettait pas ordre aux affaires, la ville de Paris pourrait « choir entre les mains des ennemis ». Soudain la situation est renversée : c'est un fléau qui va sauver Paris. Une épidémie – peut-être l'ombre noire de la peste – s'abat sur l'armée d'Henry VIII qui se retire vers son île, sans « tenir un pied de terre de sa conquête ».

Il fait de surcroît un froid épouvantable et Wolsey, craignant le mécontentement de Charles Quint, explique à l'empereur la situation dramatique de l'armée anglaise : « Ni homme ni bête ne pouvaient plus endurer de marcher dans la campagne; ils mouraient de jour et de nuit en grand nombre de froid; et plusieurs perdirent leurs doigts, leurs mains et leurs pieds, gelés à mort sur leurs lits et certains (durent être) amputés... »

L'Anglais ayant regagné sa tanière, Paris respire... Voici déjà la traditionnelle trêve hivernale commencée.

François passe l'hiver à Blois où sa mère se remet à peine d'une pleurésie « qui lui était survenue du courroux qu'elle avait eu à cause de la guerre ». Pendant ce temps, le procès du connétable se poursuit activement. Le 17 février 1524, Jean de Poitiers, seigneur de Saint-Vallier, accusé de complicité, est condamné à mort. Il avait pourtant donné des conseils de modération à Bourbon – du moins il le prétendait... Sur l'échafaud, alors qu'à genoux, les mains liées et la tête nue, il a déjà crié « Merci à Dieu et au roi », un courrier accourt au grand galop :

– Holà! holà! Cessez! Voici la rémission du roi!

On annonce au condamné qu'il « serait mis et enfermé en un lieu enclos entre quatre murailles, tant par-dessus que par-dessous, et qu'on lui donnerait à boire et à manger par un pertuis, et en tel état il achèverait d'user sa vie et serait en lieu où le bon plaisir du roi se trouverait... » François a fait grâce à la demande de Louis de Brézé, et non, selon une légende qui a la vie tenace, parce que la belle Diane de Poitiers s'était donnée au roi pour obtenir le pardon de son père... Bref, le beau-père du sénéchal de Normandie, après avoir embrassé par deux fois l'échafaud et fait plusieurs signes de croix, est ramené en son cachot de la Conciergerie, « plus joyeux que quand il en était parti »! Le peuple de Paris « fort dolent de le voir endurer la mort », manifeste sa joie. La rumeur publique affirme que Saint-Vallier s'était opposé à la félonie de Bourbon. De plus on ne peut oublier la confidence de son gendre Louis de Brézé, qui avait fait échouer la conspiration en livrant le secret de la confession des deux gentilshommes normands – ce qui peut expliquer l'acte de clémence du roi.

François est bien accueilli en arrivant à Paris, le 4 mars 1524. A l'Hôtel de ville, il félicite les bourgeois de leur action : ils ont sauvé leur ville! Les Parisiens aiment le duc de Bourbon, aussi le roi leur explique-t-il « l'inconstance » – le mot est faible – du connétable qui « sans cause et sans argument, a délaissé le royaume pour suivre le parti de l'empire ».

Le roi, le 8 mars, se rend au parlement pour assister à la première séance du procès. Quatre jours plus tard, un courrier arrive au Louvre, apportant au roi de bien fâcheuses nouvelles d'Italie. Certes, au début, tout s'était bien passé. Guillaume Bonnivet, avec plus de trente mille hommes, a forcé Prospero Colonna, commandant les armées de l'empereur, bien inférieures en nombre, à se réfugier dans Milan. Si Bonnivet avait alors ordonné l'assaut, la ville était prise! Mais le favori du roi préféra traiter et envoyer des parlementaires. On avait discuté... Vaines parlotes qui furent « toutes trompeuses », et permirent au chef des Impériaux de fortifier la ville et de concentrer ses troupes. Bientôt, Lannoy, le vice-roi de Naples, parvient à pénétrer dans Milan avec une armée de secours, au moment où mourait le vieux Colonna, le 28 décembre 1523. La peste s'en mêle, chez les assiégeants, commettant ses ravages habituels et Bonnivet se replie vers Novare, espérant renforcer son armée avec le contingent suisse qui lui avait été promis, et qui devait l'attendre sur les bords de la Sesia.

Longueville s'était également engagé à s'y trouver avec quatre cents lances. Mais il se mit en retard. Descendant de leurs montagnes, les Suisses, ne le voyant pas au rendez-vous, firent demi-tour. Privé de ses renforts, Bonnivet ne put que donner l'ordre de reprendre la retraite. Les troupes se trouvant talonnées par les Espagnols – parmi lesquels se tenait Bourbon –, Bonnivet, blessé par un coup d'arquebuse, avait dû confier son armée à Saint-Pol.

Telles étaient les mauvaises nouvelles apportées à François. Un autre événement allait atteindre profondément le roi. Bayard commandait l'arrière-garde d'une pauvre armée épuisée, dont le moral était détestable – et c'est à Abbiategrasso que se déroula la fameuse scène du 30 avril 1524, que tous les écoliers de France ont lue depuis plus de quatre cents ans! « Le bon chevalier, raconte *le Loyal Serviteur*, faisait marcher les gens d'armes et se retirait le beau pas, toujours le visage droit aux ennemis, et l'épée au poing, leur donnait plus de crainte que un cent d'autres. Mais, comme Dieu le voulut permettre, fut tiré un coup de *hacquebuze* dont la pierre le vint frapper au travers des reins et lui rompit tout le gros os de l'échine. Quand il sentit le coup, il se prit à crier : « Jésus. » Et puis dit : « Hélas! mon Dieu, je suis mort. » Il prit son épée par la poignée et baisa la croisée en signe de la croix et en disant tout haut : « *Miserere mei Deus...* »

Bayard se fait étendre au pied d'un arbre, le visage tourné vers l'ennemi, en retenant auprès de lui Jacques Joffrey, son maître d'hôtel.

– Messieurs, retirez-vous, dit-il à tout son monde, je demeurerai ici le dernier, car je suis mort et veux ici mourir.

Mais ses compagnons refusent de l'abandonner.

– Retirez-vous, répète Bayard, car voici les Espagnols qui viennent et vous pourriez avoir mal pour moi. Car quelque chose qu'on me dise, je ne partirai point d'ici.

Ses compagnons insistent en vain, et ne se retirent qu'en voyant les Espagnols approcher. Une tente est dressée au-dessus de Bayard. Durant trois jours, il agonise. Les capitaines espagnols – belle scène d'imagerie – l'entourent. Alors – mais quel enfant de France ne connaît la suite? – le duc de Bourbon vient auprès du mourant et lui déclare :

– J'ai grande pitié de vous, en vous voyant en cet état, après avoir été si vertueux chevalier.

– Monsieur, lui répond Bayard, il n'y a point de pitié en moi, car je meurs en homme de bien. Mais j'ai pitié de vous, de vous voir servir contre votre prince, et votre patrie, et votre serment.

Quelques minutes plus tard, Bayard rend l'âme. Et pour tout achever, la belle artillerie royale est prise en Piémont!

Lorsque François apprend la fin de celui qui l'avait armé chevalier, il éprouve une peine infinie. Pour lui, les mauvaises nouvelles se succéderont au cours de cette sombre année 1524. Semblançay s'est sans doute très bien défendu, car, le 11 mai, la commission chargée de le juger le déclare inattaquable. Le roi n'est pas satisfait de cet arrêt qui l'empêche d'abattre l'oligarchie financière. Mais François ne se tient pas pour battu, puisque, dans quelques années, on le verra, il constituera une nouvelle commission d'enquête.

Troyes est ravagée, le 24 mai, par un effroyable incendie qui rase totalement la ville, un incendie allumé par des enfants, « gens inconnus et déguisés ». François, généreux comme toujours, envoie à Troyes 10000 livres pour rebâtir la ville. Le bruit court à Paris que des jeunes gens, imitant les incendiaires de Troyes « ont établi des *boute-feux* » dans la capitale, et le guet redouble de vigilance.

La sécheresse s'en mêle. Le roi se rend à la Sainte-Chapelle et ordonne de porter en procession le reliquaire contenant le chef de saint Jean-Baptiste, afin d'attendrir le ciel. En effet, la pluie se met à tomber... Un témoin de l'époque, Nicolas Versoris, énumère les « plaies et persécutions » qui désolent la France : famines, pestilences, sécheresses, inondations, vents et tremblements de terre, « puis, poursuit-il, séditions intestines, c'est à savoir prince contre prince, comme le roi de France contre M. de Bourbon et autres grands personnages. Outre et qui pis est, survient l'erreur et venimeuse et dangereuse doctrine de Luther avec commotions, pilleries et mangeries du peuple, foulé de tous côtés de tailles et larcins de gens d'armes ». Enfin des gelées s'étaient abattues sur le pays l'année précédente et, aujourd'hui, les greniers sont vides...

Et, portant le coup de grâce à François, Bourbon s'apprête à envahir la France.

– J'ai grosse part et grosse faveur en France, a-t-il annoncé aux chefs impériaux. Si je puis entrer dans le royaume, il y aura beaucoup de gens qui se révolteront pour moi. Si l'empereur veut sans délai entrer en France je lui permets de m'arracher les deux yeux si je ne suis pas maître de Paris avant la Toussaint. Paris pris, tout le royaume de France est en ma puissance !

Et les capitaines n'en doutèrent pas.

Ayant appris ces faits, le roi quitte la Loire pour gagner Lyon. Mais à Herbault, non loin de Bourges, un courrier le rattrape : Claude est mourante.

– Si je pouvais la racheter pour ma vie, s'exclame François, je la lui baillerais de bon cœur ! Et n'eusse jamais pensé que le lien du mariage fût si dur et si difficile à rompre...

Sur son lit de mort, la reine a légué au roi – et après à son fils – le duché de Bretagne que François gouvernait depuis 1514, au nom de sa femme. Le roi s'en fit un « grand deuil, nous rapporte Fleuranges ; aussi fit Madame sa mère et toute la compagnie... Et sur ma foy, il avait raison, car c'estoit l'une des plus honnestes princesses que la terre portât oncques et la plus aimée de tout le monde, des grands et petits, croyant que si celle-là n'est en paradis, que peu de gens iront... » Le cercueil est placé dans la chapelle du château de Blois, « où il fut longtemps sans être inhumé. Et pour la grande estime de sainteté qu'on avait d'elle, plusieurs lui portaient offrandes et chandelles... », car l'on prétend que si l'on invoquait son souvenir, Claude pouvait faire des miracles.

En atteignant Lyon, François apprend que Bourbon, maintenant lieutenant général de l'empereur, est entré dans Aix déserté par ses habitants. Il a pris le titre de comte de Provence, et commencé sans plus tarder à gouverner le comté. François descend le Rhône en bateau afin de rejoindre La Palice, dont l'armée campe près d'Avignon. En cours de route, on lui annonce que le connétable a abandonné Aix pour Marseille, dont il entreprend le siège.

> *Quand Bourbon vit Marseille*
> *Il a dict à ses gens :*
> *« Vrai Dieu, quel capitaine*
> *Trouverons-nous dedans? »*

La ville est défendue par un certain capitaine Renzo da Ceri, appelé Rance par les Marseillais :

> *Noble seigneur de Rance*
> *Nous te remercions*
> *De la bonne accueillance*
> *Que t'as faicte au Bourbon.*

Marseille se défend âprement... tellement âprement que le marquis de Pescaïre, qui commande un corps de troupe espagnol, regarde Bourbon ironiquement et s'exclame :
– Voilà le capitaine à qui Marseille devait se rendre dès le premier coup de canon qu'elle entendrait! N'a-t-il pas aussi bien deviné que quand il nous assurait qu'à sa seule vue la noblesse se lèverait pour lui?
Le connétable. piqué au vif, donne l'ordre de

l'assaut. Mais les Impériaux ont été mal ravitaillés – quelques cas de peste se sont au surplus déclarés dans l'armée – et les soldats refusent d'attaquer. Pescaïre les approuve en se moquant :

– Les Marseillais ont apprêté une table bien couverte pour ceux qui les iront visiter! Si vous avez envie aujourd'hui d'aller souper en paradis, courez-y!

Et François, qui arrive à Aix-en-Provence le 1er octobre 1524, apprend que, quelques jours plus tôt Bourbon et ses Impériaux ont levé le siège et rétrogradent à marches forcées vers l'Italie.

> *A grands coups de canon,*
> *Aussi d'artillerie,*
> *Les avoir repoussés*
> *Jusques en Italie.*

Enfin une bonne nouvelle!

Il y en eut une autre au cours de ce même été 1524. Le capitaine Jean de Verrazano, envoyé en mission par François outre-Atlantique, avec son navire *la Dauphine*, écrivait dans son journal de bord : « Nous vîmes un endroit fort agréable situé entre deux petites collines. Il y coule une très grande rivière qui vient se jeter dans la mer. »

Cette rivière était l'Hudson!

Il y avait là une île – un jour Manhattan – et un village indien, un jour New York. En regagnant Dieppe, le 8 juillet, Verrazano écrivait à François : « Nous appelâmes, sire, cette terre *Angouslesme*, du nom que vous portâtes jadis dans une fortune moindre. »

Verrazano avait de même baptisé les terres longées depuis la Floride jusqu'au Canada, la *Francescane*. Un nom qui parle plus joliment à notre cœur que les Etats-Unis...

CHAPITRE VIII

PAVIE
OU
« TOUT EST PERDU FORS L'HONNEUR! »

Penchée hors de sa litière, la mère de François, dévorée d'anxiété, le cœur battant, ne cesse de harceler les conducteurs :

– Plus vite!

Mais des mules de litière ne peuvent guère trotter plus rapidement... En ce début du mois d'octobre 1524, Madame de Savoie descend la vallée du Rhône « à grandes journées tant qu'elle peut ». Il faut absolument qu'elle rattrape son fils qui se trouve à Aix-en-Provence, avant qu'il ne commette la folie de franchir à nouveau les monts. En effet, le roi projette de descendre vers son duché de Milan perdu par la faute de Bonnivet! Et cela au moment où la trahison du connétable de Bourbon met la France dans le plus grand danger. Du même coup François risque de perdre Milan et son royaume. Louise arrivera-t-elle à temps pour éviter le désastre?

– Je lui casserai son voyage!

Pourtant, la bonne nouvelle de la résistance efficace des Marseillais a été apportée à Madame Louise alors qu'elle relayait à Vienne. Au même moment, les Impériaux « leurs pauvres pieds tout épuisez et esgratignez », retraversent la Provence, courant vers le col de Tende, poursuivis par Montmorency. L'angoisse de Madame Louise n'est pas dissipée pour autant et, sans se soucier des secousses, elle reprend au trot rapide de ses mules la route cahotante qui mène en Avignon.

– Vite! Vite!

Bourbon, à son retour en Italie, ne va-t-il pas unir ses forces à celles des Impériaux? Et Madame d'Angoulême hâte encore sa marche. A Pont-Saint-Esprit, où François devait venir au-devant de sa mère, elle ne l'a pas rencontré. Le trouvera-t-elle en Avignon? Madame Louise l'espère de toutes ses forces! Mais elle se méfie de son « César »!

Le 5 octobre 1524, Louise atteint enfin Avignon. Une terrible rumeur la frappe, qui la laisse sans souffle : la veille même, le roi François, après avoir harangué ses troupes, a quitté Aix et pris à marches forcées le chemin de Briançon... Car, pour lui, il ne s'agit pas de muser! Il faut gagner Bourbon et ses Impériaux de vitesse! Se trouver à Milan avant eux! Telle est la décision qu'il a prise, poussé par Bonnivet, son mauvais génie...

L'artillerie de Galiot de Genouillac a escaladé les montagnes « de neige revêtues », et passé le col du mont Genèvre. Les lourds canons de bronze marqués de la flamboyante salamandre se dirigent vers Turin. Marchant à la suite les uns des autres, défilent quatorze mille Suisses, six mille lansquenets, dix mille hommes de pied et mille cinq cents hommes d'armes. Au milieu d'eux, François, ivre d'orgueil, se croit rajeuni de dix ans en contemplant l'étonnant spectacle!

Ce torrent d'hommes et de chevaux bardés de fer, toute cette presse qui débouche des hautes gorges et déferle vers la plaine! Charles de Lannoy, ce Belge-Espagnol qui commande l'armée de Charles Quint, occupe Milan, mais les Milanais qui, en un quart de siècle, ont changé douze fois de maître, refusent de prendre les armes et de défendre la ville; ils trouvent plus simple d'envoyer au roi de

France les clés de leur cité. Pour l'honneur, on échange quelques coups de mousquet à la porte de Verceil, et Lannoy n'a plus qu'à quitter la place. Il s'achemine vers Lodi, mais François, « très mal advisé », remarque le chroniqueur, renonce à le poursuivre. Pourquoi ne tente-t-il pas de détruire les Espagnols de Lannoy qui n'ont qu'une idée en tête : retrouver le doux ciel de Naples? Il ne lui resterait plus ensuite qu'à attaquer les troupes de Bourbon qui, au même moment, ont quitté la Provence en jetant « leurs armes dedans les fossés, n'ayant puissance de les porter ». Sur cette même terre milanaise, deux siècles et demi plus tard, un général républicain nommé Bonaparte saura battre successivement les forces ennemies et empêcher leur jonction...

Le destin pousse le roi François vers une ville aux cent tours, campaniles, clochers et dômes – la *Città delle cento torri* – la vieille capitale lombarde qui fut longtemps la rivale de Milan, l'antique cité de Théodore le Grand et de Frédéric Barberousse, qui a été sienne neuf ans auparavant, au lendemain de Marignan. C'est Pavie, située sur la rive gauche du Tessin et fortement tenue par les Espagnols.

Le roi arrive devant Pavie le 24 octobre 1524. Là s'est enfermé l'énergique, courageux, mais goutteux capitaine Antonio de Leyva qui se fait porter aux murailles en litière. Il a autour de lui cinq mille lansquenets, quatre cents Espagnols, deux cents lances et une puissante artillerie, malheureusement sans poudre... et au surplus, il n'a guère d'écus en caisse! Le 6 novembre, l'artillerie de Galiot arrive avec un peu de retard et essaie de faire tomber les murs de la ville, mais – elle aussi, faute de poudre – doit arrêter son tir.

Le 9 novembre, bien que « la tierce partie de l'armée soit malade d'un flux de ventre », les Français se lancent à l'assaut, mais les assiégés repoussent l'attaque et il ne reste plus qu'à mettre le siège devant Pavie, dite la « bien remparée ». Et c'est précisément devant ces remparts que le roi, le bâtard de Savoie, le malchanceux Bonnivet et le gros de la « bataille » plantent leur tentes. Elles sont placées en un vaste demi-cercle s'étendant de l'abbaye San Pietro, au nord, jusqu'à l'abbaye de San Lanfranco, à l'ouest, où le roi loge depuis le 24 octobre... lorsqu'il ne dort pas sous sa tente bariolée (1). L'emplacement choisi par le roi est bien protégé entre deux rivières, le Navigliano et le Ticino, que nous appelons le Tessin. Le clocher – une des cent tours de Pavie – est toujours là, ainsi qu'une partie des bâtiments, exactement le quatrième côté du cloître, où le roi s'était installé. Les trois autres côtés ont disparu. L'actuel abbé de San Lanfranco montre encore un vieux coffre vermoulu abandonné sous les arcades du cloître :

– Combien de fois François 1er a dû s'asseoir là, soupire-t-il non sans émotion...

Face à la ville se dressent encore trois autres abbayes, celles de San Giacomo, San Spirito et San Paolo. Le roi a-t-il séjourné dans la fameuse et admirable chartreuse de Pavie, dont la façade de marbre polychrome brille toujours de tout son éclat? Certes, une belle pièce, située au troisième étage, où l'on peut voir une superbe cheminée de marbre, est encore appelée la *stanza di Francesco Primo*. La pièce qui, par deux fenêtres étroites, s'ouvre sur le grand cloître – une vaste cour où donnent les maisonnettes dés moines –, est à l'abandon et sert de dépôt pour les bas-reliefs brisés, mais aucun document ne permet d'affirmer que le roi a passé quelques nuits dans la chartreuse.

Le roi prépare l'assaut et ordonne de détourner le cours du Tessin en construisant un barrage afin d'attaquer plus facilement le sud de la muraille de Pavie dont le pied baigne dans l'eau du fleuve... Mais une crue subite empêche la réalisation de ce projet hardi.

(1) Elle est toujours exposée à la Real Armeria de Madrid.

Filles publiques, marchands, vivandières accourent. C'est une ville improvisée qui, en face de Pavie, se dresse dans la plaine. Une puissante forteresse – le château – protège la ville du côté nord. Montmorency et ses lansquenets s'installent vers l'amont, dans le faubourg Saint-Antoine, situé dans une grande île du Tessin, reliée à la ville par deux ponts. Les faibles collines qui bordent la boucle de la Vernavola – un petit ruisseau aux rives abruptes – sont occupées par Jacques II de Chabannes, le vaillant marquis de La Palice. Le duc d'Alençon campe au château de Mirabello, demeure ducale. C'est un petit logis en brique rouge où François, ayant quitté son abbaye, vient rejoindre son beau-frère (1). Cette ancienne maison de campagne où les Sforza « aimaient venir pour passer *le temps des bêtes* », possède un parc de deux lieues qui s'étend jusqu'à la chartreuse de Pavie et est ceint d'une longue muraille construite en petites briques romaines, de quatre mètres d'épaisseur et quatre mètres de hauteur. Il n'en reste plus aujourd'hui qu'un fragment encastré dans le mur d'une maison, au lieu-dit des Deux-Portes.

La *casa di Livieri* – elle est devenue une ferme et seul subsiste son grand portail de brique – est adossée à la muraille et François semble y avoir placé son état-major, après l'incendie de San Lanfranco par la garnison de Pavie. Le roi s'installe parfois – que de domiciles différents! – à la *cascina di Repentita*, ce qui signifie « lieu malsain » – et il l'est effectivement. C'est aujourd'hui, comme autrefois, un bâtiment rectangulaire en brique, édifié au milieu d'un terrain bourbeux. Des arbres qui boisaient autrefois le parc, il ne reste plus qu'une

_____

(1) A la fin du mois de juin 1982, on inaugura sur la place de Mirabello un monument commémorant la bataille. On peut y voir un obélisque portant cette inscription : « Que Dieu anéantisse les nations qui veulent la guerre ». Sur le socle, on lit : « Ici même s'est déroulée une sanglante bataille où François Ier, roi de France, fut fait prisonnier... Souvenir éternel et avertissement contre la guerre. »

peupleraie marécageuse, une rizière sillonnée de canaux.

Le moral est excellent, en dépit d'un temps maussade. Pierre d'Aumont annonce à sa mère : « Nous sommes toujours devant Pavie où il fait fort gris. Nos ennemis ont fait sonner les cloches en signe de joie (du secours) qu'il leur vient. Mais avant qu'ils l'aient, nous nous frotterons bien... » Et un peu plus tard, d'Aumont écrit encore : « Y font bruit à Pavie qu'ils ont assez de blé, vins, chairs salées et fromages *plaisantins*. Mais nous sommes bien avertis qu'ils ont déjà commencé à manger leurs chevaux... »

On hiverne dans la froidure, le brouillard et la pluie qui frappe en bourrasques. Les semaines endormeuses passent... Le roi refuse de regagner la France pour revenir au printemps : il désire partager le sort de son armée. La monotonie est rompue de temps à autre par des *rebuffades*, des escarmouches et de petites attaques de la place. François accueille avec satisfaction l'arrivée de cinq mille Suisses du canton des Grisons et de trois mille mercenaires de Jean de Médicis qui viennent se mettre au service du roi de France. Les Suisses s'en vont occuper et fortifier les abbayes où, assez curieusement pour des montagnards aguerris, ils affirmeront avoir froid et claquer des dents.

La vie du camp est morne, l'inaction est pesante..., lorsqu'un matin de janvier arrive une ambassade turque aux robes chatoyantes – qui fait naître une grande agitation. Un pareil spectacle ne se présente pas tous les jours. Le plus souvent, on se contente, en fait de distraction, de regarder passer entre les tentes les chariots de boulets, de poudre et aussi les sacs d'écus prêtés par le duc de Ferrare. Un autre événement vient secouer la torpeur qui gagne petit à petit les hommes. Il s'agit du départ de dix mille soldats que François envoie imprudemment vers « son » royaume de Naples. C'est une ruse de guerre pour appâter les Impériaux et les attirer à leur poursuite. Lannoy en a grande envie et man-

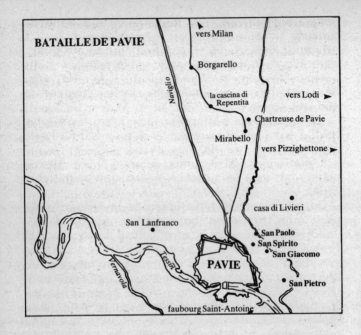

BATAILLE DE PAVIE

vers Milan

Borgarello

Naviglio

la cascina di
Repentita

vers Lodi

Chartreuse de Pavie

Mirabello

vers Pizzighettone

casa di Livieri

San Lanfranco

San Paolo

San Spirito

San Giacomo

PAVIE

Vernavola

Tessin

San Pietro

faubourg Saint-Antoine

que de mordre à l'hameçon, mais le marquis de
Pescaïre, le plus adroit des généraux de Charles
Quint, s'y oppose :

– Vous défaites une couronne pour *radouber* un
chapeau de duc, c'est une chère marchandise!

Pescaïre a raison. Les troupes espagnoles conver-
gées à Lodi ont mieux à faire! Bientôt, le 3 février 1525, par un temps de neige fondue et un
brouillard épais – la nuit il gèle, le jour il dégèle –
arrivent au secours de Pavie six mille Italiens, treize
mille Allemands, trois mille Espagnols, huit cents
lances et mille chevau-légers commandés par Bou-
bon le félon. Il vont bivouaquer à moins d'un mille
des avant-gardes françaises. Ils annoncent leur arrivée en faisant donner leur artillerie, afin de récon-
forter la garnison de Pavie qui commençait à perdre
l'espoir. L'ennemi est si proche que l'on entend les
trompettes et les tambours se répondre d'un camp

à l'autre. Les troupes de Bourbon se glissent même le long de la muraille et, en pataugeant dans la boue, parviennent à une demi-lieue de Pavie et à quinze cents mètres des Français. Pris entre la ville et les soldats de Bourbon, du marquis de Pescaïre et de Charles de Lannoy, François, d'assiégeant, est devenu assiégé.

Ne serait-il pas préférable, protégé par les murailles du parc, d'effectuer une retraite et de gagner la chartreuse de Binasco? De là, on pourrait ensuite se replier vers la garnison restée en place à Milan et regrouper l'armée pour revenir en force! Bonnivet donne son avis – détestable une fois de plus! Le roi décide sur ses conseils de ne pas bouger. Pas de repli, pas d'attaque! Selon lui, une seule manœuvre : attendre...

Que vont faire les Impériaux?

« En suivant l'opinion que j'en ai toujours eu, explique François à sa mère, je crois que la dernière chose que nos ennemis feront sera de nous combattre : car à dire la vérité notre force est trop grosse pour la leur... » L'orgueilleux François se trompe. Il existe bien une différence – faible il est vrai – entre les deux armées, mais c'est à l'avantage des Impériaux – et cela depuis que règne un mauvais état d'esprit parmi les cinq mille Grisons au service de la France. Ceux-ci sont en plein désarroi, car la forteresse gardant la route de leurs cantons est tombée aux mains de l'ennemi. Peut-on compter sur les mercenaires? Jean de Médicis a reçu un coup d'arquebuse qui lui a enlevé la moitié du genou. Leur chef sérieusement atteint, diminué physiquement, les hommes, à la première difficulté, le suivront-ils?

Chaque jour les escarmouches se succèdent et le roi a tout juste le temps d'écouter la messe avant de revêtir son armure qui enveloppe totalement son grand corps d'un mètre quatre-vingt-douze. Ce n'est d'ailleurs pas l'armure – admirable – que possède le musée de l'Armée aux Invalides et qui date de 1539. Celle de Pavie sera réduite un jour en morceaux –

inutile ferraille aux mains des arquebusiers espagnols et surtout des coutiliers qui, poignard au poing, la dépéceront et emporteront épaulières, genouillères et cuissards... mais nous n'en sommes pas encore à l'heure des trophées!

Hors les murs, en face de la casa di Livieri, à la *fattoria* de Torre del Gallo, l'ancienne volière ducale, François fait installer par les lansquenets un fortin où l'on place l'artillerie de Galiot. De là, on domine même le camp de Lannoy et on tiraille en visant les officiers aux casques emplumés.

Le 21 février, le vice-roi prédit à son conseil :

— Il faut que dans trois jours, quatre au plus, nous ayons fait notre jonction avec la garnison de la ville ou que nous soyons anéantis.

De son côté, François estime que la situation ne peut se prolonger davantage. Il réunit lui aussi son conseil. Que faut-il faire? Attaquer et mettre fin à ce siège interminable? Bonnivet est maintenant de ce même avis, mais La Trémoille s'insurge :

— Sire, le véritable honneur de la guerre est de réussir. Jamais on ne peut justifier une défaite par un combat!

François hausse les épaules. Une défaite est inconcevable : les soldats de Bourbon et les Impériaux de Lannoy « ne veulent point manger de la bataille »! Ce en quoi il se trompe, car au même moment – nous sommes le 23 février 1525 – les généraux ennemis tiennent à nouveau conseil. Ils sont vite d'accord : ils « donneront bataille », d'autant plus que les troupes ne sont pas soldées depuis longtemps et que leur moral devient détestable. On les calme en leur faisant miroiter le prochain pillage du camp français. Quel immense butin les attend!

Le lendemain, 24 février, est le jour anniversaire de la naissance de Charles Quint. Une victoire sur les Français? Quel beau cadeau pour les vingt-cinq ans du jeune empereur! Tout au moins, si l'on ne parvient pas à les battre, on tentera de faire entrer dans Pavie des troupes fraîches et de la poudre.

Peut-être pourra-t-on occuper Mirabello – le château ayant été évacué par le duc d'Alençon. Les Impériaux sont cependant loin d'envisager l'anéantissement de l'armée française. Et pas un n'imagine l'impossible : faire prisonnier le roi François!

Peu après minuit, les Espagnols, ayant chacun revêtu une chemise blanche par-dessus leur habillement, afin de pouvoir se reconnaître entre eux, se dirigent vers le parc de Mirabello et commencent à saper la longue muraille de brique afin d'y pratiquer de larges brèches. Les troupes royales ne s'aperçoivent encore de rien. Pourtant le bruit des piques frappant la brique devait s'entendre de loin! Vers 5 heures, le vacarme redouble, le mur est très solide et les assaillants sont obligés de frapper à grand fracas. Cette fois, les Français dressent l'oreille, sortent de leur camp et alertent les Suisses. On allume çà et là des feux qui percent difficilement le brouillard. Enfin, les Impériaux parviennent à ouvrir leurs brèches. Trois mille arquebusiers et quatre mille lansquenets « avec deux grosses troupes de gendarmerie sur les ailes » s'écoulent dans le parc fort mal défendu par le duc d'Alençon. De là, l'ennemi peut à la fois couper au roi sa ligne de retraite sur Milan et tendre plus facilement la main à Antonio de Leyva, dont les hommes, ventre creux et cœur battant, attendent leur délivrance dans le château de Pavie.

L'alarme a été sonnée à travers la plaine semée de boqueteaux aujourd'hui disparus, mais que nous montre une admirable tapisserie de Bernard Van Orley offerte par les Bruxellois à Charles Quint et intitulée *Invasione del campo trincerato francese e fuya delle dame del seguido di Francesco I⁰*. Sortant d'un boqueteau, on voit, en effet, une femme en chemise de nuit transparente quitter la Torre del Gallo que Bourbon s'apprête à attaquer. Est-ce,

comme on l'a supposé, la maîtresse de François?
Sans doute Emeline de Flech?

Trompettes et tambourins appellent les troupes.
Les hommes doivent « se rendre incontinent à leurs
enseignes et aux limites à eux ordonnées sur les
venues dudit Bourbon », dans le parc de Mirabello.
Dans le brouillard, les Français cherchent l'ennemi.
Où se dissimule-t-il? Les Impériaux tirent trois
coups de canon – comme plus tard la garde impériale napoléonienne. C'est le signal du début de la
bataille. C'est aussi un appel lancé à la garnison de
Pavie, afin qu'elle se tienne prête à tenter une
sortie.

Il ne fait pas trop froid. Le soleil commence à se
lever et peu à peu dissipera le brouillard. Quelles
sont alors les forces en présence? Selon la déclara-
tion que le roi fera lui-même à Lannoy : huit mille
Suisses, cinq mille lansquenets allemands, près de
dix mille hommes d'armes et piétons français, enfin
six mille Italiens. Les Germano-Espagnols doivent
également compter environ vingt-cinq mille combattants. Il ne faut pas croire ici à une véritable
stratégie. Chacun va combattre pour son propre
compte et François se contentera, au début de
l'affrontement, d'indiquer seulement leurs emplace-
ments aux combattants.

Les lansquenets et les Suisses demeurés fidèles
flanquent la « bataille » du roi qui occupe le centre
de la ligne avec la cavalerie lourde caparaçonnée de
fer. La Palice tient la gauche du dispositif royal.
D'Alençon, qui n'a pas réussi à se maintenir dans
Mirabello, se trouve à droite.

– Mon armée, précisera plus tard François, était
en ordre. J'ai été moi-même plein d'une joie incomparable voyant les avantages de ma position, d'autant plus que je possédais quatorze pièces d'artillerie.

Mais avant de « choquer », dans cette terre gor-
gée d'eau, ce sont les canons qui grondent. L'artillerie espagnole est mal placée et les gros boulets
passent en mugissant au-dessus de la ligne française

et vont s'enfoncer dans la boue, tandis que les pièces de Galiot de Genouillac, qui ont fait mouvement et se trouvent placées en batterie le long de l'actuel chemin reliant Mirabello à Borgarello, font « si grande abondance de coups que l'on voyait voler en l'air les harnois des ennemis, têtes et bras des gens à cheval et de pied, que l'on eût dit que c'était la foudre qui eût passé ».

La joie inonde le cœur des Français, on entend crier « Victoire ! Victoire ! ». A cheval, le roi assiste à la scène, revêtu de sa lourde cuirasse, la plume blanche au casque, « armé en ordre triomphant », ayant à ses côtés son sonneur de trompe, et l'enseigne des gentilshommes de sa maison claquant au vent. Déjà les lansquenets sont aux prises avec l'adversaire. Pourquoi François, éprouvant une furieuse envie de combattre, abandonne-t-il son avantage sur l'ennemi pour aller le chercher dans ses retranchements, c'est-à-dire derrière les petites levées de terre qui retiennent les eaux des canaux et ruisseaux ? Peut-être a-t-il pris la tête de sa cavalerie pour foncer sur les Impériaux parce qu'il les croyait en pleine déroute et jugeait le moment favorable ? A-t-il craint que Galiot et ses canons ne soient les seuls, dans cette journée de rudes combats, à se couvrir de gloire ? Suivant les conseils de Bonnivet, François livrera bataille « à belles enseignes découvertes »... comme les chevaliers d'Azincourt ou de Crécy. Toujours la *furia francese* !

Mais l'artillerie, si elle ne veut point lancer ses boulets sur le roi et sa « bataille », doit rester muette. Saisi d'effroi, Galiot voit les chevaux caparaçonnés passer entre ses pièces en batterie et l'ennemi. Derrière les chevaliers, les gens de pied courent à perdre haleine, sans parvenir à rattraper les puissants destriers dont le galop pesant soulève les lourdes mottes de terre et bouscule l'avant-garde ennemie composée de chevau-légers et de gens d'armes... mais le gros de la bataille impériale attend de pied ferme l'armée de François. Les canons se sont tus et nombreux seront les Français, expliquera un combattant italien, qui perdront la tête quand ils ne se sentiront plus protégés par le tir des grosses pièces timbrées de la salamandre. Désormais, le grand-maître de l'artillerie royale et ses hommes ne seront plus que les spectateurs impuissants et horrifiés d'une indescriptible mêlée.

En fonçant ainsi vers l'ennemi, François n'a-t-il pas une excuse? Point de raisonnement et de réflexion, au sein d'un combat mené presque au hasard et dont on embrasse mal le flux et le reflux des combattants, d'un combat mené sans merci, où on se laisse emporter par le désir de vaincre à tout prix, puisque l'ennemi semble déjà en déroute!

Quoi qu'il en soit, François ne se rend nullement compte du danger : « J'étais tout heureux », avouera-t-il plus tard. Il ne voit certes pas la faute qu'il a commise – si faute il y a... – et lance fièrement au maréchal de Foix :

– C'est maintenant que je puis m'appeler le duc de Milan.

Pescaïre a eu l'idée de placer des arquebusiers parmi ses cavaliers. Ainsi, bien protégés, ils font mouche à chaque coup. Tout devient confusion et incohérence. Chaque combattant est entouré par un flot d'hommes d'armes. On peut foncer, certes – la cavalerie de François l'a prouvé – mais comment combattre en corps à corps engoncé dans une épaisse cuirasse, encombré d'une lance et d'une épée, la visière baissée, distinguant à peine l'adversaire à travers la « vue » du casque? Comment faire pirouetter rapidement un cheval caparaçonné sous ses bardes de crinière et celles de poitrail? Alors que, dans un grand bruit de tôles, le cavalier renversé à terre se trouve, lui, à la merci des coutiliers qui glissent leur couteau dans les articulations des cuirasses. De là naîtra l'expression « trouver le joint ». Et ils le trouvent! S'ils n'y parviennent pas, ils enfournent le canon d'une arquebuse sous le colletin d'acier et tirent. Le malheureux se trouve pulvérisé dans sa carapace d'acier...

Les premiers, les Suisses, tous sortis maintenant de leur monastère de St-Apollinaire, harcelés par l'infanterie espagnole de Bourbon, fléchissent. Les arquebusiers ouvrent le feu sur eux, les soldats des cantons se réfugient derrière les palissades protégées par les canons de Galiot. Bourbon se retourne alors contre La Palice, qui a déjà bien du mal à contenir Antonio de Leyva et la garnison de Pavie qui est enfin sortie de ses murailles. Son cheval tué sous lui, le maréchal n'en combat pas moins à pied et avec furie en dépit du poids de son armure. Finalement, le « vieux » soldat – à l'époque on était vieux à cinquante-quatre ans – est obligé de se rendre au capitaine Castaldo. Soudain apparaît l'Espagnol Butarzo qui « le tue cruellement » d'un coup de grosse arquebuse tiré à bout portant qui transperce sa cuirasse.

La Palice a rendu l'âme. Quelques minutes auparavant, il frappait d'estoc et de taille!

Hélas, La Palice est mort
Il est mort devant Pavie.
Hélas! s'il n'était pas mort
Il serait encore en vie!

Il est mort le vendredi
Passé la fleur de son âge...
S'il fust mort le samedy
Il eust vécu davantage.

Les médecins sont d'accord
Et toute la pharmacie,
Que deux jours avant sa mort
Il était encore en vie.

Entendez « plein de vaillance (1) »...

(1) A moins que ce ne soit « il faisait encore envie », affirment ceux qui ne croient pas aux vérités de La Palice...

Le roi, au centre de sa maison décimée – il n'y a plus autour de lui qu'une poignée de gens d'armes – combat avec acharnement. Sans cesse, il fonce et, de sa lance, enferre les ennemis qui l'entourent. Une véritable marée de guerriers le porte, le pousse, l'entraîne vers Mirabello.

Les Impériaux crient victoire et les vautours commencent à survoler le champ de bataille. Ces maudits mangeurs de cadavres possèdent un sens étonnant de la stratégie... Bien avant les combattants, ils savent que le combat faiblit !

C'est la panique ! Comme le remarquera Rabelais, les fuyards refusent « de mourir vertueusement en bataillant ». Le duc d'Alençon et ses cavaliers s'enfuient. Ils quittent la plaine, traversent le Tessin et font sauter le pont de barques derrière eux. Plusieurs centaines de Suisses, qui tentent de franchir la rivière, se noient. Les autres refluent vers le sud, courant à perdre haleine sur la route de Milan en dépit des insultes de leur chef – le courageux Diesbach, qui revient seul vers le champ de bataille pour se faire tuer.

Mais un sonneur de trompe, au loin, semble appeler à l'aide. C'est celui du roi ! Les gentilshommes essaient de se regrouper autour du panache de plumes blanches de leur souverain, mais François est cerné d'ennemis : « Il n'est mémoire de plus grande vaillance de prince, ni plus grande résistance. » Bonnivet, désespéré, après avoir tenté de rallier les Suisses en débandade, cherche, lui aussi, la mort. Son écuyer l'entend murmurer :

– Je ne saurai survivre à cette grande désaventure ! Il faut aller mourir dans la mêlée !

Et il jette son heaume pour hâter sa fin ! Le flanc percé de trois coups de lance, Bonnivet tombe mort sur l'encolure de son cheval qui l'emporte au grand galop.

Là-bas, le sonneur du roi s'époumone toujours.

Le son si particulier est connu de tous. C'est une longue plainte aiguë qui se répand d'un bout à l'autre du champ de bataille. Comment se porter à son secours? Partout le beau sang de France coule. Déjà gisent à terre François de Lorraine, les frères d'Amboise, le bâtard de Savoie qui meurt étouffé sous son cheval, La Trémoille, âgé de soixante-quinze ans et qui, lui aussi, a été mis en pièces par un coup d'arquebuse tiré à même sa cuirasse. Le grand écuyer Gallias de Saint-Severin meurt en restant en selle et, entraîné par sa monture, traverse la bataille. Quant au maréchal de Foix, il s'est fait porter moribond au logis de sa belle maîtresse, la comtesse de Scarfafione, où il rendra le dernier soupir.

Et le trompette royal sonne toujours...

Le roi, maintenant, combat à pied. Son cheval est tombé, tué par vingt coups d'arquebuse tous tirés dans le chanfrein. Sa lourde épée à la main, François se défend avec l'énergie du désespoir. Bientôt, il ne reste plus un seul Français près de lui. Il le dira plus tard en vers :

> *Autour de moi, en regardant, ne vis*
> *Que peu de plus des miens...*
> *Tout d'un coup je perdis l'espérance*
> *De mère, sœur, enfants, amis de France.*

La trompe s'est tue. François « n'ayant plus de souffle ni d'haleine », est seul – seul devant la mort. Piétons et arquebusiers espagnols l'entourent. Ils préféreraient tuer le roi plutôt que de laisser leurs alliés s'en emparer. Ils visent François, mais la mêlée est si confuse que les balles frappent autour de lui sans l'atteindre. Il est finalement blessé à la main et au visage. Sous son heaume, le sang coule, mêlé à la sueur. Il chancelle. Un nouveau coup l'atteint à la jambe... mais il continue à se battre.

Ce sont les lansquenets de Bourbon qui l'attaquent à présent. Se rendre à son féal parjure? Mieux vaut la mort! Soudain, entre les fentes de son heaume, malgré le sang qui l'aveugle, François devine la présence du vice-roi. Alors, il lève la bande de son casque et, en signe de soumission, tend son gantelet à Lannoy. Mais, autour d'eux, c'est la ruée. Napolitains et arquebusiers espagnols se battent. Tous veulent être les premiers à se saisir du roi. Certains lui arrachent des morceaux de sa cuirasse, non en guise de souvenir, mais pour apporter la preuve qu'ils étaient là, présents, à la capture d'un roi de France.

François, les poulaines au pied, échappe non sans mal à la meute et, protégé par Lannoy qui frappe de la croix de son épée, se réfugie dans un silo à betteraves. Il en sortira seulement lorsque le vice-roi aura rétabli l'ordre. François se débarrasse alors des débris de sa cuirasse. Il est aux trois quarts nu et couvert de sang.

– Sire, demande Lannoy, êtes-vous blessé?

– Non... guère!

Il est à peine 8 heures du matin. On conduit le roi vers la tente du vice-roi, à moins – et plus certainement – que ce ne soit à la *cascina Repentita* où a été placée une inscription rappelant la défaite et la capture en ce lieu du roi de France (1). On lave ses blessures. Tandis que le chirurgien s'affaire, un soldat espagnol s'incline devant François.

– Sire, ayant appris hier qu'il y aurait bataille, je fis fondre une balle d'or que j'ai destinée à Votre Majesté, et six balles d'argent destinées aux principaux officiers de votre armée. Les six ont été employées, la vôtre m'est restée, et je vous supplie, sire, de l'accepter pour la faire servir à votre rançon.

Mais voici le connétable qui bouscule les assistants et se précipite pour embrasser la main blessée de celui qui fut son maître. Bien que François s'y oppose, il y parvient. Le roi ayant exprimé le désir de manger « quelque chose », Bourbon lui tend la

____

(1) *Cascina Repentita. Francesco I Re di Francia Avversato su questi campi Dalla sorte delle armi, il 24 febbraio 1525, Cadeva prigionero della S. Maesta di Spagna. Orgogliosa di tanto trionfo.*
« François Iᵉʳ Roi de France, le sort des armes lui ayant été ici contraire, le 24 février 1525, tombait prisonnier de Sa Majesté d'Espagne. Orgueilleuse d'un tel triomphe »... C'est de la *Cascina* qu'il s'agit...

serviette, et se tient debout à ses côtés, tandis que le souverain mange un plat typiquement local, une *zuppa pavese* – un bouillon dans lequel on a cassé des œufs et émietté du parmesan.

Le repas terminé, Lannoy coiffe son prisonnier d'un bonnet de velours, fait avancer un courtaud – un petit cheval – et, en cet équipage, le malheureux souverain doit traverser le champ de bataille où gisent les cadavres ensanglantés de ses compagnons d'armes, ces hommes qui, au déshonneur de l'abandon, ont préféré la mort. François – il retient ses larmes – reconnaît les corps de Bonnivet, de Bussy d'Amboise, de François de Lorraine, de La Trémoille, du comte de Toulouse-Lautrec, de Laval de Bretagne, de Claude de Longueville et de tant d'autres!...

Dans sa prison, le roi se rappellera ces moments atroces et versifiera :

> Ô quel regret je soutins à cette heure!
> Parmi le camp en tous lieux fus mené
> Pour me montrer çà et là promener.

Le prisonnier interroge Lannoy sur le sort de son armée. Près de cinq mille morts gisent sur la plaine et les Espagnols ont fait quinze à vingt mille prisonniers! On tirera des principaux une forte rançon, tandis que le menu fretin ira se faire pendre ailleurs... c'est-à-dire mourir de faim sur la route menant au Rhône, vers la ligne frontière du royaume-empire.

Et déjà les poètes versifient :

> Il pensait prendre l'Espagne
> Mais les Espagnols l'ont pris.
> « Rends-toi, rends-toi, roi de France,
> Rends-toi, car te voilà pris! »

CHAPITRE IX

LA CAPTIVITÉ DU ROI FRANÇOIS

On a conduit François à l'abbaye augustinienne de San Paolo, construite au XIᵉ siècle à proximité de Mirabello et de la Vernavola. Détruite en 1856, seule la rue *San Paolo* en perpétue le souvenir. Au moment où le roi arrive à l'abbaye – c'est l'heure de l'office de tierce, à 9 heures du matin – le prisonnier entend les moines chanter : « *Bonum mihi quia humiliasti me :* » « C'est un bien pour moi de m'avoir humilié. »

– Cette phrase est bien pour moi! soupire le roi.

Le surlendemain soir, une escorte de quinze mille hommes l'accompagne, sous les ordres du capitaine don Fernando de Alarcon, et l'on se dirige sous la pluie vers la forteresse de Pizzighettone, qui se dresse toujours à cinq lieues de Crémone. François a été enfermé dans la *Torre del Guado*, la seule tour qui subsiste. Les trois autres ont disparu au début du XIXᵉ siècle. François avait visité, le lendemain de Marignan, ce puissant ouvrage dont les murs ont 3,25 mètres d'épaisseur et qui est entouré d'un côté par l'Adda et de l'autre par des marécages et un profond fossé. On peut voir aujourd'hui la pièce où fut enfermé le roi au deuxième étage, et les grilles qui ferment les deux fenêtres sont toujours scellées dans la muraille, ces grilles où le prisonnier a passé ses mains (1).

Dans cette pièce où il vivra durant quatre-vingt-un jours, humilié, honteux, ressassant sa défaite, François écrit sa cèlèbre lettre à sa mère, et confie sa missive à deux courriers : Antoine de Lettes, seigneur de Montpezat, gentilhomme de la chambre royale, et Adrian, secrétaire de la duchesse d'Alençon.

**
*

Le dernier jour du mois de février, il était environ minuit, deux cavaliers arrivent à Lyon et heurtent à la porte du pont du Rhône.

– Ouvrez aux courriers d'Italie!

On se hâte d'aller réveiller les conseillers qui ont la garde des clés de la porte. Quelques secondes plus tard, le pont-levis retombe lourdement. Les deux gentilshommes éperonnent leurs bêtes harassées, passent le pont de bois et galopent aussi vite que possible vers le cloître de Saint-Just où Madame Louise, régente de France, le cœur serré par l'angoisse, attend.

Les deux courriers de Pavie sont là, debout devant elle, baissant les yeux, n'osant parler, ils tendent la lettre du roi :

« Madame, pour vous avertir comme se porte le reste de mon infortune, de toutes choses ne m'est demeuré que l'honneur et la vie qui est sauve. Et pour ce que en votre adversité cette nouvelle vous fasse un peu de réconfort, j'ai prié qu'on me laissât vous écrire cette lettre... »

_____

(1) Au début du XXe siècle, deux érudits locaux reconstituèrent avec des meubles dits d'époque la chambre de François. Ils y placèrent un bureau Renaissance et un banc avec le monogramme du roi. On y ajouta une copie du tableau du Titien, une écritoire et une plume d'oie. Lors de la dernière guerre mondiale, tout ce bric-à-brac fut enlevé, brûlé et jeté dans l'Adda. Aujourd'hui, la pièce est vide et sert de temps à autre à des expositions de peinture.
Je voudrais remercier ici très vivement Mme Christine Alessandrini de l'aide si efficace qu'elle a bien voulu m'apporter sur place pour faire revivre la bataille de Pavie et la captivité de François Ier à Pizzighettone.

« Il ne faut pas demander en quelle pitié, pleurs et lamentations fut ladite bonne dame mère du roy, après qu'elle sut la piteuse nouvelle que son très cher, seul et unique fils était mis et subjugé en l'obéissance de son vassal et grand ennemi. » Les conseillers de la régente essaient vainement de la raisonner, « pour lui démontrer que ses dits pleurs et lamentations ne lui servaient de rien ». Mais, pour toute réponse, elle leur montre « les grosses larmes lui tombant des yeux à grande abondance », et les supplie de prendre de ses mains le gouvernement du royaume.

— Car de moi, je suis tant esperdue des malheureuses nouvelles que, à peine sais-je qui je suis!

Louise est anéantie en apprenant par eux l'ampleur du désastre. Dans sa dernière lettre, le roi semblait si certain de la victoire!

« J'ai bon espoir, Madame, lui avait-il écrit, d'occuper bientôt Pavie. Toutes mes mesures sont prises, mes provisions sont faites et mes gens de guerre payés. Je ne veux rien moins que tout l'Etat de Milan et le royaume de Naples... »

Et, aujourd'hui, il est vaincu, prisonnier, ayant tout perdu, « fors l'honneur »...

Louise répond ce même jour à son « très redouté fils et souverain seigneur » :

« Je ne puis par meilleur endroit commencer cette lettre que de louer notre Seigneur de ce qu'il Lui a plu de vous avoir gardé l'honneur, la vie et la santé, dont par l'écriture de votre main, il vous plaît de m'assurer. Ce qui a été, en effet, en notre tribulation, un tel réconfort, qu'il ne se peut suffisamment écrire, et aussi de ce que vous êtes si bien traité, vous assurant, mon Seigneur, qu'ayant entendu les choses dessus dites, et qu'il vous plaît de supporter vertueusement toutes les choses qu'il plaît à Dieu vous envoyer, comme Montpezat m'a assuré, qu'ainsi de ma part je soutiendrai, selon votre intention et désir, la fortune en telle sorte, pour le secours de vos enfants et affaires de votre royaume, que je ne vous serai occasion de vous adjoindre peine davantage, et en suppliant le Créateur, Monseigneur, de vous avoir en sa sainte protection, comme je l'en requiers de bon cœur. Votre très humble, bonne mère et sujette. »

Louise commence son règne...

Paris est en grande tristesse et ferme ses portes, « sauf les portes de Saint-Denis, Saint-Honoré, Saint-Jacques, Saint-Victor et Saint-Antoine, lesquelles furent gardées par les archers, arquebusiers et habitants ». En signe de deuil, on demande aux petits enfants de ne pas chanter « par les rues... en allant et venant de l'école ».

Dès le lendemain de l'arrivée de François à Pizzighettone, le curé du village, don Giacomo Cipelli, vient le visiter, comme il le fera presque chaque jour. Et François semble avoir pris du plaisir à bavarder avec cet homme érudit, docteur en droit romain et poète. Le roi fait pénitence, il refuse les œufs et n'accepte que du poisson. Cependant, un secrétaire de la république de Venise voit le prisonnier jouer à la *balleta con la corda* avec deux autres prisonniers, Montmorency et Philippe de Chabot, qui seront bientôt échangés contre deux captifs impériaux.

Pendant ce temps, les soldats de Lannoy et de Charles de Bourbon, devenus marchands de cadavres, vendent aux écuyers et valets français les corps des « morts de qualité » demeurés sur le champ de bataille de Pavie, afin qu'ils puissent être ramenés et enterrés en France. Un vrai marché! Les corps, étendus à terre, rangés comme à l'étal, sont mis à prix. Mais il faut faire vite, car le redoux arrive... et les cours baissent. C'est pourquoi le secrétaire de M. de Saint-Mesme pourra bientôt déclarer, ravi :

— J'eus ainsi mon maître pour rien!

François écrit à Charles Quint. L'empereur a été prévenu depuis le 3 mars – les courriers avaient fait diligence – de la victoire de Pavie. Les termes de sa lettre peuvent nous paraître d'une déférence un peu excessive, mais François ruse et pour recouvrer la liberté, que ne ferait-il pas? D'ailleurs le roi-chevalier ignore encore les conditions dictées par l'empereur. Et puis, en lisant ce texte, il faut aussi penser au style de l'époque, style raffiné, précieux, qui frise peut-être l'obséquiosité à force de courtoisie :

« N'ayant aucun réconfort en mon infortune, que l'estime de votre bonté, laquelle, s'il lui plaît, usera par honnêteté à moi de l'effet de la victoire, ayant ferme espérance que votre vertu ne voudra pas me contraindre de choses qui ne fussent honnêtes; vous suppliant juger en votre propre cœur ce qu'il vous plaira à faire de moi, étant sûr que la volonté d'un tel prince que vous êtes ne peut être accompagnée que d'honneur et magnanimité. C'est pourquoi il vous plaira avoir cette honnête pitié de moyenner la sûreté que mérite la prison d'un roi de France, lequel on veut rendre ami et non désespéré, et ainsi pouvez être sûr de faire un acquêt au lieu d'un prisonnier inutile, de rendre un roi à jamais votre esclave.

« Donc, pour ne vous ennuyer plus longtemps de ma fâcheuse lettre, ferai fin, avec humble recommandation à votre bonne grâce, celui qui n'a aise que d'attendre qu'il vous plaise de nommer en lieu de prisonnier,

« Votre bon frère et ami,

François. »

En attendant la réponse, le roi tue le temps comme il peut. Il a acquis un petit chien, deux chardonnerets et une pie. Il se rend chaque matin à la messe en grand apparat et tout revêtu de noir. Il est si aimé par ceux qui le surveillent que, chaque semaine, on prend la précaution de changer la garde. Un humble fonctionnaire de Brescia parvient à assister au repas du prisonnier et fait le récit de ce qu'il a observé : « Il mange seul et a au-dessus de la tête un baldaquin de velours noir. Le vice-roi lui donne la toile pour essuyer les mains en tenant son béret à la main et en s'inclinant très bas, et le capitaine Alarcon lui sert de l'eau. Sa Majesté mange peu et boit deux fois au repas. Le roi boit dans une tasse d'or avec couvercle; sur la table est posée une salière carrée d'or aussi avec couvercle. Pour tout le reste, le roi mange sur des plats d'étain et assez malpropres. Tout autour se trouvent les gens à le voir manger. Son médecin se tient debout près de lui. Le vice-roi est assis sur un banc un peu éloigné de Sa Majesté. Le roi parle toujours et quand je l'ai vu, il m'a parlé continuellement de Martin Luther; sa parole est si douce, gracieuse et allègre que c'est une chose à désespérer que de voir un tel roi prisonnier, et entre les mains de qui? Mais assez de cela! Il est vêtu d'un pourpoint de drap noir, de chausses noires, d'escarpins de velours noir. Il porte sur la tête une barrette également de velours noir, le col de la chemise ouvert comme chez une femme. Il porte une dague sur le ventre et garde souvent la main sur la poignée. Le roi est un peu plus grand que moi, plus large d'épaules que moi. La jambe est un peu maigre, mais bien formée, la barbe longue mais rare, le nez long, les yeux allongés en fente. La peau n'est pas si blanche qu'on le dit. Les cheveux sont plutôt longs. Quant à la main, elle est unique au monde, je n'en ai jamais vu une plus belle. Nous étions six à regarder Sa Majesté, et Elle nous regardait souvent, mais personne de nous ne lui a adressé la parole. »

Lugubre, goutteux, prognathe, Charles Quint est physiquement dégénéré. Les yeux exorbités, la bouche perpétuellement entrouverte – car les végétations l'empêchent de respirer –, il médite... et digère péniblement. Il ne mange pas : il s'empiffre gloutonnement. Sans doute à cause de ce prognathisme dont il est atteint, il avale les aliments sans les mâcher et il a aussi, du même fait, des difficultés d'élocution.

Comment l'empereur a-t-il réagi en apprenant le succès de ses troupes? D'abord, il a paru plus hébété qu'à son accoutumée, puis, avec une certaine humilité, il a bredouillé une action de grâce :

– Cette victoire, je reconnais ne la devoir qu'à Dieu seul!

Et aussi aux erreurs de François... Faut-il poursuivre la guerre? Il est conscient de sa responsabilité :

– Savez-vous, demande-t-il à l'ambassadeur de Venise en bégayant, savez-vous que si je voulais le trouble dans la chrétienté, cela ne dépendrait que de moi?

Avec sagesse, certains poussent Charles Quint à garder le roi prisonnier. Ainsi que le vice-roi le lui écrivait : « Souvenez-vous, sire, que le seigneur de Berselle disait un jour que Dieu envoyait à tout homme une fois dans sa vie une bonne récolte, et que s'il ne saisissait pas alors l'occasion de moissonner, c'était trop tard... »

Les conseillers insistent :

– Plutôt que de le délivrer et de le voir redevenu ensuite puissant et ennemi, mieux vaudrait attendre les hasards, soit de la longue prison, soit de sa mort.

D'autres essaient de convaincre l'empereur – têtu jusqu'à l'aveuglement – que la possession de l'Italie vaut mieux que celle de l'hypothétique Bourgogne. Charles ne veut rien entendre! Il demeure ahuri, troublé. Mais l'est-il vraiment? Philippe Erlanger a pertinemment intitulé l'un des chapitres de son ouvrage sur *Charles Quint :* « Les embarras de la victoire ».

– Je me consume jusqu'à l'os, répète l'empereur.

Il doit des sommes considérables, deux ans de solde aux gens d'armes, quatorze mois aux lansquenets de Pavie, cinq mois à ceux de Bourbon et sept mois aux fantassins espagnols. Par bonheur, il va épouser la ravissante et richissime Isabelle de Portugal qui lui apportera – déduction faite de ce que l'Espagne doit déjà au roi son frère – 400 000 ducats. Mais en attendant ce pactole, non sans difficulté, l'empereur parvient à rassembler 80 000 ducats, alors que les troupes italiennes en attendent un million.

Lannoy suggère à Charles Quint de venir le rejoindre : « Aujourd'hui, Dieu vous a donné votre heure, et jamais mieux qu'aujourd'hui vous ne serez en mesure de recevoir vos couronnes... Je suis porté à penser que vous devriez venir maintenant en Italie. » Quant à Bourbon, poursuivant sa félonie, il est d'avis d'attaquer sans plus tarder la France afin de profiter de la consternation du pays.

Mais le chancelier Gattinara estime qu'un voyage hors de l'Espagne serait pour l'empereur actuellement prématuré, et propose une politique plus adroite :

– Soyez magnanime comme le lion (sic), et miséricordieux comme Dieu le Père, ne témoignez aucune rancune. Il faut demander à la France le seul héritage bourguignon, tandis que la Provence sera donnée à Monseigneur de Bourbon; il faut user de douceur envers les Etats italiens et le pape, tourner toutes les armes de la chrétienté contre luthériens et Turcs, puis venir en Italie pour le couronnement.

Après avoir pesé le pour et le contre, Charles accorde avec sagesse la trêve qui lui a été demandée par François et déclare :

– Il me paraît honnête de ne pas continuer la guerre alors que le roi est entre nos mains. Cela sonnerait mal.

Alors?

Il prend son temps pour répondre au roi. Rien ne presse! Bien au contraire. Son prisonnier peut attendre! Plus il le laissera se morfondre dans sa prison, plus il sera malléable. En effet, François paraît maintenant accablé et de fort méchante humeur. Rien ne parvient à le sortir de son découragement. Enfin Charles Quint se décide et fixe son choix. A la fin du mois d'avril, arrive à Pizzighettone son envoyé : Adrien de Croÿ, seigneur de Roeux. Il se rend, en compagnie de Bourbon et de Lannoy, auprès de François afin de lui faire part des conditions établies par Charles Quint pour sa libération. Roeux – on l'appelait plutôt ainsi que Croÿ – commence par assurer François que l'empereur est bien marri d'avoir appris la mort de « tant de gens de bien demeurés à la bataille », mais qu'il ne peut s'empêcher d'être « aise de sa bonne fortune d'avoir fait prisonnier le roi ». Cependant, il promet que François aura « bonne prison » et qu'il sera bien traité. Qu'il prenne donc son mal en patience!

Sans attendre davantage, Roeux lui assure qu'il pourra « sortir dehors », s'il veut bien rendre à l'empereur le duché de Bourgogne et « rendre aussi ce qui lui appartient » au connétable, autrement dit le comté de Provence. François s'exclame :

– Monsieur de Bourbon, voici qui vous est grandement honorable d'être cause de la perte de tant de valeureux chevaliers, de la captivité de votre roi, de l'oppression de votre patrie, et, comme si ce n'était pas assez, vous voulez encore recueillir les fruits de votre félonie.

Puis François se redresse. Avec superbe, il s'écrie :

– Bourbon est mon sujet et mon vassal. Quand je voudrai lui répondre pour ses affaires, je le ferai par l'un de mes serviteurs.

Et les conditions posées par l'empereur?

– Je ne répondrai que si M. de Bourbon quitte ma chambre. Il n'est point de mon conseil et je ne veux rien dire devant lui.

184

Bourbon, dont on devine le mécontement, est contraint de sortir de la pièce, et le roi d'expliquer qu'à la mort de Charles le Téméraire, en 1477, ses apanages, selon la loi, sont revenus à la monarchie française. Louis XI, Charles VIII et Louis XII, « gens de bien et de bonne conscience », les auraient-ils gardés sans y avoir droit ?

Charles Quint – petit-fils de Marie de Bourgogne, fille du Téméraire, épouse de l'empereur Maximilien – ne reconnaît pas la loi salique et estime, en toute bonne foi d'ailleurs, que le duché doit lui revenir. Les entrevues, au cours desquelles François propose de porter l'affaire devant un tribunal arbitral, se succèdent.

Mais pour Charles, il ne s'agit pas de tergiverser ou de faire attendre sa réponse. Celle-ci – et « sur tous ces points » – doit être promptement faite. Il faudra l'avertir « en toute diligence » des réactions de son prisonnier. Si le roi refuse ce sera l'écrasement de la France. Charles menace :

– Nous devrons prendre un autre chemin pour avoir notre raison...

Les exigences de Charles Quint se retrouvent dans la minute des propositions apostillées de la main même de François. Le roi refuse d'abandonner la vicomté d'Auxonne et d'accorder à l'empereur la souveraineté du Charolais, de Noyon et de Château-Chinon. En revanche, il espère que l'on trouvera une solution à la demande impériale concernant la souveraineté de la Flandre et de l'Artois, à laquelle la monarchie française renoncerait. Il accepte de rendre Hesdin à Charles et de lui « donner quittance » pour Tournai et Arras. Au sujet des autres demandes, François se montre plus accommodant, ainsi que le prouve ce document :

« Aide à l'empereur et payement de six mille hommes. »

Difficile de payer tout en une fois, écrit François, *mais facile à payer mois par mois.*

« Mgr de Bourbon et ses compagnons, condamnés pour rébellion, retournent dans leurs biens confisqués. »

Facile, répond François, mais il précise qu'il ne peut être question pour lui de donner la Provence à Bourbon.

« Le procès de Madame Louise de Savoie demeure suspendu la vie durant dudit Bourbon. » Par conséquent, à la mort du connétable, ses domaines reviendraient à la Couronne.

Facile, répète le roi.

Quittance de Naples, de Milan, Gênes et Aoste.

Facile.

Ainsi François abandonnait son cher duché pour lequel il avait vaincu à Marignan! N'était-ce pas déjà là une belle rançon?

Bourbon demeure « exempt du service et devoir de sa personne, lui vivant, et peut demeurer au service de l'empereur, ainsi que ses compagnons ».

Facile, mais qu'on ne le voie jamais.

On devine avec quelle rancœur François a tracé ces derniers mots. Quel camouflet!... Mais il revient aux exigences de Charles Quint concernant le duché de Bourgogne :

— Je suis marri! s'exclame-t-il, de quoi l'empereur votre maître vous a donné la peine de venir en poste de si loin pour m'apporter articles si déraisonnables. Vous lui direz de ma part que j'aimerais mieux mourir prisonnier que d'accorder ses demandes, lui faisant entendre que mon royaume est encore en son entier : lequel, pour ma délivrance, je ne veux endommager. Et s'il veut venir à traiter, il faut qu'il parle autre langage.

Mais François ignorait jusqu'où pouvait aller la trahison de Bourbon! Au même moment, le connétable écrivait au cardinal Wolsey pour l'avertir que jamais l'Angleterre « n'aurait le temps si bon » pour envahir le royaume de France! Le roi, les princes et les principaux capitaines ne se trouvaient-ils pas prisonniers? Sans compter ceux qui avaient mordu la poussière de Pavie – la boue serait plus juste...

Certes, en apprenant la victoire impériale, Henry VIII avait pleuré de joie, mais, en dépit de l'invitation de Bourbon, il refuse de débarquer des troupes en Flandre et en Guyenne. Il est possible qu'Henry VIII ait répugné à accabler un ennemi vaincu. Se souvenait-il des accolades du Drap d'or? Non! Mais le roi anglais réfléchissait. Au moins pour l'instant, il préférait attendre. En ne renforçant pas la puissance de Charles Quint, il maintenait l'équilibre européen.

– Qui je soutiens est maître! répète-t-il.

Il choisit de patienter et se réserve le rôle d'arbitre – d'autant plus qu'il n'a plus d'argent en caisse et que les impôts exceptionnels sont devenus impossibles à émettre outre-Manche.

En attendant qu'une décision soit prise, François peut parfois disputer une partie de boules avec Fleuranges qui vient le visiter. Il a même versifié à l'intention de sa chère Françoise :

Triste penser! en quel lieu je t'adresse,
Prompt souvenir ennemi de paresse,
Cause cette œuvre, en te faisant savoir
Que longue absence en rien n'a le pouvoir
Sur mon esprit, de qui tu es maîtresse.

Il pense à la Loire, ce fleuve royal qu'il a vu couler durant son enfance.

Nymphes qui le pays gracieux habitent
Où court ma belle Loire arrosant la contrée...
Où est votre Seigneur que tant vous aimez?

Les mois passent et Charles Quint ne donne toujours pas l'ordre d'envahir le royaume de France. Ce royaume désemparé par la défaite, privé de son souverain et vulnérable à souhait! Ce ne sont tout de même pas les digestions difficiles, après ses goinfreries habituelles, qui paralysent son esprit au point de ne plus y voir clair! Non, car malgré son visage stupide, Charles Quint est d'une rare intelligence. Ce n'est pas non plus la courtoisie qui le retient d'aller dépecer la France qui a touché terre de ses deux épaules.

Alors?

D'abord, ses caisses sont vides; ensuite, ses troupes sont quelque peu disséminées, certaines commencent même à déserter, n'ayant pas encore reçu leurs soldes, et puis aussi, il craint la *furia francese*, cet étonnant sursaut national qui ne peut exister dans la mosaïque d'Etats qu'il gouverne. Les conditions draconiennes exigées par l'empereur pour libérer leur roi vont créer l'unanimité des Français.

Pavie devient un ciment unificateur.

Charles se demande pour quelles raisons il devrait affronter le sort des armes alors que les proies d'aujourd'hui – la Bourgogne, la souveraineté de l'Artois et de la Flandre – peuvent lui tomber toutes rôties dans le bec. En effet, le roi de France étant son prisonnier, sa liberté donne à Charles Quint une extraordinaire monnaie d'échange. Mais François acceptera-t-il ce marchandage?

Pour le faire céder, Charles Quint a-t-il donné l'ordre que François lui soit amené en Espagne? Il ne semble pas. Charles n'a été prévenu du transfert que par une lettre de Lannoy. Le vice-roi lui affirme que l'arrivée de François lui sera « chose agréable, car il ne tiendra qu'à Votre Majesté de promptement achever ses affaires ».

L'empereur fait la grimace. Il ne tient nullement à rencontrer le vaincu de Pavie. Il craint, en face de François, de ne pouvoir lui tenir la dragée aussi haute que l'exige son orgueil. La réputation de son prisonnier l'effraie à juste titre. Quant à Lannoy, il s'inquiète d'autant plus que la situation en Italie n'est guère brillante. Venise s'impatiente, Rome parle de croisade, et les Italiens qualifient les Espagnols de Barbares.

Certes, la tour de Pizzighettone paraît imprenable, mais l'idée que l'on tente de délivrer François n'est pas à exclure. Aussi le vice-roi commence-t-il à trouver pesante une telle responsabilité! Il préférerait incarcérer son prisonnier à Naples... Mais François insiste pour voir Charles Quint le plus tôt possible. Cependant, le transfert vers l'Espagne n'est pas sans danger : il faut effectuer le voyage par mer en s'embarquant à Naples ou à Gênes. Or l'empereur ne possède pas la maîtrise de la Méditerranée.

Il en est autrement de la France.

Aussi, dès l'annonce du prochain départ, François parvient-il à faire passer une lettre à sa mère, pour l'alerter. Lannoy n'aura pour escorte que quatorze galères montées par un équipage de dix-huit cents arquebusiers espagnols, tandis que l'amiral gênois Andrea Doria, alors au service du roi – plus tard, il servira Charles – pourrait intervenir avec six mille marins. Il lui suffirait de diviser sa flotte de vingt-cinq vaisseaux en deux escadres pour couper la route aux galères castillanes.

Lannoy sent le terrain brûlant; un faux pas pourrait faire craindre le pire! Il vient trouver son prisonnier pour lequel il éprouve amitié, estime et admiration devant son courage d'homme de guerre. Il lui démontre sans doute combien il serait utile pour la paix de rencontrer l'empereur. D'ailleurs, n'est-ce pas là le désir de François? Le geôlier fait aussi vibrer le sentiment de l'honneur qui anime le roi en lui demandant une escorte de galères françaises pour le conduire de Naples ou de Gênes vers l'Espagne. On traite donc avec lui de puissance à puissance – et François accepte! C'est encore pour lui une occasion de prouver qu'ayant été armé par Bayard, il observe toujours les règles de la chevalerie. Une convention est signée entre Lannoy et le maréchal de Montmorency – il a été échangé contre Ugo de Moncade – pour que « les galères du roi soient baillées aux gens de guerre de l'empereur pour le transport du roi ». Il était précisé ensuite que le maréchal de Montmorency et les équipages français seraient nantis d'un sauf-conduit qui permettrait leur retour sans crainte au pays du roi.

Nous sommes au mois de mai; le port de Naples est estimé « fort dangereux de maladie pour ceux qui y entrent en juin, juillet et août »; aussi est-ce à Gênes que l'on mettra à la voile.

Le 20 mai, le roi fait ses adieux à don Giacomo Cipelli (1). Un vrai cortège entoure le prisonnier. Après quatre bannières espagnoles, tambourins en tête, après les gendarmes et leurs trompettes sonnant haut et clair, s'avance le roi chevauchant pacifiquement une mule. Les destriers demeurent aux écuries! Suivent les gentilhommes espagnols, puis Lannoy et le capitaine Fernando de Alarcon, gardien du prisonnier. Un peu plus loin, la suite et les nombreux bagages ferment la marche.

On met six jours par Voghera et Novi pour atteindre Gênes... que l'on évite de traverser par mesure de précaution, en prenant la route de la montagne. Alarcon enferme le prisonnier à la citadelle où ses hommes font bonne garde. François demeure là une semaine, les vents sont contraires et retiennent au port les galères de Castille – il y en avait quinze, auxquelles se joindront au large cinq brigantines et deux flûtes.

Craignant avec juste raison un coup de main de l'amiral Andrea Doria, qui n'a pas signé de convention, Lannoy sort de Gênes, feint de prendre la direction de Naples... puis on bifurque vers l'ouest. Il fait chaud et François cherche un peu de fraîcheur en se tenant sur le gaillard d'avant « s'essuyant à maintes reprises le visage et les mains, soit avec de l'eau de rose, qu'on lui avait apportée dans

(1) Lorsque François regagnera la France, il comblera le prêtre de cadeaux : un parement d'autel, sa propre cape de chevalier de la Toison d'Or que l'on peut toujours voir à Pizzighettone; en 1536, il fera édifier à ses frais un nouveau clocher pour l'église de San Bassiano. En 1538, le roi enverra à Pizzighettone un maître de littérature grecque, latine, française et italienne destiné au petit village. François fonda aussi à ses frais une bibliothèque composée de nombreux incunables, qui ont malheureusement aujourd'hui disparu. Enfin, don Cipelli fut appelé auprès du roi en qualité d'« aumônier privé », et mourra en France.

une tasse d'argent, soit avec du vinaigre ». Bientôt, on relâche à Portofino où le prisonnier est enfermé au-dessus des rochers, à l'abbaye de la Cervara, qui existe toujours. Don Agostino Grimaldi, abbé de Saint-Honorat et évêque de Grasse, lui sert à la foi d'aumônier et de chambellan. La crainte de voir Andrea Doria apparaître fait hâter le départ, d'autant plus que l'escadre de Montmorency est annoncée, et c'est en sa compagnie, le 2 juin, que l'on met le cap sur Monaco.

Le 12 juin, la flotte combinée atteint la rade de Villefranche, puis se dirige vers l'Espagne. François, attristé, regarde avec nostalgie les côtes de France défiler à tribord. Montmorency le console avec optimisme : la captivité ne pourra se prolonger longtemps. Pendant la traversée, le roi trace pour Mme de Châteaubriant ce vers empreint de mélancolie :

En la grande mer où tout vent tourne et vire...

Voici enfin la baie espagnole de Cadaqués, où l'on ne s'attarde guère. Lannoy donne l'ordre de débarquer à Palamos, sur la Costa Brava. Barcelone n'est qu'à trente lieues et François, en compagnie du vice-roi, part à cheval pour la capitale de la Catalogne où il est reçu non en captif, mais en roi. Il loge dans le palais de l'archevêque de Tarragone où une véritable cour, avec respect et curiosité, s'empresse autour de lui. Un roi-chevalier fait prisonnier en pleine bataille, c'est là un spectacle peu banal!... Et les femmes regardent le héros vaincu avec quelques arrière-pensées. Une belle Valencienne vient lui réciter un compliment. François lui répond :

– Madame, vous m'avez fait tant d'honneur gracieux que je ne sais comment le récompenser.

Le lendemain, entouré de hallebardiers et de piquiers, François se rend sur sa mule de prisonnier à la cathédrale où un trône l'attend dans le chœur. Après deux jours de fête, il rejoint les galères castillanes qui le conduisent en une journée de mer à l'ancienne cité romaine de Tarragone. C'est là qu'il loge, le 24 juin au soir, à la Pabordea, palais de

191

l'archiprêtre appelé le *Paborde*. On se presse pour le voir et le saluer avec les plus grands honneurs. En l'apprenant, Charles Quint dut faire la grimace... Le roi, le soir, entend de sa fenêtre un violent tumulte. Selon la coutume, la garde n'a pas été soldée, aussi abandonne-t-elle ses postes, et, pour attirer l'attention sur ses revendications, met le feu au portail du palais : on tiraille çà et là, et le prisonnier, toujours à sa fenêtre, manque d'être tué par un coup d'arquebuse...

Au matin, l'escadre reprend la mer pour Valence, dernière étape de la longue randonnée. C'est le 1er juillet, par une forte chaleur, que le roi débarque dans l'ancienne capitale du royaume musulman. Une foule considérable l'entoure, tandis qu'il se dirige vers l'archevêché. Mais la chaleur est telle qu'il est heureux d'être bientôt conduit à l'Alcazar de Benisano, à huit lieues de la ville, demeure du gouverneur castillan, don Jeronimo de Cavanilles, capitaine de la Garde impériale. Les trois fenêtres de sa chambre donnent sur le parc, une oasis parfumée, un vrai jardin d'eau et de parterres de fleurs. La sécurité y est totale, car la demeure est entourée de fortes murailles dont le chemin de ronde sert de promenade au roi. Il voudrait bien danser avec les deux filles de don Jeronimo, mais, effarouchées, celles-ci refusent. L'hidalgo en est désolé...

François reçoit du courrier. D'abord de Louise, qui souhaite rejoindre son fils en Espagne : « Quand vous verrez que possible sera, que je mets en liberté l'ennui que j'ai de ne vous approcher, je vous supplie de me le faire entendre, et vous connaîtrez que ce sera le plus désiré et agréable voyage. » Cependant, ajoute-t-elle, le principal est pour son fils de voir l'empereur « par tous les moyens... afin que l'œuvre qui tant est désirée et nécessaire puisse être du plus tôt accomplie ». C'est également le souhait de François, un peu étonné du manque d'empressement que met l'empereur à le rencontrer. Il n'a reçu de Charles Quint qu'une lettre exprimant le plaisir que lui fait sa venue :

« A cette heure, elle sera cause d'une bonne paix générale pour le grand bien de la chrétienté, qui est ce que plus je désire. J'ai ordonné à mon vice-roi de venir vers moi pour m'avertir de votre intention et aussi l'ai chargé de continuer les bons traitements qu'il vous a faits... » Il se contente en terminant de lui faire savoir le désir qu'il a de demeurer « son fidèle frère et ami... ».

Charles – visiblement – espère toujours faire admettre à François que la Bourgogne vaut bien sa liberté. Aussi le laisse-t-il macérer dans sa prison encore dorée – du moins pour l'instant. François aura de plus en plus hâte d'être son maître... et la province tant convoitée – cette « querelle de Bourgogne » – tombera comme un fruit mûr dans la mouvance impériale.

Charles ne pouvait, ou ne voulait pas, comprendre que François n'était pas en mesure de donner à l'empereur, sans faillir et déchoir, un apanage concédé par le roi Jean à son fils Philippe. D'ailleurs – et sans cesse François le répétait – la terre bourguignonne était revenue au domaine royal à la mort du Téméraire et non à sa fille Marie, grand-mère de Charles Quint. Et cela, Charles refusait obstinément de l'admettre, et de s'incliner ainsi devant la loi salique. Si François pouvait obtenir une entrevue, il le lui expliquerait... Mais l'empereur, bien qu'il ait hâte que cessent les courbettes des hidalgos de Valence – ces marques d'honneur que l'on prodigue chaque jour à son prisonnier –, ne fait toujours pas venir François auprès de lui... Aussi, pour précipiter les choses, le roi envoie-t-il Montmorency « baiser les mains de Sa Majesté Césarée ».

Le 2 juillet, le maréchal est parti pour Tolède où réside l'empereur en emportant avec lui des instructions précises : le plus grand désir de François est de voir « son bon frère », afin de lui ouvrir son cœur et de parvenir ainsi avec lui à la paix universelle de la chrétienté. N'a-t-il pas accepté de se faire escorter d'Italie en Espagne par ses propres galères « qui sont grosse force en France », plutôt que de se laisser délivrer par elles? Ce qui eût été aisée... Bien plus, si l'empereur veut se faire couronner à Rome, ces mêmes galères pourraient lui servir de cortège – à condition, bien entendu, que l'empereur accepte d'ouvrir la cage de François.

Montmorency était également chargé d'une mission : faire accorder un sauf-conduit à Marguerite d'Alençon, pour qu'elle puisse venir voir son frère et rejoindre la délégation que la régente s'apprêtait à envoyer à Madrid, afin de mettre au point le traité de délivrance. Marguerite est veuve maintenant, d'Alençon n'est plus. Le fuyard de Pavie, atteint d'une pleurésie, est mort dans les bras de la duchesse. Il ne l'avait jamais aimée, mais en sentant l'instant venu du grand départ, il s'était littéralement cramponné à la main de sa femme en murmurant dans son agonie :

– Ne me laissez pas!

✲✲

Pendant ce temps, le règne de Louise d'Angoulême se poursuivait. « La vertueuse princesse, nous dit un chroniqueur, prenant courage viril et laissant toutes larmes féminines, propose dès l'heure, par armes ou autrement, remédier à tous inconvénients déjà advenus et obvier aux futurs. » Elle clame à tous vents :

– Certes, le roi est prisonnier, mais la France est libre!

La régente a de l'argent et paie la solde des gens d'armes, versant même ce qu'elle doit aux cantons suisses! Une seule pensée obsédante, tyrannique, la hante : la délivrance de son fils. Elle met tout son espoir dans l'envoi de plénipotentiaires à Madrid. A leur tête elle a placé l'archevêque d'Embrun, François de Tournon, le premier président au parlement de Paris, Jean de Selve, et Chabot de Brion. De son côté, le roi a mandaté Montmorency, Jean de La Barre et le trésorier Babou de la Bourdaisière. Quant à Charles Quint, ses principaux représentants sont Charles de Lannoy, Ugo de Moncade et le seigneur Louis de Roeux.

Le dialogue de sourds peut commencer.

Les délégués sont reçus à Tolède par l'empereur, le 17 juillet 1525. Le président de Selve ouvre le feu en prononçant avec emphase un discours ampoulé à souhait où il fait étalage de son érudition en mélangeant les Histoires sainte, grecque et romaine. Charles Quint, bouche bée, selon son habitude, est quelque peu dépassé et se refuse à suivre Selve et sa pédanterie. Dans un style plus simple, il s'en avoue incapable et se contente de déclarer qu'il désire la paix universelle. Selve approuve et commence à poser les conditions souhaitées par la délégation française pour recouvrer son roi. Les délégués sont prêts à entendre le montant exigé par l'empereur pour la rançon. Mais Charles les arrête d'un geste : il ne veut pas de rançon... mais des territoires. D'ailleurs, ce n'est pas avec lui qu'il faut discuter de ce problème, mais avec ses conseillers.

Le 20 juillet, alors que François piaffe toujours d'impatience à Benisano et s'étonne de ne pas être conduit vers la capitale, Selve reprend son argumentation devant les délégués espagnols. Charles Quint ne ferait-il pas « acte d'impériale majesté en éteignant toutes les querelles »? Pourquoi ne se contenterait-il pas de signer avec François un traité d'alliance ou « d'affinité et d'amitié »?...

On devine la stupéfaction des Espagnols. Il ne s'agit pas de cela! Il faut parler un autre langage! Le chancelier d'Espagne prend la parole et déclare que les prétentions impériales sont fort modestes, puisque Charles aurait également pu exiger « les pays de Languedoc et du Dauphiné », mais il « s'est arrêté aux querelles de la maison de Bourgogne qui sont celles qui sont cause de la guerre entre les deux princes ».

– Si l'empereur prétend qu'il est duc de Bourgogne, répond Selve avec son adresse de magistrat, il est vassal de la Couronne de France, et il faut qu'il ait recours à la Cour de France, et qui est la Cour des pairs. Là, il trouvera bonne justice!

Selve s'installe là sur un terrain qu'il possède à fond, et affirme une nouvelle fois qu'un duché ne peut être aliéné que par apanage destiné aux « enfants mâles de la maison de France ». Une femme ne peut en hériter. On reprend des forces en allant dîner. Après le repas, le vice-roi reconnaît :

– C'est peine perdue de débattre avec lesdits sieurs d'Embrun et premier président, puisqu'ils disent que le roi et son royaume ne peuvent rien aliéner; il faut donc que l'empereur se pourvoie par autre moyen.

En abandonnant ses droits sur le duché de Milan et sur le royaume de Naples, François ne fait-il pas bonne mesure? Puisque l'empereur ne veut pas estimer le montant de la rançon en espèces sonnantes et trébuchantes, mais exige des terres – ct des terres bourguignonnes, qui n'appartiennent pas au prisonnier – les Français demandent que Charles veuille bien « modérer » ses exigences. Il ne sera possible qu'à cette condition de continuer les négociations avec la duchesse Marguerite, laquelle arrivera avec « pleine puissance » pour traiter. Et de conclure :

– Enfin, pour mettre prompte fin à toutes ces querelles, le vrai moyen et prompt serait que le roi, sa sœur et l'empereur se vissent et parlassent ensemble. Car ils démêleraient plus de leurs affaires en une heure que leurs conseillers en un mois.

Bon! On attendra l'arrivée à Madrid du frère et de la sœur.

Toujours sous la garde de Fernando de Alarcon, François a quitté Benisano ce même 21 juillet, et

pris lentement la route de la capitale. A Guadala-
jara, le vieux duc de l'Infantado, méprisant les
réactions possibles de Charles Quint, réserve au
vaincu de Pavie un accueil encore plus triomphal
que les précédents : arcs de triomphe fleuris,
orchestres nombreux, artillerie tonnante, haies de
piquiers, d'arquebusiers et de pages. François
admire le merveilleux palais clouté de pierres tail-
lées, un palais où se mêlent heureusement le gothi-
que et l'art musulman, une somptueuse demeure
éclatante de blancheur. Ebloui, le roi regarde les
longues façades de la vaste cour ornées de petits
balcons ronds et ceintes d'arcades surplombées par
des lions et des griffons. Dans les immenses salles
dallées de marbre – il y règne une étonnante
fraîcheur – un banquet réunit plusieurs centaines
de convives, mais le vieux duc, que ses infirmités
ont contraint de déléguer son fils, don Martin de
Mendoza, à la rencontre de François, refuse, par
respect, de s'asseoir près de son royal invité :

– Je ne mérite pas tel honneur, explique-t-il avec
un orgueil bien castillan.

Sur la grand-place transformée en arène se
déroulent un tournoi, des joutes et une corrida
insolite : le combat d'un taureau contre un lion.
Mais le lion, tremblant de peur, préfère abandonner
l'arène en sautant par-dessus les barricades dans
une foule aussi effrayée que lui. Il faut le courage
d'un certain Diego Serna de Bracamonte, muni
d'une torche enflammée, pour faire rentrer le fauve
plus mort que vif dans sa cage.

Après cinq jours de réjouissances, le duc de
l'Infantado offre des chevaux caparaçonnés, des
gerfauts, des chiens de chasse, des bibelots d'or à
François qui, en échange, ne peut que lui donner
une courte épée et déclarer :

– Duc, dans mon pays, des hommes comme Votre
Seigneurie s'appelleraient princes!

Une des filles de la maison – Brillande de l'Infantado, qui porte bien joliment son prénom – tombe
amoureuse de François, un amour sans espoir

qu'elle ira cacher toute sa vie dans un cloître. Puis c'est l'accueil, à sept lieues de Madrid, des onze mille étudiants d'Alcalá de Henarès, conduits par le cardinal de Tolède, Ximénès de Cisneros, qui vient de fonder une université.

Le 10, 15, 16 ou 17 août – autant de chroniqueurs, autant de dates différentes... –, François atteint Madrid. A nouveau, le peuple pour l'apercevoir s'est massé sur le trajet suivi par le prisonnier jusqu'à la tour de los Lusanès, située en pleine ville, où il séjourne quelques jours avant d'être conduit à l'Alcazar Real, aujourd'hui disparu, et qui s'élevait à l'emplacement de l'actuel palais royal de Philippe V.

Le roi est placé dans une chambre forte, presque un cachot, dans lequel François ne peut faire que cinq pas dans chaque sens; lorsqu'il veut regarder par la fenêtre garnie de gros barreaux, étroite ouverture surplombant, à cent pieds plus bas, les rives du Manzanarès, il lui faut monter plusieurs marches. A la porte, un officier en armes monte la garde. La nuit, d'autres officiers, torche à la main, font les cent pas dans la galerie, tandis que de perpétuelles patrouilles ont mission d'exécuter des rondes.

La vraie captivité du vaincu de Pavie commence.

Cependant, la chambre a été meublée avec des tentures venues de France où étincellent les fleurs de lys et les ardentes salamandres. François a bien besoin de son emblème, cet animal qui triomphe du feu! Le cœur lourd, il écrit à Françoise :

> *Quoi qu'il en soit, amie, je mourrai*
> *En votre loi, et là je demeurerai...*

Et Françoise de répondre :

> *Las! si le cœur de ceux qui ont puissance*
> *De vous donner très brève délivrance*
> *Pouvait savoir quelle est votre amitié,*
> *Je crois, pour vrai, qu'ils en auraient pitié...*

CHAPITRE X

ILLUSOIRE TRAITÉ DE MADRID.

> *Ils l'ont pris, l'ont amené*
> *Dans la grand tour de Madrid.*
> *La tour est haute et carrée,*
> *Jamais le soleil n'y luit.*

Si à Madrid les choses traînent en longueur – palabres entre les diplomates, pénibles attentes pour le prisonnier – tout va bien à Londres. Par le traité de Moore, conclu le 30 août 1525 entre la France et l'Angleterre, Henry VIII a accepté de se tenir calme et passif moyennant le paiement annuel par Louise de Savoie de 100 000 livres tournois – et cela jusqu'à concurrence d'une somme globale de deux millions de couronnes. Pour être tout à fait tranquille, on achète également Wolsey qui paye aussitôt sa redevance en s'exclamant bien haut et bien ferme que les Espagnols sont « puants d'ingratitude et de superbe dans la prospérité ».

Reste l'Italie, qui supporte mal la mainmise espagnole. Aussi la régente propose-t-elle à Maximilien Sforza de lui abandonner les droits de la France sur le Milanais. Louise lui offre en outre une rente de 10 000 ducats et la main d'une fille de France. Laquelle? On ne sait encore? C'est là un détail... On achète aussi le pape Clément VII – toujours à vendre au plus offrant...

Après le chef des fidèles, on se tourne vers le chef des infidèles. Lorsque François était encore à Pizzighettone, il avait appelé à son secours Soliman le Magnifique, « ennemi de la chrétienté » assurément, mais, tout aussi assurément, ennemi de l'Empire.

Un premier envoyé ayant été assassiné lors de son passage à travers la Bosnie, François avait chargé un certain Jean Frangepani (ou Frangipani), un Croate, de porter au commandeur des Croyants un message que l'émissaire dissimula dans le talon évidé de sa botte. Le roi donna encore à son envoyé un anneau d'or, gage de fidélité destiné à Soliman. Frangepani avait atteint sans encombre Constantinople et remis, après l'avoir déplié, le message de François annonçant au sultan « Padichah de la mer Blanche et de la mer Noire » que l'ennemi s'était emparé des terres appartenant au roi de France. Celui-ci se trouvait actuellement en prison et demandait « aide et secours pour sa délivrance ». Le Padichach, si magnifique qu'il fût, n'envoya que des paroles de consolation... bien que, affirmait-il, « nuit et jour son cheval soit sellé et son sabre ceint ». Bref, « prenez donc courage et ne vous laissez pas abattre ».

François aurait sûrement préféré quelques sacs de ducats et une troupe de janissaires sabre au poing. Cependant, ainsi que le démontra Charles Terrasse, cette première négociation, née d'une idée qui dut paraître aux contemporains plus que scandaleuse, abominable même – un prince chrétien appelant à la rescousse un prince musulman contre un autre prince chrétien – est à l'origine de l'immense influence qu'exercera la France en Orient.

**

De sa fenêtre striée de lourds barreaux, le roi regarde le Manzanarès dont les eaux se perdent dans les sables. Dès son arrivée, on est venu le mettre au courant des pourparlers de Tolède. Ce sont des discussions de plus en plus stériles, qui n'avancent pas! Le chancelier d'Espagne avait adopté « l'attitude la plus intransigeante qui soit »; il avait communiqué aux Français « un cahier de papier contenant les raisons et les conclusions de l'empereur, et avait informé les négociateurs français que ces raisons étaient péremptoires et n'appelaient aucun nouveau débat, l'empereur voulant user de puissance et volonté ».

L'empereur s'enfonçant dans son entêtement, le roi commence à craindre de rester dans sa prison tant qu'il n'aura pas abandonné la Bourgogne. Le 22 août, il appelle près de lui le notaire Gilbert Bayard, vicomte de Mortaing, et lui dicte une protestation solennelle. Puisque les difficultés paraissent de plus en plus insurmontables et que sa captivité est « honteuse et dommageable à son royaume, à sa Couronne et à ses enfants – qui sont mineurs et en bas âge... », le roi déclare que dans le cas où il serait contraint de livrer le duché de Bourgogne à l'empereur « par détention et longueur de prison, cela sera et demeurera de *nul effet et valeur*, et comme fait par force et contrainte ».

Voilà qui est net! François adopte pour son cas le vieil adage : « Tout homme gardé ne peut avoir obligation de foi. »

Bien plus, François précise, afin de ne rien laisser dans l'oubli : « Mêmement tous pactes, conventions, transactions, renonciations, quittances, révocations, dérogations et serments que l'on lui ferait faire contre son honneur et le bien de sa Couronne au profit dudit empereur ou d'autres quels qu'ils soient. »

En présence de l'archevêque d'Embrun, de Philippe de Chabot, seigneur de Brion, et de Jean de La Barre, tous signent le document qui sera porté au président Jean de Selve.

Et Marguerite qui n'arrive toujours pas! Le mauvais temps la retient, en effet, au port d'Aigues-Mortes. L'arrivée de sa sœur est bien le dernier espoir du roi avant de commettre un parjure. Si sa

Marguerite ne parvient pas à convaincre Charles, François n'aura plus qu'à céder le duché de Bourgogne – et accomplir par la contrainte un acte, qui, de ce fait, demeurera de *nul effet et valeur*.

Le temps devenu favorable, le bateau de la duchesse prend la mer et François l'annonce à Charles – celui-ci chassait dans la sierra – en lui faisant part de son état de santé. Il se sent vraiment fort mal, souffrant d'un abcès dans la tête. La fièvre monte chaque jour, la maladie progresse et Alarcon prévient Charles Quint. Inquiet, l'empereur envoie au chevet du malade son médecin personnel, Alfaro d'Avila, ainsi qu'un certain Narciesse. Le 18 septembre, Charles, toujours dans la sierra, reçoit de plus mauvaises nouvelles de Madrid : François affirme qu'il sent la mort approcher et supplie l'empereur de venir le voir. Certes, Charles Quint avait pris la résolution de ne pas rencontrer son prisonnier avant la signature du traité, mais comment résister à la demande d'un homme qui est à l'agonie ?

– Il faut que je fasse tout mon possible pour voir le roi, déclare-t-il. J'entends y aller par poste. Que ceux qui veulent demeurer ici y demeurent ! Que ceux qui veulent venir avec moi se pressent !

Il saute à cheval, franchit avec d'autant plus de rapidité les neuf lieues le séparant de l'Alcazar Real qu'à Alcolendas, à cinq lieues de Madrid, un courrier lui annonce que l'état du malade s'aggrave d'heure en heure. Sans prendre la peine d'enlever ses bottes, l'empereur entre dans la chambre de François avec Lannoy et Montmorency. Le roi est étendu, un linge fréquemment mouillé d'eau fraîche posé sur son front brûlant. Dès qu'il aperçoit Charles, il lui tend les bras – et les deux hommes s'étreignent, demeurant ainsi quelques instants sans parler. Puis François murmure :

– Empereur, mon seigneur, vous voyez ici votre serviteur, votre esclave.

– Non ! Je ne vois en vous que quelqu'un de libre et mon bon frère et véritable ami, s'exclame Charles Quint en français, qui, avec le flamand, est sa langue naturelle – il commence à peine à parler espagnol.

Mais François répète d'une pauvre voix :

– Je ne suis que votre esclave!

– Non, proteste encore l'empereur; et ce qui importe le plus c'est votre santé. Ne pensez à autre chose. Pour le surplus, à la venue de Mme d'Alençon, tout s'arrangera comme vous le désirerez...

Marguerite apprend en chemin l'état de son frère et fait hâter le trot de ses mules...

> *Je regarde de tous côtés*
> *Pour voir s'il n'arrive personne*
> *Oh qu'il sera le bienvenu*
> *Celui qui frappant ma porte*
> *Dira : le roi est revenu*
> *En sa santé très bonne et forte.*
> *Alors la sœur, plus mal que morte*
> *Courra baiser le messager,*
> *Qui telle nouvelle apporte*
> *Que son frère est hors de danger.*

Le lendemain de la visite de l'empereur, le roi est mourant et fait à Charles Quint ses ultimes recommandations : il réclame sa clémence et Charles, qui ne pensait sans doute pas devoir tenir sa promesse, l'apaise en lui répétant une seconde fois qu'il lui promet sa liberté dès qu'il sera guéri.

On lui annonce à cet instant que la duchesse d'Alençon vient d'arriver à Madrid. L'empereur se porte au-devant d'elle et l'embrasse sur la joue. Dans sa robe blanche de deuil, elle tremble toute et se met à pleurer. Charles la conduit jusqu'au chevet du malade qu'elle n'a pas vu depuis une année. François est de plus en plus prostré et ne reconnaît même pas sa sœur. Il balbutie des mots inintelligibles – et Marguerite laisse couler ses larmes.

En dépit de la science de ses deux médecins

français, Louis Burgensis et Jean de Nîmes, et des deux praticiens espagnols, François est moribond. Le 22 septembre, le roi est dans le coma. Marguerite réunit ses dames aux gentilshommes de François et leur demande de prier Dieu et de recevoir la communion en sa compagnie pour obtenir la guérison du roi. La messe est dite dans la chambre même du mourant. Le président de Selve a laissé un récit de la scène. Au moment de l'Élévation, l'archevêque d'Embrun « exhorte le roi à regarder le Saint Sacrement; et lors, ledit Seigneur, qui avait été sans voir et sans ouïr, regarde le Saint Sacrement, élève ses mains et, après la messe, Madame la duchesse lui fit présenter ledit Saint Sacrement pour l'adorer. Et incontinent le roi lui dit :

« C'est mon Dieu qui me guérira l'âme et le corps, je vous prie que je Le reçoive. »

« Et ce qu'on lui a dit qu'il ne pourrait l'avaler, il répondit :

« Que si ferai! »

« Et lors Mme la duchesse fit départir une partie de la Sainte Hostie, laquelle le roi reçut avec la plus grande componction et dévotion, qu'il n'y avait cœur qui ne fondît en larmes. Madite dame, la duchesse, reçut le surplus dudit Saint Sacrement. Et de cette heure-là, le roi est toujours allé en amendement; et la fièvre qui lui avait duré vingt-trois jours sans relâcher, le laisse et il est tout net, grâce à Dieu. Nature a fait toutes ces opérations naturelles, tant à l'évacuation par haut et par bas, que par dormir, boire et manger; tellement qu'il est hors de tout danger, qu'il est œuvre de Dieu miraculeuse, ainsi que les Français et les Espagnols, qui ont été alentour de lui, ont chacun jugé. » L'abcès avait crevé et le pus était sorti abondamment par le nez, sauvant ainsi le malade.

Marguerite se décide alors à partir pour Tolède, afin de rappeler à l'empereur qu'il avait promis de rendre à François sa liberté.

Le 5 octobre, Charles accueille fort courtoisement la duchesse à l'entrée de la maison qui lui a été réservée. Le dîner terminé, elle retrouve l'empereur. Elle est seule avec lui, une des dames de la duchesse a simplement été désignée « pour tenir la porte ». Avant de partir pour le palais impérial, elle avait écrit à François pour lui recommander « de faire devant le sieur Alarcon contenance faible et ennuyée, car votre débilité me fortifiera et avancera ma dépêche, qui me tarde tant que je ne le vous puis dire, tant pour vous voir délivré, ce que vous serez par la bonté de Dieu... »

Marguerite se fait bien des illusions! Nous le savons grâce à une lettre adressée par Babou de la Bourdaisière à Montmorency. Ce même 5 octobre, les délégués se sont réunis en pure perte avec les conseillers de l'empereur et « la compagnie s'est départie sans rien faire ».

La duchesse d'Alençon revient très démoralisée et découragée à Madrid.

« Je trouve l'empereur bien froid, écrit-elle. Ses propos ne furent que pour faire en grande cérémonie... Chacun me dit qu'il aime le roi, mais l'expérience en est petite. »

Ce n'est pas très encourageant, mais à la demande de François, elle reprend la route de Tolède. Le prisonnier mise sur le charme de sa sœur pour fléchir son vainqueur. C'est mésestimer l'énergie, la volonté tenace et obstinée de Charles Quint. Une vraie tête de mule! Les discussions reprennent, toujours stériles. Pourtant Marguerite tient à l'empereur « des propos de douleur et de pitié ». Elle a été jusqu'à se « courroucer », en s'exclamant à propos des conseillers impériaux :

– Il y a en eux peu d'honneur ou beaucoup de mauvais vouloir!

Le lendemain, lors d'une visite que lui fait l'empereur, la duchesse d'Alençon propose une autre solution : François épouserait la reine Eléonore, sœur de Charles Quint, déjà promise à Bourbon. La Bourgogne que François aurait préalablement donnée à l'empereur deviendrait la dot de la veuve portugaise, et serait un jour attribuée en apanage au premier fils que la nouvelle reine mettrait au monde.

L'empereur et son conseil rejettent la proposition. En apprenant de la bouche de sa sœur ce nouvel échec, François se désespère. Il écrit encore une fois à Charles tentant, mais en vain, de lui expliquer que ses exigences sont impossibles et que, devant le refus de l'empereur, il préfère demeurer toute sa vie en prison : « Je ne l'ai méritée longue, étant prisonnier de bonne guerre... Et n'ai regret sinon que les honnêtes paroles qu'il vous plut de me tenir en ma maladie n'ont point été suivies d'effet, et que le bien de la chrétienté ne puisse dorénavant être si bien conduit au service de Dieu qu'il l'eût été, moi demeurant par sang et par mariage... »

Pourtant Charles Quint a besoin, lui aussi, de la paix. Des paysans luthériens se sont révoltés en Allemagne. En Italie, il ne peut être sûr ni de Venise, ni de Milan, ni même du pape! Il y a enfin la menace turque... Et même anglaise : Henry VIII est effrayé par l'envergure menaçante de l'aigle germano-espagnol dont les ailes se déploient dangereusement sur l'Europe. L'équilibre, cher à l'Anglais, n'existe plus! Déjà, au mois d'octobre, le roi d'Angleterre avait envoyé au dauphin un somptueux cadeau : vingt-cinq haquenées... ainsi qu'une meute de chiens de chasse. On ne saurait être plus aimable! Geste plus concret et avisé, il signe avec Louise une trêve qui sera prolongée moyennant, bien sûr, deux millions d'écus. Ce n'est certes pas trop cher pour acheter la paix et, à Lyon, l'envoyé de Charles Quint, en voyant partir le premier convoi de mulets chargés d'or à destination de Londres, écrit à son maître : « Ladite paix vous vient très mal à propos. »

En dépit de cette mauvaise nouvelle, Charles refuse toujours de céder. Il se montre « si aveugle dans son avidité, si tranquille dans son immodération, qu'il croit être généreux en ne réclamant pas davantage ». François lui écrit une nouvelle fois :

« N'ai regret, sinon que le fruit de vos honnêtes paroles qu'il vous plut me tenir en ma maladie n'ait sorti son effet. »

La duchesse d'Alençon pense alors qu'il faut avoir recours à la ruse. Un esclave noir vient chaque jour apporter du bois pour la cheminée du prisonnier. Par l'intermédiaire d'un officier d'Alarcon – Emilio Cavriano –, on le soudoie. Il accepte de donner au roi ses vêtements. François se barbouillerait le visage et les mains de suie et, une nuit, quitterait en cet équipage sa prison. Des chevaux se trouveraient cachés à deux pas des remparts et, grâce à des relais soigneusement préparés, François pourrait gagner les Pyrénées. Malheureusement, M. de Rochepot, frère de Montmorency, soufflette le secrétaire du roi, Clément Champion, pour on ne sait quel motif... et, de rage, celui-ci fait le voyage de Tolède et dénonce le complot. Le prisonnier n'y gagne que d'être sévèrement surveillé – et Cavriano d'être arrêté.

« Le roi, votre frère, écrit-on à Marguerite, est garni de bon appétit, de bon dormir; votre petite noire est tous les matins une heure dans son lit, ce qui lui fait plaisir. » Ne croyez pas qu'il s'agit d'une jeune Mauresque experte, mais d'une petite chienne noire que Marguerite lui a offerte...

Une seule solution désormais pour François : conclure la paix rapidement. D'autre part, en France, le désordre apparaît. Après Pavie, de nombreux soldats sans emploi se sont transformés en brigands. Le peuple murmure et proteste. Il ne peut plus supporter le poids des impôts « que l'on disait toujours devoir être temporaires », mais qui s'installent en permanence. Nous connaissons cela...

C'est alors, en ce mois de novembre 1525, que le roi a une idée machiavélique. S'il abdiquait au profit de son fils aîné? Il convoque aussitôt son conseil et signe devant lui des lettres patentes. Il rappelle d'abord son odyssée : « Après avoir perdu une bataille, nous avons mis notre personne en grand danger de mort... notre cheval tué sous nous, nos ennemis en grand nombre, faisant converger leurs armes sur notre personne, les uns pour nous tuer et occire, les autres pour faire de nous proie et butin.

« De surplus, avons-nous, depuis notre prison et captivité, après avoir été mené et conduit en divers lieux par mer et par terre, été mis et réduit en mains de l'élu empereur, roi de Castille, duquel, comme prince chrétien et catholique, nous avions jusqu'à présent espéré humanité, clémence et honnêteté... »

Mais par la suite, le ton change :

« Bien que la régente ait envoyé des ambassadeurs à l'empereur pour lui faire de grandes offres, bien que la duchesse d'Alençon ait pris la peine et le travail de venir par terre et par mer, néanmoins ledit empereur n'a voulu entendre ni accorder notre délivrance jusqu'à ce qu'il eût entre ses mains la possession du duché de Bourgogne... Aussi, voulons, ordonnons et consentons, et tel est notre plaisir, que notre très cher et très aimé fils François, dauphin de Viennois, notre vrai et indubitable successeur par la grâce divine, né et appelé après nous à la Couronne de France, soit *dès à présent* déclaré, réclamé et de tous nos sujets nommé, tenu et réputé roi Très Chrétien de France, et comme roi couronné, oint et sacré. »

Cependant, clause restrictive : « Nous retiendrons et réserverons que, s'il plaisait à Dieu de permettre que la délivrance de notre dite personne fût faite... en ce cas, nous entendons et retenons à nous de retourner à notre dite couronne et royaume... tout aussi que si jamais nous n'eussions été pris et mis en captivité... »

Avec une certaine malice, François informe Charles Quint qu'il abdique et, pour jouer le jeu, lui demande simplement un logement plus agréable, exige pour son service une soixantaine de personnes, puisqu'il n'est plus un roi prisonnier, mais un prince de passage... Charles ne dissimule pas son mécontentement... En regagnant la France, Marguerite emportera avec elle cet acte d'abdication. Ainsi, Charles Quint n'aura plus entre les mains qu'un simple gentilhomme prisonnier, pour lequel on versera une rançon. Mais l'empereur ne croit guère à cette abdication. C'est là une bouffonnerie de prisonnier qui veut se moquer de son geôlier. Pour lui, c'est bien toujours le roi de France qu'il garde à l'Alcazar Real, et non un ancien souverain...

Cependant, au même moment, Louise adresse aux ambassadeurs une lettre capitale. Ainsi, l'empereur ne veut pas acquiescer aux raisons péremptoires qui lui ont été données? Il ne veut pas non plus agréer le jugement de la Cour des pairs? Têtu, comme il n'est pas permis de l'être, il refuse de recevoir « deux fois plus de revenus que n'en rapporte la Bourgogne »? Aussi, « pour ne tomber aux inconvénients qui pourraient survenir de sa longue prison, il vaut mieux livrer le duché de Bourgogne, plutôt que de laisser les choses en l'état où elles sont ». Pour la régente, le retour du roi est plus utile au royaume et à la monarchie que la possession de la Bourgogne.

François réfléchit... Il faut abandonner l'idée de l'abdication – cette énorme supercherie. Mieux vaut manquer à sa parole, et mettre à exécution le projet exposé par les lettres patentes. Le roi de France signera le traité tel que le veut l'empereur, mais avec la restriction mentale de ne pas le suivre. L'intérêt de la France commande! La Bourgogne doit demeurer française!

Certains ont blâmé ce qu'ils ont appelé la duplicité de François Ier, alors que, dans ce domaine, non seulement on ne reproche rien à Louis XI, mais on est émerveillé par sa rouerie politique. Pourquoi? Peut-être parce que le héros de Marignan, ce roi François « qui est tout françoys », comme s'extasiait sa mère, cet homme qui aurait dû, lui aussi, porter le surnom de Magnifique, n'avait pas le physique de l'emploi...

Le 19 décembre, alors que l'hiver promet d'être rigoureux, le roi réunit l'archevêque et ses conseillers et leur déclare qu'« après avoir mûrement réfléchi », il donne l'ordre à ses ambassadeurs de signer le traité de Madrid, « vous soumettant à toutes les clauses qui vous sembleront nécessaires pour le bien de la paix, de notre délivrance et de notre mariage avec la reine Eléonore... »

*
**

L'année 1525, de mauvaise mémoire, se termine. La trêve conclue s'achève, Charles Quint veut maintenant recommencer la guerre. Il n'écoute pas son chancelier Gattinara qui estime que son maître a tort de libérer François sans avoir préalablement occupé la Bourgogne. Il s'exclame avec sagesse :

– Sire, ne connaissez-vous pas le roi? Dès qu'il pourra de nouveau aller à la chasse, il oubliera ses serments. Il ne faut pas le libérer sans tenir la Bourgogne ou alors il faut le libérer immédiatement et ne rien demander en échange. Alors il serait capable de nous donner toute la France!

Mais Charles Quint a confiance en la parole de son prisonnier. Aussi, le 13 janvier 1526, Jean de Selve apporte-t-il au roi le traité. Le vouloir et le bon plaisir de l'empereur ont été suivis sans aucune contrepartie pour la France. C'est véritablement le fait du vainqueur! François, puisqu'il doit signer solennellement le lendemain, 14 janvier, réunit une ultime fois ses conseillers et leur demande le plus grand secret au sujet de la décision qu'il va leur communiquer. Tout d'abord, il leur rappelle les faits :

– Lors de ma maladie, l'empereur m'a déclaré : « Mon frère, ne vous souciez d'autre chose que de votre guérison et santé, car quand vous voudriez demeurer prisonnier, je ne le voudrais pas, et vous promets que vous serez délivré à votre grand honneur et contentement... »

Puisque Charles Quint n'a pas tenu sa promesse, pourquoi le roi tiendrait-il la sienne?

François veut également souligner combien l'attitude de l'empereur a été peu chevaleresque vis-à-vis de Marguerite d'Alençon :

– Il l'a contrainte, ses démarches ayant échoué, à traverser, au mois de décembre, avec ses dames et autre train de sa suite, par froidure, neige et gelée, les royaumes de Castille et d'Aragon, le comté de Barcelone et le Roussillon, pour rentrer en France avant que la trêve fût finie, au lieu de lui accorder le sauf-conduit qui lui eût permis de passer par le royaume de Navarre et par mer, pour être plus tôt hors des terres d'Espagne.

Cela démontre bien que l'empereur était disposé à retenir la duchesse prisonnière au cas où elle se fût trouvée en Espagne après la trêve. D'autre part, l'empereur commet un acte des plus abusifs en astreignant le roi à donner en otage ses deux fils aînés, le petit dauphin François, enfant chétif, âgé de dix ans, et son frère Henri, le futur Henri II. Suit un argument quelque peu spécieux, qui embarrasse le roi. François n'a pas agi de bonne foi parce que Charles Quint s'est comporté « sans amitié » pour son captif, alors que celui-ci lui a baillé sa foi « pure, simple et nette ». De toute évidence, le roi est gêné et réellement malheureux. Lui, qui a un sens profond de l'honneur, se trouve devant une terrible alternative : renier sa parole en bernant l'empereur, ou perdre la Bourgogne!... Mais le sort de son royaume est en jeu! Il le répète bien haut :

– C'est par force et contrainte que je signe afin d'éviter les maux et inconvénients qui pourraient advenir à la chrétienté et à mon royaume.

Enfin, il précise à nouveau le principal :

– Tout ce qui est convenu par le traité sera et demeurera nul et de nul effet.

Cependant, le roi indique qu'une fois libre il offrira à l'empereur de verser une forte rançon, à la fois pour sa propre personne et pour celle de ses enfants. Les conseillers ont-ils juré de respecter le secret demandé par le roi? Ce n'est pas impossible.

Le lendemain, 14 janvier, on dresse un autel dans la chambre, et l'on fait entrer les plénipotentiaires des deux pays. L'archevêque d'Embrun célèbre la messe. Une dernière fois, on lit le traité. François « restitue » – un mot qu'il n'a certainement pas prononcé de bon gré – à Charles Quint la Bourgogne et ses dépendances. Il renonce à tous ses droits sur Naples, Milan, Asti et Gênes. Il s'engage à fournir une flotte et une armée – sa propre armée... – à l'empereur pour le voyage du couronnement à Rome, et pour la croisade contre les infidèles.

Ainsi le roi-chevalier armé par Bayard se trouverait sous les ordres du lugubre Charles Quint « chef et capitaine général » de la croisade projetée! Certes, l'empereur est un cavalier solide, fort capable de combattre, mais est-il un très grand capitaine? Sa maladresse est certaine. Pas très adroit, il a tué un jour un paysan d'un carreau de son arbalète...

Et ce n'est pas tout! Pour en revenir au traité, François abandonnait la suzeraineté de la Flandre et de l'Artois qui sortaient ainsi de la mouvance française, et cédait à son vainqueur en toute propriété, et sans plus tarder, Hesdin et Tournai. Enfin, il rendait à Bourbon tous ses biens et domaines, que recouvraient aussi les complices du connétable. Il acceptait de délaisser tous ses alliés : le pape, Venise, Henri d'Albret, le duc de Gueldre La Marck, et payerait à Henry VIII toutes les sommes que lui devait Charles Quint. Dernier détail – le seul pour lequel François n'avait aucune arrière-pensée : il épouserait la reine Eléonore, sœur de Charles Quint, et veuve d'Emmanuel le Fortuné, roi du Portugal.

Il jure ensuite sur l'Evangile d'observer toutes les dispositions du traité. Mais cela ne suffit pas à calmer les justes inquiétudes de Charles Quint. Aussi l'empereur demande-t-il à Lannoy de prier François de lui donner sa foi de chevalier. Le roi doit certainement pâlir devant le crime de lèse-chevalerie qu'il va commettre, mais il demeure étonnamment calme, et se contente de répondre :

– Dites-moi la manière et la substance des mots que je dois dire à cet effet.

– Les mots doivent être réglés sur les termes mêmes du traité, précise le vice-roi.

– Mon cousin, reprend le roi, vous dites vrai. Ecoutez tous, vous, messieurs, ici présents et approchez-vous de plus près.

Puis, se découvrant, il met sa main droite dans celle du vice-roi et prononce à haute voix :

– Je, François, roi de France, gentilhomme, donne ma foi à l'empereur Charles, roi catholique, gentilhomme, en la personne de vous, Charles de Lannoy.

Ce serment, que François vient de faire et qu'il se prépare à violer, le bouleverse à tel point qu'il en est physiquement incommodé. La fièvre le saisit à nouveau. Il est frissonnant, lorsque Lannoy arrive de Tolède – sans avoir pris le temps de se débotter – pour exiger, sur l'ordre de l'empereur, une promesse de mariage concernant « dame Eléonore ». François a dû s'aliter et c'est en tremblant, en claquant des dents même, qu'il se fiance.

Le soir, il doit pourtant quitter sa couche : le feu est au château. On commence par déménager les meubles. Le président de Selve et l'archevêque d'Embrun demandent au sévère capitaine Alarcon de bien vouloir transférer son prisonnier hors de l'Alcazar – car, en dépit de la signature du traité, le malheureux souverain est toujours considéré comme un captif. Alarcon refuse avec âpreté et deux officiers espagnols ne quitteront plus le roi des yeux dans sa chambre enfumée. Au matin l'incendie est maîtrisé, mais la surveillance ne cesse pas pour autant; les soldats vont jusqu'à regarder à l'intérieur même du lit de François pour constater qu'il est bien toujours là... et qu'il dort!

Enfin le roi va mieux, et la cage commence à s'entrouvrir puisqu'il lui est permis d'aller entendre les vêpres... sous surveillance, bien sûr. Sur le trajet, les dames espagnoles se font transporter en litière afin de saluer le convalescent. Le lendemain, François reçoit l'autorisation de se rendre dans un couvent. Il touche même une trentaine de tuberculeux atteints d'inflammation au cou – les écrouelles – puisque, rappelons-le, le roi de France, depuis son sacre, a le pouvoir de les guérir. Les religieuses croient « tenir Dieu »... et veulent empêcher l'oint du Seigneur de les quitter. Mais Fernando de Alarcon veille.

Charles Quint réapparaît pour annoncer à François qu'il a donné le duché de Milan au duc de Bourbon. Le roi trouve la pilule amère... et difficilement supportable. Son cher duché, pour lequel il s'est tant battu, donné au féodal félon! C'est un comble : François est tenu à verser une pension de 20000 livres au connétable! Le roi fait de plus en plus grise mine, mais s'incline de mauvaise grâce, quitte à ne pas tenir sa parole. Cependant, il refuse net lorsque l'empereur lui propose d'accorder à Bourbon la souveraineté sur ses terres, autrement dit la suppression de la suzeraineté royale.

Il reste maintenant à présenter François à sa fiancée, qui réside alors à Illiesca, entre Madrid et Cacerès. Le départ, qui doit s'effectuer sous une forte et vigilante escorte, est prévu pour le mercredi 14 février. Charles Quint, rappelons-le, a d'abord proposé en mariage Eléonore à Bourbon qui, à la pensée de devenir le beau-frère de l'empereur, se gonflait d'orgueil. Et la jeune veuve, âgée de vingt-sept ans, avait accepté, après avoir été reine, de devenir une simple duchesse. Il est vrai que l'on faisait encore miroiter aux yeux de Bourbon le titre de roi de Provence. C'est à Lannoy que revient la délicate mission d'interroger Eléonore sur son goût : que préfère-t-elle? Epouser le beau roi de France, dont toutes les femmes sont amoureuses, un homme de forte stature, âgé de trente-deux ans, ou Bourbon, jeune aussi, il est vrai – il avait alors trente-six ans – mais un traître que la noblesse d'Europe rejetait au ban d'infamie. Un grand d'Espagne, ayant été contraint de recevoir le duc, avait été jusqu'à brûler sa maison après son passage...

Eléonore choisit le roi-chevalier.

Les deux souverains, « bons frères et vrais amis », couchent au château fort de Torrejon – il existe toujours – et le 17 février arrivent à Illiesca où François descend dans une petite maison de la Calle Mayor, que l'on peut encore voir aujourd'hui. Le lendemain, le roi rencontre la nouvelle reine de France dont les Espagnols vantent la beauté – et la bouche petite et charnue. Certains Français, moins enthousiastes, estiment sa taille épaisse et un peu basse... Mais les vertugadins arrangent les choses et François, avec courtoisie, trouve sa future femme à son goût. Mais est-il sincère? Lorsque sa brune fiancée à la peau ambrée veut lui baiser les mains, il s'exclame :

– Ce n'est pas les mains que j'ai à vous donner, mais la bouche!

Après un divertissement, les deux souverains s'en vont coucher à Torrejon et l'on se retrouve le lendemain. Charles demande à sa sœur de danser pour son futur mari une sarabande mauresque, à moins que ce ne soit une danse espagnole. Quoi qu'il en soit, François est réellement conquis...

Le roi et l'empereur reprennent la route. Bientôt, ils vont devoir se quitter : François, le 21 février, reprendra le chemin de Madrid, puis de la France, tandis que Charles se dirigera vers Séville où il doit épouser l'infante, la jolie Isabelle de Portugal. Les voici tous deux à cheval. Une double escorte suit à quelques pas. Les chevaux s'arrêtent.

– Mon frère, demande l'empereur, vous souvient-il de ce dont vous êtes convenu avec moi?

– Il m'en souvient si bien que je vous dirais tous les articles de notre traité.

– Puisqu'il vous en souvient si bien, continue l'empereur, dites-moi si vous avez l'intention de les accomplir ou si vous y trouvez quelque difficulté? Car, dans ce dernier cas, nous serions exposés à voir nos inimitiés se renouveler.

– J'ai l'intention, répond le roi, d'accomplir le tout et je sais que personne n'y mettra obstacle en mon royaume. Si vous voyez que j'agisse autrement, je veux et consens que vous me teniez pour méchant et lâche.

– Je veux que vous en disiez autant de moi, affirme l'empereur, si je ne vous rends pas la liberté. Je vous demande surtout une chose, c'est de ne pas m'abuser en ce qui touche la reine, ma sœur, à présent votre femme, car ce serait là une injure que je ressentirais vivement et que je devrais venger.

Les deux hommes s'apprêtent maintenant à se séparer :

– Mon frère, Dieu vous ait en sa sainte garde!

– Que Dieu vous garde, mon frère!

Quel sentiment François éprouve-t-il en songeant qu'il ne donnera jamais la Bourgogne? Est-ce la joie de rentrer dans son royaume, même au prix d'une perfidie, ou la tristesse de se parjurer, ou encore la satisfaction d'avoir dupé et berné Charles, ce prince « avare et dur »? L'empereur, de son côté, peut-être moins sûr de son « bon frère » qu'il n'y paraît, se réconforte avec cette idée :

« Prince incertain, de ta foi me répondront tes enfants. » Les deux enfants qui seront échangés à la frontière par leur père!

Et le vaincu de Pavie regarde s'éloigner son vainqueur... ce vainqueur qui eut le plus grand tort de ne pas exiger la remise de la Bourgogne *avant* la libération de son prisonnier.

En arrivant à Madrid, François ne peut obtenir un appartement plus gai que sa sombre cellule de l'Alcazar. Il ne parvient pas non plus à décider Fernando de Alarcon à partir aussitôt pour la frontière. Une fois de plus, la garde n'est pas payée et se refuse à quitter la ville. Enfin, le mercredi 28 février, on prend la route de France. Lannoy chevauche aux côtés de son prisonnier – car François l'est toujours... L'escorte est puissante et le roi n'a guère de liberté. Une seule fois on chassera au tir à l'arbalète dans le parc du duc de l'Infantado. François exulte :

– Je sens déjà l'air de France! s'exclame-t-il.

Mais Alarcon tremble que le roi, en dépit des précautions qu'il a prises, ne puisse s'enfuir en galopant vers la frontière.

La cérémonie de l'échange a été réglée dans ses moindres détails par le roi et Lannoy. Le gros des troupes des deux pays ne pourra s'approcher de plus de vingt lieues de la frontière. Un millier d'hommes seulement seront admis sur les rives de la Bidassoa. Les gentilshommes de France n'auront pas le droit de quitter Bayonne avant que le roi ne soit arrivé à Saint-Jean-de-Luz. Le peuple, lui, devra se tenir à trois lieues de l'endroit prévu pour la libération, et aucune barque ou pinasse ne pourra circuler sur le petit fleuve. Bien plus, l'océan devra être désert de toute embarcation, et cela jusqu'à cinq lieues au large!

Par Burgos et Vitoria, le roi se dirige vers Fontarabie. Voici San Sebastian. La surveillance redouble. François ne peut même pas entendre la messe à l'église. On dresse un autel dans sa chambre! C'est là qu'il écrit à Charles pour lui demander qu'il veuille bien presser le départ d'Eléonore, « afin que je puisse recouvrer madite femme devant la semaine sainte ».

Enfin, le 17 mars, à 7 heures du matin, sur la rive gauche de la Bidassoa, entre Fontarabie et Hendaye, Lannoy s'approche de celui qui cesse d'être son prisonnier :

– Sire, maintenant que Votre Altesse est libre, accomplira-t-Elle, ce qu'Elle a promis?

– Tout sera fait, répond François.

– Mais dans quel sens?

Le roi élude et se garde bien de le préciser. Puis François, ayant à ses côtés le vice-roi, monte dans une grande barque. Au même moment, sur l'autre rive, le dauphin François et le petit Henri, en larmes, attendent l'échange qui allait les éloigner de leur famille et de leur pays. Le cadet semble le plus malheureux... il n'a pas encore sept ans! Alors, une belle jeune femme de vingt-six ans s'approche de lui et l'embrasse. Tel fut le premier baiser que Diane de Poitiers donna au futur roi Henri II...

Les enfants prennent place dans la gabarre française qui, à force de rames – il y avait dix rameurs par embarcation – se dirige vers le ponton que l'on a aménagé au milieu du cours d'eau et que François atteint le premier. Il regarde ses enfants avec une intense pitié, et dans son émotion ne sait leur dire autre chose que :

– Gardez-vous d'avoir mal et faites bonne chère. Bientôt, je viendrai vous faire chercher!

« En ce faisant, les larmes lui tombèrent des yeux. Puis il leur fait le signe de la croix en leur donnant la bénédiction de père ».

Il faut se séparer.

Tandis que le roi touche enfin la terre de France, après une si longue absence, les deux petits princes seront confiés par Lannoy au connétable de Castille. François a bien essayé de protester auprès de l'ambassadeur de Charles Quint : ses deux enfants viennent d'avoir la rougeole, et peut-être pourrait-on retarder l'échange?... Mais Lannoy est inflexible. Il a d'autant moins envie de faire plaisir au roi que celui-ci, tout à l'heure, encore sur la rive gauche du fleuve, a fait quelques difficultés lorsque le vice-roi, sur l'ordre de Charles Quint, lui a demandé une nouvelle fois en qualité d'homme libre, de ratifier le traité de Madrid.

François regarde au loin le dauphin et le petit Henri débarquer sur la rive espagnole, puis, pensif, monté sur une mule, il prend le chemin de Saint-Jean-de-Luz et crie :

– Je suis encore roi!

Le premier acte de l'interminable duel à mort entre les deux souverains s'achève...

CHAPITRE XI

LA QUERELLE DE BOURGOGNE

*Tout homme gardé
ne peut avoir obligation de foi!*

Ce même 17 mars 1526, après trois autres lieues
accomplies au grand galop, François atteint Saint-
Jean-de-Luz où, en ce jour de carême, il dévore
tourtes et pâtés d'esturgeons, d'aloses, de brochets,
de soles et de saumons. Il ne s'attarde guère et, le
repas terminé, galope durant encore quatre lieues
avant d'arriver à Bayonne où l'attend Louise, bien
maigrie, bien vieillie, rendue toute goutteuse par ce
printemps humide. Après l'avoir embrassée, le roi
se rend à la cathédrale pour remercier Dieu de sa
délivrance. Le service terminé, toute la cour, le
sourire aux lèvres, s'empresse autour de François,
heureuse de retrouver son roi. On essaye de ne pas
trop penser au sévère traité de Madrid et aux deux
pauvres petits princes qui commencent une longue
et pénible détention.

Marguerite n'est pas là, s'étant trouvée malade en
chemin, mais elle rejoindra son frère le plus tôt
qu'elle le pourra. François s'étonne de l'absence de
Françoise de Châteaubriant. Peut-être Louise, qui
déteste et jalouse la maîtresse de son fils, a-t-elle
mis des bâtons dans les roues pour que Françoise
ne quitte pas la Bretagne... En revanche, la régente

fait un geste et le roi voit s'approcher une ravissante, blonde et frêle jeune fille qui, après avoir plongé en une profonde révérence, lui récite un frais compliment. Elle se nomme peu joliment Anne de Pisseleu, et elle est la fille d'Anne Sanguin de Meudon et de Guillaume de Pisseleu seigneur d'Heilly qui, marié trois fois, aura une bonne trentaine d'enfants.

> Dix et huit ans je vous donne
> Belle et bonne
> Mais à votre sens rassi,
> Trente-cinq ou trente-six
> J'en ordonne.

C'est Clément Marot qui, s'adressant à Anne, rime en ces termes. Dix-huit ans! Alors que Françoise de Châteaubriant en a déjà trente et un! Cependant, bien que Louise ait ordonné que l'on donnât à son fils « tous les passe-temps possibles pour lui ôter mélancolie et fâcherie », François, pour le moment, n'a guère l'esprit aux amourettes. Il doit d'abord réunir son conseil. Autour de lui s'asseyent le chancelier Duprat, qui est toujours aussi peu souriant, Lautrec, Vendôme, Brion et ses amis de Madrid : le président de Selve et le fidèle Anne de Montmorency. Le grave problème qui se pose est de savoir si le conseil doit ratifier le traité. Après avoir pris le sentiment de Louise, qui est d'avis de gagner du temps, on introduit l'envoyé de Charles Quint, Louis de Praëdt, qui a franchi la frontière peu après le roi. Suivant les ordres de Lannoy, l'Espagnol – il fallait s'y attendre – rappelle les promesses et les serments prononcés par François dans son cachot. *Ex abrupto*, le chancelier Duprat interroge l'ambassadeur. Pourquoi l'empereur n'a-t-il pas libéré les autres prisonniers français qu'il détient encore? Désarçonné par cette question percutante, le diplomate répond par une autre question. Pourquoi, ainsi qu'il en avait été convenu, Hesdin, situé à mi-chemin de Montreuil à Saint-Pol, n'a-t-il pas été restitué à l'empereur « promptement » ?

— Promptement ? s'exclama Duprat avec une évidente mauvaise foi, *promptement* signifie quand on a la possibilité de le faire.

Praëdt est ahuri. Le chancelier profite de sa stupéfaction pour en venir au principal : lui demander ses pouvoirs. Le diplomate présente alors ses lettres de créance d'ambassadeur

— Ce n'est pas là suffisant, s'écrie Duprat, vous devez nous montrer les pouvoirs particuliers qui vous permettront de recevoir la ratification.

Praëdt tombe de haut. Ce matin même, François n'a-t-il pas promis à Lannoy la ratification du traité de Madrid ? Et maintenant on exige de lui qu'il exhibe un pouvoir « particulier » ! Et l'empereur Charles se trouve à Séville ! Et la reine Eléonore qui attend à Vitoria la ratification du traité pour se mettre en route ! On le devine, le malheureux ambassadeur perd pied. Il craint sans doute que l'empereur ne lui fasse un mauvais accueil à son retour ; aussi demande-t-il une attestation écrite des faits. On s'exécute, toujours dans le dessein de retarder l'échéance.

Praëdt remonté à cheval, Duprat demande à François, à défaut du traité de Madrid, de ratifier la convention de Moore, que Louise avait signée avec Henry VIII, et que l'on appelait, sans ironie, un traité d'Obligation. Il s'agissait principalement d'argent, comme toujours avec le roi d'Angleterre. La France s'engageait à faire parvenir deux millions d'écus d'or à Henry le quémandeur. Une vieille créance, qu'il avait fallu promettre de payer pour acheter la paix et contraindre le roi d'Angleterre à demeurer dans son île.

Et ce n'est pas tout !

En plus des deux millions, on entretiendrait Henry dans ses bonnes dispositions en lui envoyant chaque année 100 000 écus d'or. On verserait également 58 000 livres, destinées au douaire de la reine Mary... en dédommagement des trois mois de règne interrompus par la mort de Louis XII. Enfin, opération plus tangible, on s'acquitterait de l'achat de Tournai dont, en l'absence du roi, Louise de Savoie était parvenue à régler les premiers termes.

Assurément, la munificence déployée par la France lors du camp du Drap d'or a trompé l'Anglais sur les possibilités financières du royaume, surtout pendant la détention de son chef. Mais, sans plus tergiverser, François, pour montrer ses bons sentiments et faire un geste qui ne lui coûte rien, embrasse l'ambassadeur Taylor, venu jusqu'à Bayonne porter au roi le compliment de son maître pour sa libération. Henry avait même chargé le diplomate de témoigner la « grande affection » qu'il portait à François.

Paroles de cour!

Pour l'envoyé d'Henry, il importe seulement de tendre l'escarcelle de son maître afin que François la remplisse. Bien entendu, la cupidité du cardinal Wolsey n'est pas oubliée. On a pensé à ses habituelles « épingles », en lui octroyant 100 000 écus. Rien ne peut se faire sans lui! Décidément, le terme de *pensionnaires* convient bien à ces messieurs d'outre-Manche!

Louise met au courant son fils de tout ce qu'elle a fait durant sa longue absence. Certes, elle s'est trouvé obligée d'augmenter la taille, mais, véritable prouesse, elle n'a pa dû recourir à l'emprunt! Dès qu'elle agite les questions financières, Louise se fait âpre et élève la voix.

– Les financiers – et la régente pense surtout à Semblançay – abusent Dieu, le roi et le monde!

Les parlementaires, reprochant au roi ses prodigalités et ses imprudences, ont mené la vie dure à la régente qu'ils détestent. Les robins ont même été jusqu'à offrir au duc de Vendôme de prendre le pouvoir, mais celui-ci, s'abritant derrière son dévouement et sa loyauté, a sagement refusé.

Le parlement de Paris, sans entrailles, avait été particulièrement fielleux. Ses vingt-six membres avaient envoyé des « remontrances » à Madame de

Savoie et poussé l'audace au point de proposer une « union des parlements de France ». C'était attaquer le pouvoir royal! Personne ne s'y était trompé, et la régente moins que quiconque :

– Vous entreprenez contre mon autorité, avait-elle justement fait remarquer, et mettez de la division dans le royaume.

De leur côté, les états normands se sont vigoureusement élevés contre les engagements financiers pris par la France vis-à-vis de l'Angleterre. Craignant, non sans raison, pour l'avenir, ils expliquaient :

– La coutume de France est que, depuis que le peuple a payé deux ou trois fois quelques tributs, il doit continuer à jamais. Ainsi ont été levés tailles et autres subsides sur le peuple, qui dureront jusqu'à la fin du monde.

C'était là une juste raison des choses... mais une telle prédiction n'est jamais bonne à rappeler aux gouvernants!

Le parlement de Paris, avant d'enregistrer les obligations du traité de Moore, exigeait d'avoir communication des principaux articles. Louise s'inclina, tout en faisant remarquer avec une pointe d'ironie « qu'il n'est pas toujours besoin que toutes choses que les rois et princes font soient montrées à un chacun ». Non sans mal, la ratification du traité avait été effectuée, mais seulement le 23 janvier 1526.

François peut difficilement protester contre cette tentative de mainmise sur l'Etat. Au lendemain de la bataille de Pavie, n'avait-il pas lui-même demandé au parlement de s'employer à tout ce qu'il estimerait nécessaire « pour le bien, défense et conservation du royaume »?

Cependant, le parlement parisien est sorti une nouvelle fois de ses attributions en disputant à la régente son autorité. Les magistrats n'ont pas hésité, en adressant leurs habituelles remontrances, à demander le retour à la Pragmatique de Bourges et l'abrogation du concordat, sans parler d'une répression plus violente de l'hérésie. Enfin, ces messieurs, se remémorant, on s'en souvient, que François avait décidé de juger lui-même Louis de Berquin – en fait pour le sauver – se sont élevés contre le droit royal de soustraire un accusé à leur juridiction.

François se sent profondément blessé quand sa mère lui révèle que les robins ont osé exiger que l'on recherche et que l'on punisse les responsables de la guerre. C'était accuser carrément le roi lui-même! On comprend sa colère... Il compte bien mettre les magistrats à la raison dès qu'il le pourra! C'est-à-dire *promptement*, comme l'avait défini Duprat.

La ville de Paris a suivi l'exemple du parlement et s'est, elle aussi, manifestée pour demander à Louise d'arrêter les « pilleries » des hommes d'armes – ce qui était plus raisonnable – et de châtier les disciples de Luther. La ville, bien sûr, a attaqué le lugubre Duprat qui donnait, selon elle, de mauvais conseils.

– Je vous recommande mes enfants qui sont les vôtres, avait pourtant demandé le prisonnier de Pizzighettone aux magistrats parisiens.

Aussi Louise, séjournant à Lyon, a-t-elle conseillé aux échevins, remontant vers Paris, de faire le détour jusqu'à Blois, afin de visiter les enfants royaux. Les délégués parisiens ont obéi, et à leur retour dans la capitale, se sont extasiés sur « la bonne contenance que les enfants possédaient en leur jeunesse, et les bons petits propos qu'ils tenaient – et spécialement monsieur le dauphin qui, à leur avis..., ressemblait à feu le roi Louis le Douzième ».

Ce détail que Louise rapporte à son fils lui fait assurément plaisir – mais lui rappelle aussi la captivité de ses enfants, ce double martyre qui ne cessera que si le roi accepte de détacher la Bourgogne de son royaume. Afin de rapprocher les Bourguignons de la Couronne, Louise s'est particulièrement attachée à les protéger. Les pensions des fonctionnaires ont été scrupuleusement payées et la régente a recommandé aux hommes d'armes de faire bonne garde. Un coup de main impérial contre certaines villes frontières était à craindre. Aussi les Bourguignons se sont-ils fortifiés et ont-ils veillé aux remparts « en vrais, loyaux et obéissants au roi ».

La régente a en outre préparé, avec une étonnante adresse, la future alliance qui groupera bientôt Venise, Florence, Sforza duc de Milan, et surtout le pape Clément VII. Ce Médicis avait accepté d'entrer dans le groupe des mécontents opposés à la puissance impériale. Cette coalition contre l'Espagne que Louise a montée en Italie avait pour but de forger une véritable ligue défensive et offensive « tant pour parvenir à la paix universelle, et à la délivrance de son très cher seigneur et fils, que pour mettre en liberté l'Italie, et aussi pour empêcher les ambitions de l'empereur » qui tâchait, ainsi que chacun peut assez clairement le voir, « de se faire monarque » – c'est-à-dire, au sens étymologique du terme, celui qui gouverne seul et se trouve doté d'un pouvoir absolu.

La régente s'était engagée à payer aux confédérés 40 000 ducats par mois, à leur fournir cinq cents hommes d'armes, et une bonne douzaine de galères.

Mais l'affaire restée au point mort, c'est à François de lui donner un nouvel essor et d'entraîner le roi Henry VIII à la suite des alliés. Ne serait-ce pas là un véritable renversement des alliances ? Assurément « une œuvre saine et fructueuse »!...

Louise a terminé son exposé.

En somme, exception faite de la douloureuse captivité des enfants de France, transformés en otages, la situation après un désastre tel que celui de Pavie, se présentait mieux qu'on n'aurait pu le craindre.

La cour remonte maintenant vers le nord. A Dax, le 23 mars, François commence à combler les vides et à récompenser les fidélités. Galiot de Genouillac devient grand écuyer et Montmorency reçoit une des plus hautes charges du royaume, celle de grand-maître de France – personnage qui ne quitte guère le souverain et commande à tous. Pour faire bonne mesure, le roi octroie encore à Montmorency la lieutenance générale du Languedoc, la capitainerie de Nantes et la seigneurie de Compiègne. Brion devient grand amiral et hérite de la lieutenance générale de Bourgogne. Fleuranges, enfin libéré – il avait été tenu cruellement enfermé par Marguerite d'Autriche au château de l'Ecluse – est nommé maréchal de France et François offre à son ami, pour le dédommager de ses souffrances, tout un lot de seigneuries.

Le lendemain – 24 mars – le roi gagne Montfort-en-Chalosse, non loin de Dax. C'est là qu'il reçoit la visite d'Andrea Rosso, secrétaire de la république de Venise, auquel vient se joindre, à Mont-de-Marsan, le 2 avril, lundi de Pâques, le chevalier Dom Capino, envoyé par le pape. Ils confirment tous deux à François le désir de Rome et de Venise : « faire ligue ensemble ». François approuve. Il recommencera la lutte contre Charles Quint, car – et cette fois, il l'affirme avec force – il refuse d'aliéner la Bourgogne. Comme le fera remarquer Castiglione, le nonce du pape, à Charles Quint : « Promesse forcée, promesse nulle! » Les pactes conclus sous l'emprise de la crainte sont illusoires!

Et les enfants de France?

Le roi est persuadé de contraindre Charles Quint à les rendre. Ce n'est évidemment pas l'avis de Louis de Praëdt qui, accompagné du commandeur Peñalosa, arrive à Mont-de-Marsan. Après avoir vu Lannoy au passage, Praëdt a galopé à bride abattue jusqu'à Séville où l'empereur, en pleine lune de miel, est, on le devine, tombé de très haut en apprenant que François osait ne pas tenir ses engagements. Les familiers de Charles le voient « silencieux et retiré... il passe bien souvent trois ou quatre heures de suite seul, livré à sa réflexion ».

Comment allait-il réagir ?

Pour l'instant, Charles se contente d'interdire à sa sœur Eléonore de franchir la frontière française puisque celui dont la politique a fait son fiancé a manqué à sa parole. Ainsi que l'écrivit Lannoy à Charles Quint, le prétexte invoqué par le roi de France à Bayonne était « bien maigre et donnait à penser ». Il fallait s'attendre à d'autres dérobades ! En effet, celles-ci ne tardèrent pas, puisque, le plus sérieusement du monde, François annonce aux deux envoyés qu'il a perdu le sceau de France lors de la journée de Pavie et qu'il ne pourra, de ce fait, envoyer au capitaine commandant la place de Hesdin un pouvoir en règle... En attendant que l'on établisse un autre sceau, il ne peut rendre la ville !

Autre roublardise pour échapper aux conventions signées à Madrid : la cession de la Bourgogne à l'empereur devait demeurer secrète, François voulant annoncer *lui-même* aux Bourguignons, avec courtoisie et ménagement, leur départ de la mouvance française. Nouvelle qui leur serait cruelle... Or, le roi l'avait appris par sa mère, le texte du traité de Madrid – un vrai secret de Polichinelle – avait été divulgué en Italie et en Flandre. Mis au courant, les Bourguignons « mal contents » n'avaient effectivement pas approuvé cette mesure qui revenait à les abandonner sans les avoir consultés ! Que faire ? Comment les forcer à se rattacher à l'Empire, à l'Espagne et à la Flandre, alors qu'ils voulaient rester français ?

– J'espère, affirme François aux deux envoyés impériaux, sans doute en riant sous cape, qu'avec l'aide de Dieu, je conduirai cette affaire de sorte que je les ferai condescendre à ma volonté.

Puis, à son tour, il attaque : pourquoi la reine Eléonore n'est-elle pas encore venue le rejoindre? N'est-il pas son promis? Qui doit *d'abord* être livré, Hesdin à l'Espagne, ou la reine à la France?

Cependant, François n'insiste pas. Il n'a pas encore reçu l'émissaire d'Henry VIII, pas plus que le légat du pape, donc le projet de la sainte Ligue n'est pas définitivement au point. Il faut attendre!

– Alors, s'exclame-t-il, lorsque j'aurai reçu leurs conseils, je retirerai mon masque!

C'est en bateau – il s'est embarqué à Langon – que François atteint Bordeaux après une croisière de douze lieues. La ville l'accueille le 9 avril avec magnificence. Jalonnant le parcours se succèdent harangues, arcs de triomphe, membres du parlement en robes rouges, jeunes filles couronnant la statue du roi, fontaines de vin, salves d'arquebuses et d'artillerie. Bref, toutes les manifestations habituelles de la foule en liesse. Le soir même, l'ambassadeur d'Angleterre, Thomas Cheyney, est reçu par le roi qui lui explique la situation : il veut bien donner à Charles Quint une forte rançon pour libérer ses enfants, mais à aucun prix il ne veut céder la Bourgogne, il n'en a pas le droit! Si Henry l'approuve, il promet de prêter serment et d'observer scrupuleusement le traité de Moore; il espère qu'Henry VIII agira de même à Greenwich. Cheyney acquiesce, puisqu'il y a de l'argent à recevoir... – et la date pour la double cérémonie est fixée au 9 mai suivant. La sainte Ligue est ainsi en bonne voie!

– Foi de gentilhomme! répète le roi à Rosso, je vais faire la Ligue avec le pape, avec Venise et maintenant aussi avec le roi d'Angleterre.

Marguerite vient enfin retrouver « le pauvre prisonnier que Dieu a voulu délivrer » et, avec Louise, ils partent pour Cognac. Quelle joie pour François de retrouver la molle Charente, la lumineuse Saintonge et le clair logis devant lequel il est né!

Il est maintenant tout à sa nouvelle passion. Est-ce à Cognac ou à Bordeaux que la tendre et blonde Anne de Pisseleu commence avec François des amours qui se prolongeront jusqu'à la mort du roi? Anne est douce et fraîche telle une eau de source. Elle possède un teint de porcelaine, des yeux clairs comme ciel de printemps, des cheveux d'or et un corps d'une finesse de princesse de conte de fées. Elle est si avenante qu'on ne se méfie pas d'elle... En outre, elle est « la plus savante des belles », dira-t-on. De toute façon, d'une intelligence supérieure à celle de Françoise. Certains ont prétendu – sans preuves – que le roi avait connu Anne avant son départ pour l'Italie. Les quatorze ans qu'elle avait en 1524 ne devaient certes pas l'effaroucher, bien au contraire... mais les documents manquent pour situer le début de leur liaison.

Les lits de l'Histoire aiment parfois garder leurs secrets.

Selon Lescure, Anne n'avait d'autre dot que ses jolis yeux, et on dut vraisemblablement « la dresser de bonne heure *à chasser le roi* ». Anne fut davantage une femme de tête qu'une femme de cœur et c'est peut-être la raison pour laquelle l'Histoire n'a guère d'estime pour la seconde maîtresse officielle du roi François.

François se couche tard, se lève encore plus tard, et fait « grande chère » – mais cela ne l'empêche pas de conduire ses affaires. Il apprend que Charles Quint lui renvoie en force Lannoy et Alarcon – en somme, ses anciens geôliers de Pizzighettone – pour lui rappeler ses serments. Ils espèrent tous deux avoir plus de succès que Louis de Praëdt.

En les attendant, suivant les conseils de Duprat, on a convoqué à Dijon les états de Bourgogne et ceux d'Auxerre, pour leur souffler la marche à suivre. Ils devront prêter serment de fidélité au roi! Ils le prêteront sans se faire prier et demanderont instamment « de demeurer sous la très noble et très heureuse couronne de France ».

Deux cents chevaliers accompagnent Lannoy et le capitaine Alarcon auxquels s'est joint le duc de Trajate. Le mardi 8 mai, le roi serre dans ses bras le vice-roi et Marguerite l'embrasse. François entraîne Lannoy dans le parc en compagnie du président de Selve. Là, sous les ombrages qui surplombent la Charente, Lannoy entre dans le vif du sujet qui l'amène : quand les accords de Madrid seront-ils mis à exécution?

– Il me faut prendre l'avis de mon conseil, explique François en souriant.

Lannoy se demande si le roi ne se moque pas de lui! Quoi! depuis le 17 mars, depuis plus de six semaines, le roi n'aurait pas réussi à parler de cette affaire avec ses conseillers? C'est une plaisanterie! Le président de Selve intervient et, non sans malice, rappelle à mi-voix à Lannoy :

– Ne vous avais-je pas dit en Espagne que le roi ne pouvait promettre de donner la Bourgogne?

Le jeudi 10, on convie – c'est un comble! – les Espagnols, dont on devine la grimace, à assister dans la chapelle du château à la cérémonie d'amitié et de paix « perpétuelle » célébrée entre les rois de France et d'Angleterre. François jure sur l'Evangile d'observer le traité de Moore... Lannoy trouve la mesure pleine et refuse de participer au banquet qui doit suivre la cérémonie : il soupera seul et de mauvais appétit dans sa chambre tendue de velours vert.

Le vendredi 11 mai, François a convoqué les ambassadeurs d'Angleterre, du pape et de Venise. On prépare le traité de confédération, mais le roi d'Angleterre ne veut encore être que « conseiller ». François annonce qu'il va, en leur présence, faire connaître sa décision à Lannoy et au capitaine Alarcon. Les deux représentants de Charles Quint sont introduits. Duprat prend la parole et déclare que la Bourgogne est « réunie et incorporée insé-parablement à la Couronne », et qu'on ne peut la détacher. Lannoy s'insurge et rappelle une fois de plus le serment prononcé par le roi à Madrid :

– Je ne suis pas lié par le serment de Madrid, s'exclame François, puisque j'étais prisonnier! Une telle promesse n'oblige aucunement celui qui la fait, à moins qu'il ne soit libre.

Alors par quel moyen sortir adroitement de cette impasse?

– Ce qu'il y a de raisonnable à faire, reprend le roi, est de convenir d'une rançon telle et si grande que le cas l'exige, une rançon pour les enfants de France.

« Il n'y a pas d'apparence que vous receviez la Bourgogne », annonce Lannoy dans son rapport adressé le 16 mai 1526 à Charles Quint. Et il précise cependant : « Au lieu de la Bourgogne, le roi et Madame paieront à l'empereur deux millions d'or. En recevant ladite somme, l'empereur délivrera la reine et les enfants du roi. » En outre, « le roi paiera au roi d'Angleterre ce que l'empereur lui doit ».

François, mis au courant de la bonne volonté de Lannoy, le couvre de tant d'honneurs et d'amabilités que, le 20 mai, les Italiens s'inquiètent : la ligue anti-espagnole faiblirait-elle? La paix sera-t-elle faite sur leur dos? Recouvreront-ils jamais une liberté espérée et attendue avec tant d'impatience?

François se trouve à table, lorsque les ambassadeurs de Venise, de Florence et du pape entrent dans la pièce. Leur mine est piteuse. Aussitôt le roi se lève, et leur explique :

– Je ne pratique aucun accord avec le vice-roi. Si je lui fais honneur, c'est qu'il m'a sauvé la vie dans la bataille et qu'il a été cause de ma libération. Et quant à la Ligue, je veux la faire. Duprat est vieux et de nature paresseuse.

Enfin, il les tranquillise :

– Point de route, on établira les articles.

Le lendemain, 21 mai, à 8 heures du soir, Rosso et Dom Capino sont rappelés : la « sainte Ligue de Cognac » – Henry VIII était nommé son protecteur

– est signée afin, tout en combattant, de mettre un point final aux guerres qui désolent la chrétienté. Les signataires approuvent l'attitude de François vis-à-vis de l'empereur et s'unissent pour réclamer la liberté des enfants de France. Les Italiens s'engagent à entretenir dans la « botte » une forte armée de terre et de mer, trente mille piétons, cinq cents hommes d'armes montés, trois mille chevau-légers. François, de son côté, fournira – toujours pour la paix... – deux mille cinq cents hommes, une douzaine de galères et, bien entendu, de l'argent.

Quel est le plan pour l'avenir ?

La France abandonnerait Milan à Sforza, mais, en revanche, recevrait Asti et la suzeraineté de Gênes. Avec optimisme, on affirme qu'il sera facile de conquérir Naples. On remettra le royaume au pape qui pourra le rendre à l'empereur si celui-ci accepte d'abandonner ses droits et ses prétentions sur le nord et le centre de l'Italie. Emportés par leur élan, les ligueurs osent même proposer à l'empereur, après l'avoir ainsi dépouillé, de participer à la croisade projetée contre les Turcs. Bien sûr, il devra rendre la liberté aux deux petits princes français contre une copieuse rançon. On ne parle même plus à Lannoy de la Bourgogne, et le vice-roi, désespéré, s'exclame :

– Plût à Dieu que je ne m'en fusse jamais mêlé !

Couvert de cadeaux, le vainqueur de Pavie finit, le 22 juin, par quitter la ville, en soupirant :

– L'empereur va me faire mauvaise chère !

Charles Quint refuse tout accord. C'était à prévoir. Il est ulcéré et se lamente : la chrétienté se moque de lui ! Il n'a pas plus obtenu de se faire couronner à Rome qu'il n'est parvenu à rétablir en Allemagne l'ordre religieux et politique. Les Turcs ont envahi la Hongrie et, en Italie, les hostilités ont déjà repris ! Henry VIII l'abandonne pour ne penser qu'à son or ! Et, pour l'achever, les confédérés, Clément VII parmi eux, menacent Lodi !

– Ce renégat de Valois voudrait me dicter sa loi, proteste Charles. Et le roi d'Angleterre l'appuie ! Ces gens-là sont des fripons. Il n'y a donc plus à se gêner avec eux. Les lâches ne connaissent qu'une loi : la force. Je vais la leur faire sentir! Par la Toison d'or!

Plus têtu que jamais, Charles ne veut pas en démordre : il gardera Eléonore et les enfants tant que le roi ne lui aura pas remis *sa* Bourgogne! Il en parle comme François de *son* Milanais...

Jean de Calvimont, que François a envoyé en embassade à Tolède, se permet au nom du roi de sommer l'empereur de rendre ses otages.

– Le roi de France m'a trompé! s'exclame l'empereur fort courroucé. Je ne lui rendrai pas ses enfants pour de l'argent. S'il compte les avoir par force, je vous assure qu'il n'y parviendra pas tant qu'il restera pierre sur pierre dans un de mes royaumes, fussé-je forcé de reculer jusqu'à Grenade! Le roi n'a point agi en vrai chevalier et en vrai gentilhomme, mais méchamment et faussement! Je vous demande comme à son ambassadeur qu'il me garde la foi qu'il m'a donnée de redevenir mon prisonnier s'il ne satisfait pas à ses promesses. Plût à Dieu que ce différend eût à se débattre entre nous deux, de sa personne à la mienne, sans exposer tant de chrétiens à la mort!

Jean de Calvimont n'ose pas rapporter à François les menaces proférées par l'empereur. Comment dire au roi qu'il a agi « méchamment et faussement »? C'est au-dessus de ses forces!

François entraîne maintenant tout son monde à Angoulême. On reprend le programme habituel de la vie de cour : banquets, puis pêche dans la Touvre « tapissée de cygnes, pavée de truites et bardée d'anguilles ». Bien sûr il chasse, ce qui est pour le roi le plus beau des passe-temps, dont il a été tant privé! La chasse à courre a sa préférence.

– Vieux et malade, je m'y ferai porter, annonce-t-il, et peut-être mort, je voudrais y aller dans mon cercueil.

Françoise de Châteaubriant semble avoir déjà réapparu à Bordeaux, mais c'est à Angoulême qu'elle se rend compte que sa place est prise, et bien prise! La brune jeune femme essaie de lutter. Comment le roi peut-il préférer à ses charmes piquants cette Anne et sa fadeur blonde? Et elle rime :

> *Blanche couleur est bientôt effacée,*
> *Blanche couleur en un an est passée,*
> *Blanche couleur doit être méprisée*
> *Blanche couleur est à sueur subjette,*
> *Blanche couleur n'est pas longuement nette,*
> *Mais le teint noir et la noire couleur*
> *Est de haut prix et de grande valeur.*

Le roi-chevalier, vexé, piqué au vif, se conduit peu galamment, en ripostant :

> *C'est bien assez me donner à connaître*
> *En mon endroit que vous ne voulez plus être.*
> *Et pour la fin ne me peux reprocher*
> *Si n'est que t'ai voulu tenir trop cher,*
> *Dont pour le temps qu'avec toi j'ai passé*
> *Je peux dire : « Requiescat in pace »!*

Mais Françoise ne se considère nullement comme battue et désire encore moins « reposer en paix ». Elle exige une explication. Le roi, tout en couvrant sa maîtresse d'amabilités, lui offre la seconde place. La comtesse manque s'évanouir. Elle a cependant encore la force de se pencher sur son écritoire :

> *Mais qui eût su penser pouvoir trouver au miel*
> *Tant d'amertume venin, d'amertume et de fiel!*

Puisque son amant ne veut plus d'elle, il ne lui reste qu'une seule ressource : s'en retourner en son domaine de Châteaubriant et y retrouver son mari, qui la recevra de fort méchante humeur.

« A mon arrivée, annonce-t-elle bientôt au roi, j'ai trouvé le plus étrange accueil qu'il est possible; et n'ai jamais su trouver moyen que l'on m'ait dit une seule parole. » Et elle supplie : « A ce que j'ai pu entendre, si vous donnez à connaître (à mon mari) que vous trouvez mauvaise la façon de son comportement, je crois que les choses se radouciront. »

Pauvre femme! La place est libre maintenant pour Anne de Pisseleu qui commence une fort belle carrière de maîtresse royale, la plus belle peut-être. Lorsqu'elle n'eut plus rien à demander, lorsque toute sa famille fut abondamment pourvue de commandements, de terres et de titres, Anne profita d'un entretien particulièrement amoureux pour demander à son amant sur l'oreiller :

– Je prie le roi de retirer de Mme de Châteaubriant tous les plus beaux joyaux qu'il lui a donnés, non pour le prix et la valeur, car pour lors les pierres et pierreries n'avaient la vogue qu'elles ont eue depuis, mais pour l'amour des belles devises qui y étaient mises, engravées et empreintes.

François fut fort ennuyé, mais la dame avait si bien choisi son moment pour demander cette grâce qu'un courrier partit pour Châteaubriant. Françoise fut tout d'abord écœurée. Puis « de dépit, nous dit Brantôme, envoya quérir un orfèvre, et lui fit fondre tous ses joyaux, sans avoir respect ni acceptation des belles devises qui y étaient gravées; et après le courrier revenu, elle lui donna tous les joyaux convertis et contournés en lingots d'or ».

– Allez porter cela au roi, et dites-lui que, puisqu'il lui a plu de me révoquer ce qu'il m'avait donné si libéralement, je lui rends et renvoie en lingots d'or. Pour ce qui est des devises, je les ai si bien empreintes et conservées en ma pensée, et les y tiens si chères, que je n'ai pu permettre que personne en disposât, en jouît et en eût du plaisir, que moi-même.

Le roi François comprit la leçon. Il n'était plus en

cet instant « en entretien amoureux » et répondit au messager :

– Retournez-lui le tout; ce que j'en faisais, ce n'était pas pour la valeur – car je lui eusse rendu deux fois plus – mais pour l'amour des devises; et puisqu'elle les a ainsi fait perdre, je ne veux point de l'or, et le lui renvoie; elle a montré en cela plus de courage et de générosité que je n'eusse pensé pouvoir provenir d'une femme.

Et Brantôme d'admirer : « Un cœur de femme généreuse dépitée, et ainsi dédaignée, fait de grandes choses! »

Après cinq mois de séjour angoumoisin, François remonte vers Amboise. Ah! que la Touraine est belle en cet été de 1526! Le roi rend visite à Antoine Bohier, fils du fameux financier, bâtisseur du ravissant château de Chenonceaux, situé sur l'emplacement d'un vieux moulin qui s'avançait sur le Cher. Les autres arches n'enjambent pas encore la rivière : la célèbre galerie de Philibert Delorme franchira le Cher seulement en 1560. Puis François admire Chambord. La féerie de pierre, au cœur de sa couronne de forêts, commence à sortir de terre. Là travaillent – et besogneront durant de longues années – dix-huit cents ouvriers. Le temps n'est pas encore venu où les dames chères à François pourront suivre la chasse du haut de la terrasse où la fantaisie du Boccador se donnera libre cours.

La douceur tourangelle a éloigné François de ses phantasmes italiens. Qu'on est loin ici de la guerre qui sévit au même moment, en Italie, avec son horrible cortège d'atrocités! Viols, tueries, pillages sèment la terreur et partout s'élève vers le ciel la fumée des villages qui brûlent.

Après quelques bonnes nouvelles apportées d'outremonts, les heures sombres sont revenues : Bourbon a occupé Gênes, puis Milan. Clément VII se croit abandonné par François : il est vrai que celui-ci ne pense qu'à l'amour, à la chasse et à ses bâtiments, et remet au lendemain l'envoi de fonds vers Rome – et le pape de soupirer! Faute d'argent, il ne peut agir et la Ligue piétine fâcheusement... Alors Colonna fonce vers Rome et, au cours de la nuit du 19 au 20 septembre 1526, pénètre dans la Ville Eternelle. Le souverain pontife se réfugie au château Saint-Ange et signe une trêve avec les Espagnols. Cependant, la Ligue réagit, s'empare de Crémone, et les hostilités reprennent. Lannoy remet sa cuirasse et prend la tête de dix mille Espagnols, tandis que les lansquenets de Ferdinand, frère de Charles Quint, descendent vers l'Italie.

– Nous en sommes à l'extrême-onction, gémit le nonce Acciajuoli.

Mais François, de plus en plus léger, se soucie fort peu de ses promesses. Il fait des neuvaines, chasse à courre et au vol, aime Anne tant qu'il peut, la trompe à l'occasion, envoie des ambassades à Henry VIII, s'installe au vieux château de Saint-Germain... et ne dirige toujours pas d'hommes ni d'argent vers l'Italie. Il n'assiste même pas aux funérailles de Madame Claude dont on transporte le corps en grand « arroi » de Blois à Notre-Dame de Paris. Pour son excuse, n'est-ce pas là une tradition? Les souverains n'assistent pas aux obsèques de leurs proches. L'étiquette exige même que les rois abandonnent la dépouille de leur épouse, sitôt son dernier soupir, et leur interdit de rester dans la maison mortuaire. Aussi est-ce seulement les officiers de la cour de la reine qui entourent le chariot funèbre, au-devant duquel se porte, le 4 novembre 1526, le parlement de Paris, l'Université et la prévôté en robe de deuil. Le corps est accueilli à Notre-Dame par une cohorte impressionnante de cardinaux et de prélats, avant d'être accompagné, le lendemain, à Saint-Denis.

François, toujours par les chemins, continue à chasser et à accomplir des pèlerinages, depuis Notre-Dame de Liesse jusqu'à Notre-Dame du Puy... N'avait-il pas, pendant sa captivité, promis de s'y rendre si la Vierge le tirait de ce mauvais pas? Il n'a pas la même excuse pour la chasse. Et le nonce de se lamenter :

« Mettez que le roi en vient à parler de chasse et d'autres choses, il change de raisonnement, il devient tout autre, se tranforme, se tourne tout entier vers ces plaisirs proches et faciles à réjouir, plus agréables à ceux qui l'entourent. Ceux-ci sont portés volontiers à lui enlever les pensées graves de l'esprit, à ne pas le laisser envelopper dans la guerre, de sorte que la plupart du temps les paroles nous restent, et les effets vont aux plaisirs. Je ne veux pour cela le taxer de mauvaise volonté, mais seulement de naturelle inclination qui le porte là où on ne besognerait pas en ce moment. »

Certes, l'entourage du roi a une part de responsabilité. Quant à François, fougueux, plutôt paillard, aimant la vie, aimant l'amour, après une continence forcée, une longue captivité, il dévore la vie à belles dents. Si ce n'est pas une excuse, c'est une explication...

C'est à Saint-Germain que se déroulent les noces de Marguerite et du jeune et blond Henri d'Albret, qui a vingt-sept ans... alors que Marguerite compte cinq années de plus. Pour elle il s'agit d'un mariage d'amour, pour lui d'une union politique, car il espère bien conquérir, grâce à cette alliance royale, la souveraineté du morceau de la Navarre espagnole qui lui a été ravi.

Cependant, au mois de février 1527, François réagit vivement en apprenant que Clément VII, complètement désargenté, hésitant, un peu sournois, s'est vu obligé de poursuivre sa valse hésitation en signant une nouvelle trêve avec les Impériaux. Aussi le roi envoie-t-il enfin à Rome du Bellay, avec 20 000 écus d'or et son accord pour le mariage – inespéré pour le pape – de sa nièce, la petite Catherine de Médicis, avec Henri, le second fils de François. Ce sera pour plus tard! D'ici là, le pape changera à plusieurs reprises de futur neveu...

Clément VII n'a pas renoué pour longtemps avec les Espagnols. Il louvoie... En effet, les Impériaux de Bourbon et les lansquenets luthériens de Frundsberg foncent vers Rome. Ils sont sans vivres et sans argent; aussi leur a-t-on promis femmes, ripailles et pillages, s'ils prenaient la Ville Eternelle. Clément VII, affolé, essaye d'apaiser Bourbon en lui faisant parvenir 150 000 ducats, mais les cohortes des soldats sont aux portes de Rome. Bourbon veut participer lui-même à l'assaut contre le Borgo. Le 6 mai 1527, il dresse une échelle le long du rempart. Mal lui en prend : il tombe frappé à mort d'un coup d'arquebuse donné en plein ventre par un des soldats de Renzo da Ceri – celui-là même qui, en 1524, avait défendu Marseille contre le connétable. Bourbon rend le dernier soupir en criant : « A Rome! A Rome! » Et bientôt, fortes de ce viatique, les aigles impériales sont hissées sur les églises et les palais romains.

François se réjouit en apprenant la disparition de son ennemi, mais le même courrier lui annonce que le pape est assiégé dans le château Saint-Ange où il s'est réfugié, et que la Ville Eternelle est souillée et saccagée par un pillage effroyable. Les crucifix servent de cibles, les reliques sont profanées, cardinaux et prêtres torturés et vendus comme du bétail. « L'enfer n'est rien en comparaison des spectacles offerts par la Rome actuelle », affirme un témoin. C'est le carnaval de la mort! Dans toute la ville retentissent les cris de *Amazza, Amazza*, tue! tue! La vieille cité est transformée en charnier.

Apparemment horrifié, Charles Quint désapprouve la soldatesque et écrit au pape en un français pittoresque : « *Je me excuse du sac qui a esté fait du saint siège en saquant l'église de Saint-Pierre et votre Sacré Palais.* »

François décide de se porter au secours de Clément VII, toujours enfermé et sévèrement gardé par l'inévitable Fernando de Alarcon – un spécialiste en la matière... Lautrec lève une armée puissante constituée de huit cents lances françaises, dix mille Suisses, dix mille lansquenets, vingt mille fantassins vénitiens, italiens et français. Une véritable croisade qui traverse une nouvelle fois les monts et qui donnera la main aux troupes du marquis de Saluces et à celles du duc d'Urbin.

Mais François, bien qu'il en parle toujours, n'a pas l'intention de se porter lui-même au secours du lieutenant de Dieu sur terre. Son royaume a trop besoin de lui! Il faut d'abord mettre au pas les parlementaires. Pour ce faire, il tient, du 24 au 27 juillet 1527, dans l'impressionnante grand-salle du palais de la Cité, un lit de justice – ce fameux « lit » de l'Ancien Régime, au cours duquel il était ordonné à la justice de s'endormir... Deux huissiers sont à genoux devant le trône royal, ayant chacun une verge symbolique à la main... Est-ce pour réveiller les magistrats? D'ailleurs, ce jour-là, les robins n'ont nullement l'intention de s'assoupir : ils ont trop de griefs à exprimer.

– Voulez-vous parler au roi? leur demande le chancelier.

Tous s'agenouillent – ce qui équivaut à une réponse affirmative. Sur un geste du roi, ils se relèvent et le président Guillard prend la parole – d'une manière interminable, comme il se doit.

Les reproches s'accumulent : les « pernicieuses doctrines » de la religion réformée ne sont pas poursuivies avec l'ardeur qui convient par le pouvoir royal, des offices de justice sont vénaux, les attributions du parlement sont le plus souvent méconnues.

– Sire, nous ne voulons pas mettre en doute votre puissance, ce serait là une espèce de sacrilège! Nous savons bien que vous êtes par-dessus les lois et que les lois ou ordonnances ne peuvent vous contraindre...

Que doit donc faire le roi pour satisfaire ces messieurs? Maintenir la liberté de l'Eglise, observer l'intégrité des justices et garder la discipline militaire.

– C'est ce que vous saurez très bien exécuter et mieux que d'autres, conclut le président. Si vous y voulez prendre un peu de labeur, vous serez un des plus glorieux et des plus puissants rois triomphants qui furent jamais!

François avale la couleuvre sans sourciller : il répondra le lendemain. Dès l'aube, le secrétaire d'Etat lit la réponse royale. Elle est sévère :

– Le roi vous défend que vous vous glissiez en tiers de quelque façon que ce soit dans l'Etat! Vous n'avez d'autre chose à faire que de rendre la justice... Le roi révoque et déclare nulles toutes les limitations que le parlement aurait pu faire pendant la régence de Madame sa mère... Le roi confirme tout ce que celle-ci a fait, ordonné et commandé pendant son absence.

Les attributions de Duprat sont, elles aussi, défendues :

– Vous n'avez aucune juridiction ni pouvoir sur le chancelier de France, lesquels appartiennent audit seigneur... Le roi vous commande d'ôter de vos registres tout ce qui a été fait par vous contre lui.

Les robins doivent donc rendre la justice, un point c'est tout! Ils n'ont d'autres droits, avant l'enregistrement des édits, que celui de présenter d'humbles remontrances. Il faut qu'ils le sachent : « Il n'y a qu'un roi en France! »

Et il en sera ainsi jusqu'en 1789.

La lecture qui décrit les attributions du parlement s'achève. Le roi se retire, laissant les conseillers abasourdis et tête baissée. Ils la relèveront, mais bien plus tard...

*
**

Puisque le parlement est maté, François va pouvoir s'occuper de l'affaire du feu connétable de Bourbon. Afin de faire revenir à la Couronne tous les biens féodaux que le traité de Madrid avait contraint le roi à restituer au connétable, et d'empêcher ses éventuels héritiers, même éloignés, de faire valoir leurs droits, le roi tient, le 26 juillet, en présence de toute une foule, un second lit de justice. Tous les pairs du royaume sont présents, tandis que se poursuit la lecture de l'acte d'accusation. Le procès est vite mené. François peut déclarer Bourbon coupable d'avoir envahi la Provence et signé des traités avec les ennemis du royaume. En passant, le roi lui reproche d'avoir voulu attaquer Rome... Il est vrai qu'il en était mort! François juge son ancien connétable « criminel de lèse-majesté, de rébellion et de félonie ». Ses armes devront être partout effacées, sa mémoire abolie et, surtout – et c'est là le but du procès – le roi déclare que les biens féodaux « appartenant audit Bourbon et reçus de la couronne de France... » devront faire retour à la monarchie.

Bienheureux coup d'arquebuse romain!

Au tour maintenant du baron de Semblançay qui, arrêté, croupissait depuis de longs mois dans un cachot de la Bastille. Les juges ne font aucune difficulté pour l'accuser « de larcins, fausseté, abus, malversations et *maladministration* » des finances du roi. Que de crimes! Pourtant, d'après les comptes conservés à la Bibliothèque nationale, Semblançay semble au contraire avoir été le créancier de François pour plus d'un million de livres. Quoi qu'il en soit, ses charges lui sont enlevées, ses biens confisqués et il est condamné à mort.

Certes, on peut accuser Semblançay d'avoir confondu ses biens et ceux du roi et, surtout, de la régente. Un surintendant des Finances devenant assez fortuné pour se permettre d'acheter pour 80 000 écus toute la ville de Laigle, c'est là un fait un peu suspect...

Le lundi 12 août 1527, après avoir été « dévêtu de son ordre de chevalerie », la tête coiffée d'un bonnet, juché sur une mule, animal bâtard, donc dégradant, Semblançay est conduit au supplice par le lieutenant Maillard. Devant l'église des Filles-Dieu,

« il lui fut baillé pain et vin, comme on a coutume de le faire aux pauvres criminels ». On lui donne une croix de bois peinte en rouge, on lui ôte son bonnet et le cortège reprend sa route vers le gibet.

Le courage du vieillard – il avait soixante-dix ans – émerveille la foule, et l'on se doit de recopier ici les huit célèbres vers tracés par Clément Marot :

Lorsque Maillard, juge d'enfer, menait
A Montfaucon Semblançay l'âme rendre,
A votre avis, lequel des deux tenait
Meilleur maintien ? Pour le vous faire entendre,
Maillart semblait l'homme que mort va prendre
Et Semblançay fut si ferme vieillard
Que l'on croyait, pour vrai, qu'il menait pendre
A Montfaucon le lieutenant Maillard.

Et son cadavre se balança durant quatre ou cinq jours au gibet coiffé de corbeaux. Puis le corps disparut, et on le retrouva dans un champ de Pantin à moitié dévoré par les loups (1).

Semblançay est assurément victime des mœurs du temps. Au lendemain de son procès, les financiers, angoissés et même pris de panique, s'égailleront comme volée de moineaux, tel Gilles Berthelot, qui prendra le chemin de Metz, ou son confrère Guillaume de Beaune qui, fuyant plus loin encore, ne reprendra son souffle qu'en atteignant Cologne.

Remarquons en passant que, surveillés par un roi plus exigeant, les grands maîtres des Finances royales auraient été moins libres... Gilles Berthelot n'aurait pas fait construire Azay-le-Rideau, Thomas Bohier Chenonceaux et Jean Breton les châteaux de Villandry et de Villesavin. Ces grands financiers furent de grands amateurs d'art mais, à l'instar du tourangeau Semblançay, ils furent aussi « d'inextri-

_____

(1) Les grosses pierres qui ont servi d'assise au célèbre gibet se trouvent aujourd'hui abandonnées sur un quai du canal Saint-Martin.

cables sacrificateurs des finances », selon l'expression de Louise de Savoie. Lorsqu'on sait que les « malversations » de Semblançay nous valurent son magnifique hôtel de Tours (1), lorsqu'on regarde le délicieux Azay-le-Rideau refléter sa blancheur dans le miroir de l'Indre, lorsqu'on admire la splendeur du château de Chenonceaux se mirant dans les eaux du Cher, lorsqu'on découvre l'élégance de Villesavin, lorsqu'on erre dans les jardins inattendus entourant le noble Villandry, on se sent plein d'indulgence. Les malhonnêtetés de ces financiers féodaux, leurs crimes de *péculat* nous procurent de bien grandes joies et nous leur pardonnons plus volontiers de s'être servis des écus du roi puisqu'ils les ont employés à édifier tant de merveilles!

Lors du supplice de Semblançay, le roi séjournait à Amiens, où il devait rencontrer le cardinal Wolsey. Il a toujours au cœur le désir d'établir une paix « perpétuelle » avec l'Angleterre. Un cour brillante entoure François, tandis que douze cents cavaliers accompagnent le lord-chancelier du roi Henry. Chacun des deux protagonistes compte sur l'autre. L'Anglais, pour obtenir du pape l'annulation du mariage du roi d'Angleterre avec Catherine d'Aragon, tante de Charles Quint, afin que le roi puisse épouser sa chère Anne Boleyn. Le Français, quant à lui, espère que le roi Henry parviendra à convaincre l'empereur de rendre la liberté aux enfants de France contre le simple versement d'une rançon. On se berce mutuellement de promesses et, le 18 août 1527, le traité – une véritable alliance – est signé entre les deux Etats.

Chacun s'en retourne chez soi plein d'espoir. Le roi se dirige vers Compiègne où il se remet d'un mal qui le fait terriblement souffrir : un abcès au

---

(1) Situé entre la rue Nationale et la rue Jules-Favre, il fut malheureusement détruit en 1940.

périnée – toute sa vie en sera affreusement jalonnée, et François finira, dans vingt années, par en mourir...

Remis sur pied, il galope derrière la meute à la poursuite des sangliers et des cerfs. Ses exploits cynégétiques sont interrompus par une merveilleuse nouvelle : Charles Quint se montre enfin accommodant : il s'incline et accède à la demande du roi. La Bourgogne est provisoirement oubliée, mais l'empereur exige le versement d'une rançon de deux millions d'écus d'or. Point trop de difficultés pour cela... du moins, on l'espère. Mais Charles Quint somme encore François Ier de retirer toutes ses troupes de l'Italie. La Ligue, à peine créée, devrait donc être dissoute avant la libération du pape? Pour gagner du temps, on poursuivra les négociations! D'ailleurs Lautrec, qui a reçu la mission d'aller délivrer Clément VII, s'est déjà emparé d'Alexandrie et de Pavie. Si la chance continue de sourire aux armées de François, les futures transactions seronts plus faciles à mener! Le roi a donc tout intérêt à temporiser...

En attendant de régler les questions italiennes, il faut se préparer à payer la note... Comment réunir une somme aussi considérable que celle exigée par Charles Quint pour la rançon des deux petits princes? Quatre tonnes et demie d'or! 4500 lingots d'aujourd'hui! François crie au secours et décide de convoquer, pour le 16 décembre 1527, à Paris, une assemblée d'Etat, moins importante que les états généraux réunis par Louis XII à Tours, mais représentant cependant un large éventail de couches sociales de la nation. Le roi le souhaite : les députés doivent lui donner « secours, réconfort et aide », afin d'acquitter la terrible rançon.

François prend la parole pour peindre « la vérité des choses passées ». Il brosse un vaste panorama des douze années de règne qui se sont écoulées depuis la mort de Louis XII. Mais, après avoir évoqué Marignan, le roi s'arrête :

– La coutume n'est pas de louer la prospérité, car

elle se loue d'elle-même. Quant à l'adversité, je veux m'en justifier.

Aussi les heures sombres commencent-elles à s'égrener : l'invasion de la Provence par Bourbon, le félon, le désastre de Pavie, la prison de Pizzighettone, les premières transactions menées avec Adrien de Croÿ, seigneur de Roeux. Certes, elles n'avaient pas abouti, mais la discussion demeurait ouverte. François était même en droit d'espérer un accord concernant la Bourgogne.

– Mais quand je fus en Espagne, tout fut rompu, et j'ai trouvé le contraire de ce que je pensais. La chose fut si désespérée que je tombai en maladie, laquelle dura longuement, si longuement qu'il n'y avait point d'espoir de me sauver.

Le drame monte.

François évoque maintenant la terrible signature du traité de Madrid et le serment « de le bien suivre » qu'il avait dû prononcer, sachant que « ledit serment n'était pas valable, puisqu'il n'était pas en liberté ». Il n'avait d'autre solution; à son retour, il devait refuser de ratifier le traité. Il a bien fait puisque, aujourd'hui, l'empereur a condescendu à lui laisser la Bourgogne... Le principal demeurait :

– Si l'empereur accepte la paix et le payement exigé pour la rançon de mes fils, explique François, il faut lui bailler promptement la somme de deux millions d'écus... faute de quoi je dois m'en retourner en Espagne prisonnier.

Il ne peut, en effet, laisser indéfiniment ses enfants en prison à sa place! C'est donc à lui de regagner Madrid!

– S'il est prouvé par le conseil que je doive le faire, j'offre de partir et de porter seul la peine, étant content de demeurer toute ma vie prisonnier et user mes jours en captivité pour la *salvation* de mon peuple. Mais si vous pensez que ma demeure en ce royaume soit nécessaire... il faut que l'on m'aide à retirer mes enfants.

Autrement dit : si les Français ne versent pas le monceau d'or exigé par Charles Quint, François devra s'expatrier à jamais! Quelle alternative! Les ennemis du roi parleront même de chantage!

– Pour cette raison, je vous prie et exhorte d'y bien penser et de me conseiller : non comme d'une affaire qui me touche seulement moi et mes enfants, mais qui concerne la monarchie du royaume, la liberté et la conservation du roi, celle des princes et des sujets, et aussi de la chose publique d'une telle seigneurie que le royaume de France!

Et de conclure, ce qui devait flatter l'auditoire :

– Je suis décidé de suivre votre conseil.

Certes, François a présenté les événements et leurs conséquences sous un jour qui lui est favorable : il a jeté un voile sur ses erreurs, son inconstance, son imprévoyance dans le déclenchement de la guerre. Sans doute, il a juré sur les Evangiles d'exécuter le traité – et à cet instant il s'est tourné vers le clergé – mais un prisonnier est-il libre de ses actes? Raisonnement quelque peu spécieux, mais le roi n'en est pas moins bien parvenu à émouvoir l'assemblée.

Le vendredi 20 décembre, les évêques de France se réunissent et se prononcent :

– La manière dont le roi nous a demandé avis nous a semblé si juste et si raisonnable que nous avons décidé ensemble que l'Eglise pourra donner au roi la somme d'un million trois cent mille livres tournois.

Ils verseront finalement quatre décimes sur les immenses biens du clergé, et assumeront ainsi la plus grande part de la rançon... Ils sont aussi les plus riches. De son côté, la noblesse, dont le duc de Vendôme est le porte-paroles, offre « non seulement la moitié de ses biens, mais son corps et sa vie ». C'est là manière de s'exprimer : cette moitié ne sera que d'un décime.

Au nom des membres du parlement, le président de Selve, après avoir consulté les conseillers, affirme que le roi n'a pas plus manqué à sa foi qu'à son honneur en refusant d'accomplir ses promesses. François ne peut livrer la Bourgogne, « car il est tenu de conserver les droits de la Couronne et de ne pas aliéner ces droits ».

A genoux, les échevins et les marchands de Paris sont prêts, eux aussi, à verser la somme qu'on leur demandera. Ils estiment la présence de la personne du roi plus utile et plus profitable pour le royaume et la chose publique... que s'il retournait en « pays d'Espagne ».

Tout est donc pour le mieux : la rançon sera réunie. Cependant, puisque Charles Quint exige que François retire ses troupes d'Italie et abandonne le pape et la Ligue, la paix est sérieusement compromise. Il faudra encore assister à de nombreuses palabres et attendre deux années et demie avant que les petits princes reprennent le chemin de la France. En attendant, la hache de guerre sera une nouvelle fois déterrée par l'entremise des hérauts d'armes...

CHAPITRE XII

DU BALLET DES HÉRAUTS D'ARMES...
À LA PAIX DES DAMES.

Le 21 janvier 1528, dans la vaste salle du palais de Burgos se déroule une cérémonie moyenâgeuse encore en vigueur au XVIe siècle. La féodalité ne veut pas mourir et les vieux usages ne sont pas encore rangés parmi les souvenirs médiévaux. C'est « la provocation au combat ».

On voit, en effet, apparaître deux hérauts d'armes, portant avec désinvolture leur cotte de mailles sous le bras. L'un est Guyenne, le roi d'armes de France, l'autre Clarence, le roi d'armes d'Angleterre. Ce dernier est spécialiste en la matière, puisque c'est lui qui avait porté, en 1522, le défi que Henry VIII lançait à François. Cette fois, il est, en quelque sorte, l'élément modérateur dans le duel qui risque d'opposer François à Charles Quint.

Les deux hommes sont arrivés depuis cinq semaines à Madrid mais, les négociations entre les ambassadeurs des trois nations n'étant pas terminées, ils ont préféré attendre pour entrer en scène. Propositions et contre-propositions ont été agitées et discutées hors la présence de l'empereur. Brusquement, les deux rois d'armes apprennent que le pape Clément VII, déguisé en marchand, est parvenu à s'enfuir par une porte mal gardée du château Saint-Ange, et qu'il est allé se réfugier dans la ville fortifiée d'Orvieto. Or, parmi les griefs que les deux messagers devaient exposer à Charles Quint, le plus important était l'emprisonnement du Saint-Père – un crime contre la chrétienté! Le principal sujet de revendication s'effondrant – et l'empereur l'ignorait peut-être encore – il fallait donc agir au plus vite, demander raison à l'adversaire et jeter le gant.

Charles Quint est assis sur son trône, ayant près de lui « grand nombre de personnages de plusieurs de ses royaumes et seigneuries ». Après les trois révérences exigées par le cérémonial et qui doivent être exécutées pendant la traversée de la salle, les hérauts mettent un genou en terre. Clarence, en son nom et en celui de son compagnon, demande d'abord toutes les garanties d'usage afin qu'ils puissent retourner sains et saufs auprès de leurs souverains respectifs. Charles ayant acquiescé d'un geste, Guyenne revêt sa cotte d'armes. Le voici transformé en combattant. Il peut commencer sa lecture, et prononce d'abord quelques paroles de regret – c'était là aussi une tradition médiévale :

– Sire, le roi Très Chrétien, mon naturel et souverain seigneur, m'a commandé de vous dire qu'il a un merveilleux regret et déplaisir de ce que, au lieu de l'amitié qu'il a tant désiré avoir avec vous, il faut que l'inimitié demeure et se maintienne encore. Or, en dépit des offres que ledit seigneur vous a faites, vous n'avez pas voulu faire un traité honnête avec lui, et vous contenter d'une rançon plus que raisonnable.

Le héraut se lance ensuite dans une allusion à la situation dramatique du pape « mis hors de sa liberté par l'empereur » – alors qu'il vient de s'évader – mais le héraut n'insiste pas trop, et se hâte de revenir sur un terrain moins glissant.

– Vous ne voulez pas rendre à votre bon frère, le roi d'Angleterre, ce que vous lui devez... et laissez en paix la tranquillité de l'Italie. Aussi le roi de France m'a-t-il commandé de vous déclarer, signifier et notifier, avec son très bon frère le roi d'Angleterre, qu'ils vous tiendront pour leur ennemi.

La voix de Charles l'interrompt et résonne dans la grande pièce. Il s'étonne que le roi de France lui cherche querelle. Il y a six ou sept ans déjà que les deux souverains se font la guerre sans s'être jamais provoqués en « combat singulier ». On peut poursuivre les hostilités sans s'entr'égorger en champ clos. Quel spectacle indécent qu'un tel duel ! Mais, coup de théâtre, Charles Quint informe l'assistance que, depuis la veille, il a appris de source sûre que le pape était en liberté... Bien entendu, l'empereur se garde bien de préciser qu'il n'est pour rien dans cette libération.

Tandis que Guyenne enlève sa cotte d'armes comme s'il revenait d'un combat, c'est au tour de Clarence à déclarer la guerre à l'empereur « par mer et par terre ». Il le « somme » d'accepter les offres qui lui sont faites pour la délivrance des deux enfants et – ce qui est le principal pour Henry l'avaricieux – de payer les sommes que l'empereur doit au roi d'Angleterre.

Cette fois, Charles Quint, hautain et méprisant, se fâche.

– Je ne puis croire que le roi d'Angleterre ait été bien averti des choses telles qu'elles se sont passées ! Vous me dites que votre maître me forcera à rendre les enfants de France, j'espère les garder de telle sorte que par force je ne les rendrai pas ! Je n'ai, en effet, point accoutumé d'être forcé des choses que je fais !

Avant que les deux rois d'armes quittent la salle, Charles Quint répète au héraut Guyenne que François a agi « lâchement et faussement ».

– Mais je vois que son ambassadeur ne l'en a point averti !

Bien que Charles Quint ait garanti la liberté des deux rois d'armes, il les fait enfermer en « si méchante prison » que Guyenne s'exclamera, découragé :

– Nous ne pouvions même pas envoyer un serviteur chercher une feuille de salade !

Libéré, Guyenne quitte enfin Madrid en emportant une interminable réponse écrite, un véritable réquisitoire dans lequel l'empereur énumère ce qu'il reproche à François. Rien n'est oublié, depuis la mainmise sur Milan « sans nulle cause juste et sans nul droit » – ce qui était manifestement faux – jusqu'à la question bourguignonne et la non-restitution de Gênes et d'Asti. Enfin, dernier sujet de plainte, le rappel de l'armée française d'Italie qui, selon les récentes propositions de l'empereur, aurait dû être effectué pour permettre la libération des enfants de France contre une rançon.

Mais la pierre d'achoppement entre les deux souverains, ce qui ne cesse de les diviser, c'est le fait que le roi de France ne soit pas retourné en Espagne pour se constituer prisonnier, puisqu'il prétendait se trouver dans l'empêchement de donner la Bourgogne à l'empereur. Il a par conséquent manqué à la « foi de prisonnier » qu'il avait donnée à Madrid !

On devine la fureur de François en apprenant les propos offensants proférés par Charles Quint à son endroit, outrages que le président de Clavimont avait eu la pudeur de ne pas lui rapporter. Aussi commence-t-il par jeter dans un cachot de Vincennes l'ambassadeur de Charles, le malheureux Perrenot de Granvelle. La colère de François apaisée, le diplomate est sorti de sa prison... –et, on le comprend, harcèle François pour obtenir son audience de congé. Elle a lieu le 28 mars 1528 et, devant toute la cour, le roi croise le fer, affirmant – non sans mauvaise foi – que, mis en liberté, il ne s'était jamais engagé à remplir ses promesses de prisonnier... sauf, pourrait-il préciser, le matin même de sa libération, en vue de la Bidassoa.

– Je ne sache pas que l'empereur ait jamais eu ma foi ! En quelque guerre que j'aie été, il sait que je ne l'y ai jamais vu ni rencontré. Quand j'ai été son prisonnier, gardé par quatre ou cinq cents arquebusiers, malade dans mon lit et à la mort, il ne lui a certes pas été malaisé à me contraindre... mais d'une manière fort peu honorable !

François tend alors à l'ambassadeur un écrit destiné à Charles Quint, mais Granvelle refuse d'en prendre connaissance.

– Je le ferai alors lire en cette compagnie! s'exclame François.

Et c'est la voix de Jean Robertet qui s'élève :

– Pour défendre notre honneur nous condescendons à vous envoyer ce cartel par lequel nous vous faisons entendre que nous n'avons jamais fait chose qu'un gentilhomme aimant son honneur ne doit faire.

Et l'injure claque :

– Nous disons que vous avez menti par la gorge et, autant de fois que vous le direz, vous mentirez... Et nous vous porterons les armes!

Autrement dit, nous nous battrons en champ clos!

La cour retient son souffle. Certes François a une carrure d'athlète, mais Louise est épouvantée à la pensée que son fils envisage véritablement de se battre en duel avec l'empereur! Cependant François reprend la parole. A son tour de prononcer un long réquisitoire en accusant principalement Charles Quint de s'être emparé « d'un pape, lieutenant de Dieu sur terre, et ruiné ainsi toutes les choses sacrées et saintes ». Le roi rappelle ensuite que, pour la liberté de ses enfants, il a fait une offre si considérable « que jamais ses prédécesseurs, qui ont été prisonniers des Infidèles, n'ont offert le quart de cette somme pour leur libération ».

– Quand au traité, conclut le roi, je me tiens assez justifié du peu d'obligations que j'en ai, vu que je ne fus mis en liberté ni avant ni depuis avoir signé le traité jusqu'à ce que j'aie été en mon royaume.

En somme, François aurait peut-être accepté de remplir les obligations découlant du traité de Madrid, si celui-ci avait été signé hors de sa prison madrilène, et, de surcroît, en territoire français! Cependant le roi ne refuse pas le combat :

– L'empereur n'aura jamais pour cette occasion

sitôt le pied à l'étrier que j'aie plus tôt le cul sur la selle!

Charles n'ayant encore jamais mis l'épée à la main, cette dernière flèche va le blesser dans son amour-propre. Mais il sera encore plus profondément atteint par l'accusation portée contre lui de ne pas « avoir combattu ni les Turcs ni l'hérésie et sectes nouvelles qui pullulent parmi la chrétienté – ce qui est office d'empereur ».

La féodalité ne veut toujours pas mourir!

Aussi, moins de trois mois plus tard, le 8 juin 1528, le héraut Guyenne revêtu de sa symbolique cotte de mailles se tient-il à nouveau devant Charles, mais cette fois à Monzon, au palais du duc d'Aragon, où séjourne l'empereur. Encore la tradition : ce n'est plus trois révérences que le roi d'armes effectue, mais cinq, tout en traversant la salle. Après une véritable joute verbale entre l'envoyé de François et Charles Quint –qui, de l'empereur ou du héraut doit lire le cartel du roi de France? – ce n'est finalement ni l'un ni l'autre, mais le secrétaire Lallemand qui donne lecture du nouvel cartel, d'abord en langue française, puis en espagnol. L'empereur demande alors son avis au vieux duc de l'Infantado, qui répond avec sagesse :

– Il me semble que les torts se trouvent des deux côtés. La décision d'un tel différend ne doit pas être soumise au sort des armes, elle dépend uniquement de l'existence et de l'authenticité des faits. La juridiction par les armes s'étend exclusivement aux choses embrouillées où les règles ordinaires de la justice font défaut : alors Dieu, qui est le juge infaillible, manifeste la vérité en donnant la victoire à celui qui a le bon droit.

Mais Charles ne tient nullement à en demeurer là et répond, lui aussi, en formulant ce cartel :

– J'ai dit, et dirai sans mentir, que vous avez agi lâchement et méchamment en n'ayant pas gardé la foi et la promesse que j'avais reçues de vous.

Où se ferait la rencontre? Sur les bords mêmes

de la Bidassoa, entre Fontarabie et Hendaye. Charles désigne alors le héraut Bourgogne – choix tendancieux... – pour porter au roi de France sa réponse.

On n'en finissait pas!

Le roi d'armes espagnol mettra deux mois pour gagner Paris – la frontière ne s'était pas entrouverte aisément. Le 10 septembre, revêtu de sa cotte de mailles, sur laquelle est brodé un aigle d'or, il est enfin reçu par François. Nouvelles arguties :

– Roi d'armes! s'écrie François avant que le héraut ait pu lire son cartel, tu as fait jusqu'ici ton office comme tu le devais. Tu sais ce qu'il y a d'écrit en tes papiers, m'apportes-tu la sûreté de camp, comme je l'ai écrit à ton maître l'empereur, réponds-moi?

François ne voulait rien précipiter, d'abord parce que le temps travaillait pour lui, et aussi parce qu'il ne pouvait pas courir le risque, faute de détenir une « sûreté de camp » soigneusement établie, d'être fait prisonnier sur les bords de la Bidassoa après le combat. Mais Bourgogne, avant toute chose, veut s'acquitter de la mission dont il a été chargé.

– Sire, qu'il vous plaise que je fasse d'abord mon office et dise ce que l'empereur m'a commandé.

– Non, roi d'armes, s'exclame le roi, si tu ne me donnes pas d'abord la patente signée de ta main qui contient la sûreté du camp et rien d'autre.

– Sire, recommence le malheureux, Sa Sacrée Majesté l'empereur...

– Je te dis de ne me parler de rien, interrompt à nouveau François, je n'ai affaire qu'avec ton maître! Mais quand tu m'auras donné cette patente et que le camp sera bien assuré, alors je te permettrai de dire ce que tu veux et non d'autre façon.

– Sire, reprend Bourgogne, il m'a été commandé de lire moi-même ce texte et ensuite de vous le donner.

Visiblement, François fait tout pour reculer l'échéance... peut-être pour mieux sauter. L'aller et retour du roi d'armes, revêtu ou non de sa cotte de mailles, dure depuis quatre mois! Aussi le roi se lève-t-il avec brusquerie :

– Comment ton maître veut-il établir de nouvelles coutumes en mon royaume? Ton maître ne peut pas donner des lois en France, mais d'abord baille-moi la « patente » – un *habeas corpus*, une sorte de sûreté individuelle en somme... – Après, tu diras ce que tu voudras.

Bourgogne insiste... mais en vain. Piteux, il sera obligé de quitter Paris.

– Votre commission est faite, lui lancera Montmorency, vous pouvez vous en retourner!

Devrait-on assister à cet extravagant duel entre les deux souverains? Les deux plus grands princes chrétiens s'entretuant, quel scandale inconcevable! En fait, ces discours, ces palabres prolixes laisseraient supposer que ni l'empereur ni le roi ne tiennent à se battre. Une fois de plus, Charles Quint réunit son conseil qui, devant les dérobades de François, conclut que le roi de France, en ne permettant pas au héraut de remplir son office, a refusé le combat avec une évidente mauvaise fois. Et puis Charles, bien que courageux, ne devait pas envisager sans appréhension une rencontre, la pesante épée à la main, avec le roi-chevalier qui a une tête de plus que lui – et la réputation d'être une fine lame!

Donc on reste de part et d'autre sur ses positions et on attend que les événements permettent de reprendre des négociations que, pour l'instant, on met au point mort. Les deux adversaires regardent vers l'Italie où la situation s'aggrave brusquement. Lautrec a commencé le siège de Naples, mais refuse de poursuivre les Espagnols qui se sont enfuis vers la pointe de la « botte ». Le frère de Françoise de Châteaubriant a pourtant été mis à la tête d'une armée plus forte que la force espagnole commandée par le prince d'Orange, mais, indécis, perplexe, perpétuellement hésitant, il n'ose rien entreprendre.

Les choses se précipitent : le roi de France commet l'erreur d'accorder des privilèges à Savone, cité rivale de Gênes, et l'amiral génois Andrea Doria, au service de François Ier, n'ayant, en outre, pas reçu sa pension, quitte la partie. Il « tourne sa robe ». Sous le feu de la colère – une colère qui lui rapportera 60 000 écus d'or par an – il passe, lui et ses galères, au service de Charles Quint, qui devient ainsi « le seigneur de la mer ». En vain François essaye-t-il de rattraper l'amiral... celui-ci ne daigne même pas répondre aux avances du roi de France.

Le choléra s'en mêle – et Lautrec en meurt le 15 août 1528. La plus grande partie de son armée, commandée maintenant par Saluces, le suit dans la tombe... On ensevelit les corps çà et là. Comme l'évoquera plus tard Brantôme, en une image impressionnante, « cimetières et champs en furent longtemps tout bossus ».

Des vingt-cinq mille hommes de Lautrec, il en reste à peine quatre mille, et combien d'entre eux parvinrent à regagner l'Italie du Nord où l'incapable comte de Saint-Pol s'évertuait à se maintenir avec une poignée de Milanais et de Vénitiens? Au mois de juin 1529, le détachement sera écrasé et Saint-Pol fait prisonnier.

Cette fois l'Italie semblait bien être définitivement perdue pour François...

Il fallait maintenant mettre fin à ce flot d'injures lancées par voie de hérauts. Ce sont deux maîtresses femmes qui vont y parvenir – et cela non sans peine! Le chemin de la Paix des Dames sera ardu. D'abord Louise, dont le cœur de grand-mère saigne à la pensée du véritable martyre infligé à ses deux petits-enfants – sentiment qui n'est pas incompatible avec ses entrailles politiques. On parle même des larmes qu'elle a répandues, retirée, seule, dans sa chambre au château de Saint-Germain. Certes, on ne la verra pas partir pour l'Espagne, une cotte de mailles à la main, mais elle peut agir auprès de Marguerite d'Autriche, tante de Charles Quint. D'abord, celle-ci demeure à Malines et se trouve donc plus près de la France. Et puis son optique politique est plus proche de celle de Louise que du point de vue de son neveu, gonflé dans son orgueil castillan et encroûté dans un inexplicable entêtement.

Cependant Louise se méfie de son fils qui porte trop haut le front et fait la roue en agitant son honneur comme une oriflamme! Il faut savoir finir une guerre, ruser humblement et laisser à l'écurie ses grands chevaux, même s'ils ne sont pas de Lorraine (1)!... C'est en se cachant du roi que Louise reçoit, lors de son séjour à Paris, le secrétaire de Marguerite d'Autriche, Guillaume des Barres. Elle le lui répète, il faut faire la paix!

— Nul n'est plus tenu d'y chercher remède que Madame Marguerite et moi, affirme-t-elle.

Des Barres approuve, mais comment convaincre la tante de Charles Quint, qui n'est pas au courant des événements? Aussi Louise décide-t-elle d'envoyer à Malines son secrétaire Bayart, un homme à qui elle peut se fier entièrement. Reçu par la gouvernante des « Pays d'En-bas », il lui déclare :

— La paix ne peut se faire par nulles autres mains que par les vôtres et celles de Madame la Régente. Les reproches et les injures échangées entre les deux princes ont été si loin qu'il semble impossible qu'ils puissent par eux-même abolir leur honneur.

Et puis, si Charles et François ne se montrent pas d'accord, ils pourront, l'un comme l'autre, se dérober et jeter aux deux femmes « chat aux jambes », selon l'expression du temps, autrement dit les désavouer et les faire trébucher.

La petite-fille du Téméraire réfléchit. Elle n'aime

_____

(1) La noblesse de Lorraine était divisée en quatre familles, dites les *Grands Chevaux*, et en de nombreuses *Petits Chevaux*. Mais certains *Petits Chevaux* estimaient être d'aussi bonne et ancienne noblesse que les *Grands Chevaux*... et intriguaient. D'où l'expression « monter sur ses grands chevaux ».

guère la France dont elle a failli être reine. Alors que Louis XI régnait encore, elle était arrivée à Amboise, âgée de trois ans, serrée dans les bras de sa nourrice pour épouser plus tard le dauphin, le futur Charles VIII.

> *Moi, Marguerite, de toutes fleurs le choix*
> *Ai été mise au grand verger françoys*
> *Pour demeurer près des fleurs de lys...*

Anne de Beaujeu – toujours elle... – l'avait élevée, lui recommandant d'avoir toujours « port humble, humbles regards, basses paroles ». Un jour de septembre 1488, Charles VIII – il était maintenant monté sur le trône – quitta Amboise pour Nantes et s'en alla prendre congé de la « reine Marguerite, laquelle – elle était alors âgée de neuf ans – après avoir honorablement embrassé et salué le roi, lui dit en pleurant qu'elle savait bien qu'il s'en allait en Bretagne pour épouser une autre femme ».

– Je n'abandonnerai jamais celle que mon père m'a donnée pour épouse, répondit le roi Charles, et il ajouta que tant que la petite princesse vivrait, il n'en aurait point d'autre.

Serment politique! Anne de Beaujeu veillait. Afin que la Bretagne devienne terre de France, Charles VIII dut renvoyer à Maximilien d'Autriche sa fille Marguerite, et épouser sa femme... – car le futur empereur s'était marié par procuration avec Anne, la petite Bretonne... « Ne vit-on jamais en pays allemand roi et empereur tolérer une telle honte », s'indignait un chroniqueur autrichien scandalisé.

Marguerite n'en demeura pas moins à Amboise jusqu'au mois de juin 1493. Anne de Bretagne et Charles étaient alors mariés depuis un an et demi! La nouvelle reine couvrit de bijoux et de robes somptueuses sa petite rivale, et Marguerite, en larmes, quitta la France, escortée par les gentilshommes attachés à son service depuis dix ans.

La rancœur, et bientôt la haine, avaient succédé aux pleurs...

Aussi Madame la Gouvernante ne se laisse-t-elle pas convaincre facilement par Bayart. Un nouveau traité est cependant mis péniblement au point entre les hommes de confiance des deux princesses. N'y aurait-il pas beau rôle à jouer pour Charles? Que « d'honneur et de réputation » ne rejailliraient-ils pas sur lui en faisant la paix alors qu'il avait été « menacé et requis par son ennemi »? D'ailleurs, la Bourgogne risque de se montrer turbulente dans le cas où, détachée de la France, elle deviendrait province impériale. Mieux valait faire bon cœur à mauvaise fortune! On fait miroiter à l'empereur les quatre tonnes et demie d'or de la rançon. Ce n'est pas là un miroir aux alouettes! Les arguments ont du poids et, non sans soupirer, Charles se décide à donner « commission » à sa tante pour qu'elle conduise les négociations.

Et François?

Au même moment, il reçoit les doléances des paysans de la Beauce, de la Brie et du Beauvaisis. L'été précédent – exactement le 27 juillet 1528 – des grêlons « gros comme le poing » étaient tombés sur toute la région, « tuant bêtes aux champs, oiseaux en vol et faisant monter le prix du blé de 35 sols le setier à 70 ». Bien sûr, le roi fait distribuer un viatique aux plus miséreux, puis il part pour la chasse en forêt de Fontainebleau, de Boulogne-sur-Seine ou de Saint-Germain. Entre deux hourvaris, il va admirer sa nièce, la petite fille que vient de mettre au monde Marguerite. Prénommée Jeanne, elle donnera le jour au futur Henri IV, roi de France. Puis il repart chasser, donnant l'impression de se désintéresser totalement des intrigues de sa mère. Il s'agit là d'un ouvrage de dames... rien de plus! Il ne veut surtout pas solliciter quoi que ce soit! C'est alors qu'intervient Montmorency :

– Sire, je vous supplie, aussi humblement qu'il m'est possible, et comme votre très humble créature, de mettre principalement devant vos yeux de combien la paix est aujourd'hui nécessaire, pour éviter les maux et inconvénients que nous voyons advenir chaque jour.

Le roi l'admet et, suivant l'exemple de Charles, accepte lui aussi de « donner commission » – et les deux dames, en compagnie de leurs conseillers, échangent textes, propositions, contre-propositions... mais les rois d'armes et leurs cottes de mailles demeurent sagement chez eux. Finalement, Madame la gouvernante Marguerite accepte de rencontrer à Cambrai Madame la régente Louise. Aussitôt, de part et d'autre, une abondance de vaisselle d'or, de meubles, de vivres prend la direction de cette ville, dite « libre d'empire ». Quand les logis sont prêts, Louise, accompagnée de cent dames, de six cents gentilshommes sévèrement vêtus de noir – il ne s'agit pas de jouter, ni de danser –, de quatre cents pages, de quatre cents chariots et de six cents mulets, se met en chemin.

On atteint Cambrai le 5 juillet 1529 et Louise s'installe à l'hôtel Saint-Pol. Marguerite arrive, elle aussi, mais un peu plus modestement et va demeurer avec sa suite en face de l'hôtel, à l'abbaye de Saint-Aubert : il n'y a que la rue à traverser! Mieux, on construit une passerelle drapée de tapisseries afin que les deux dames puissent aller converser sans mettre leurs pas dans la poussière.

Il faudra près d'un mois de discussions, de dérobades et de ruses – et même un faux départ simulé, celui de Louise, le 24 juillet – pour jeter les bases d'un accord et faire heureusement aboutir, le 3 août, la fameuse paix des Dames « cette paix en quoi vous et moi avons tant labouré », pourra écrire fièrement Louise à Marguerite.

Après une messe solennelle célébrée en la cathédrale de Cambrai, après l'échange rituel des serments, Louise et Marguerite se rendent à Saint-Quentin où le roi François attend le résultat des négociations... en chassant, cette fois dans la forêt de Coucy. Il reçoit la dépêche de sa mère. La paix signée, François doit d'abord apaiser Henry VIII, qui aurait voulu que l'on se batte... pour obtenir la légitimité de ses amours! Toujours Anne Boleyn, que le roi ne parvient pas à épouser! Un monceau d'or fait taire ses soupirs! François doit également calmer ses alliés italiens, fort désolés de voir la Ligue s'effondrer et leurs espoirs de liberté une fois de plus anéantis. Enfin le roi, les larmes aux yeux, selon le Florentin Carducci – mais ne joue-t-il pas la comédie? – accepte le traité. Dans les rues de Saint-Quentin, Marguerite de Navarre et Louise de Savoie, chevauchant leurs haquenées, lancent au peuple des pièces d'or et d'argent.

La paix est faite.

La Bourgogne demeure française, ainsi que les comtés de Boulogne, de Guines et de Ponthieu, les villes de la Somme, Péronne et Montdidier. Mais en revanche, et la renonciation est de taille, le roi doit abandonner Hesdin, Lille, Douai, Orchies, Tournai, Saint-Amand, et surtout – quel crève-cœur pour lui! – le Milanais. Il doit encore renoncer à la suzeraineté royale sur la Flandre et l'Artois, ainsi qu'à ses droits sur Naples et Asti.

Tel est le prix du désastre de Pavie.

Maintenant, les centaines de mulets chargés d'or peuvent prendre le chemin de la Bidassoa, permettant aux pauvres petits princes de quitter leur prison et à la reine Eléonore de rejoindre enfin son mari. Mais les préparatifs vont encore se prolonger durant près d'une année! Charles Quint a bien autre chose en tête que la liberté du dauphin de France et de son frère! A Boulogne, le 22 février 1530, il recevra des mains de Clément VII la couronne de fer des rois de Lombardie et, deux jours plus tard, anniversaire de la bataille de Pavie, le pape posera sur son front la couronne d'or du Saint Empire romain.

Les deux enfants de France ont été mis en prison à la forteresse de Berlanga, puis enfermés au lugubre château féodal castillan de Pedraza de la Sierra, dans la province de Ségovie. Etroitement surveillés, ils n'ont que deux pièces à leur disposition, deux pièces aux fenêtres grillées, glaciales en hiver et étouffantes en été. Autour d'eux, point de Français, mais des geôliers espagnols! Leur sort est affreux et Isabelle de Portugal, la jeune épouse de Charles Quint, en est profondément attristée. Elle envoie au gouverneur de la prison 2 000 ducats – prélevés sur sa cassette personnelle – « pour pourvoir à la garde-robe des princes et améliorer leur ordinaire », et elle ajoutait : « Je vous prie de vous occuper immédiatement de leurs vêtements, car les personnes qui, venues de France, les ont vus, les ont trouvés bien mal équipés. Mais faites ceci de telle façon qu'on ne puisse dire qu'il y a rapport entre ces visites et le changement. »

Au lendemain de la signature du traité de Cambrai, Charles Quint autorise Jean Bodin, huissier de la chambre de Louise de Savoie, à visiter les enfants, alors en captivité depuis trois ans et demi! « On me mena, raconte-t-il, en une chambre du château, assez obscure, sans tapisserie, où il y avait seulement des paillasses; en laquelle chambre étaient mesdits seigneurs, assis sur petits sièges de pierre contre la fenêtre de ladite chambre, garnie par dehors et par dedans de gros barreaux de fer, la muraille ayant huit ou dix pieds d'épaisseur; ladite fenêtre si haute qu'à toute peine peuvent mesdits seigneurs avoir l'air et le plaisir du jour, ce qui conviendrait mieux à détenir personnes atteintes de gros crimes. Ledit lieu est tant ennuyeux et malsain pour le jeune et tendre âge de mesdits seigneurs, ainsi menés et détenus, et en si pauvre ordre de vêtements, sans ruban de soie ni autre parure, que chausses blanches et souliers de velours noir par-dessus, que ne me fut lors possible contenir mes larmes. »

L'huissier regarde avec attendrissement les dessins que, comme bien des prisonniers, le fils aîné de François a tracés sur le mur et que le capitaine

Peralta montre au visiteur en lui faisant remarquer :

– Je crois que, si le roi envoyait ici quelque peintre ou imagier, le seigneur dauphin deviendrait bientôt un grand maître, car il passe ses journées à dessiner des petits bonshommes.

Remis de son attendrissement, Bodin annonce à « sesdits seigneurs » qu'ils vont bientôt être délivrés... mais, d'un air triste, l'aîné l'interrompt en lui demandant de poursuivre son discours en espagnol.

– Ne savez-vous donc plus le français ?

– Comment l'aurais-je pu retenir, vu que je n'ai nul de mes gens avec qui je puisse converser et parler ?

Et la conversation se poursuit en espagnol. « Durant cet entretien, ils passèrent, avec la permission du gouverneur, dans une autre chambre encore plus pauvre et plus mal garnie que la première. Le dauphin et son frère allèrent tout de suite vers la fenêtre pour avoir un peu d'air et de jour, puis ils prirent chacun un petit chien entre leur bras. Les soldats se trouvant là dirent que c'était maigre passe-temps pour de si hauts princes... »

Le lendemain, Bodin, non sans mal, parvient à revoir les petits prisonniers pour leur remettre « des bonnets de velours brodés d'or et ornés de plumes blanches ». Mais les geôliers interdirent aux enfants de s'en coiffer de peur que, « par art magique ou nécroman, ces objets ne les aidassent à s'envoler de leur prison et à retourner en France ».

Les préparatifs d'échange commencent à Bayonne. L'argent de la rançon a été réuni avec beaucoup de mal. Au dernier moment, on s'aperçoit que tout un lot d'écus n'est pas au titre spécifié. Ils sont déclarés de mauvais aloi... Les commissaires espagnols réclament un complément de 41 275 écus. On le leur donne pour qu'ils se taisent. On prépare également l'arrivée de la nouvelle reine de France, Eléonore, qui n'exige pas moins de quatre cents chevaux pour son propre cortège. Suit « un grand bagage, qui semble celui d'une armée ».

Quatre hommes – deux Français, deux Espagnols – flanquent chacun des trente et un mulets portant les coffres chargés d'or qui marchent pesamment vers la Bidassoa. Le vendredi 1er juillet 1530, à l'endroit même où avait eu lieu l'échange du 17 mars 1526, la nef chargée de caissettes d'or quitte la rive française du fleuve, tandis que la gabarre où ont pris place les deux petits princes fait force de rames vers le ponton élevé au milieu du fleuve. C'est alors que se déroule une scène qui dut réjouir Rabelais. S'adressant au dauphin François, le connétable de Castille, Louis de Praëdt, s'excuse en ces termes :

– Si je ne vous ai pas traité comme je le devais et comme il vous appartient, c'est que mon devoir était de vous bien garder. Pardonnez-moi!

Le dauphin répond « qu'il s'en tenait content et qu'il était sous son commandement ». Le connétable, se tournant ensuite vers le duc d'Orléans, s'apprêtait à lui exposer ses regrets, lorsque ce dernier, d'une manière tout à fait incongrue « lui fit une pétarade » (1)...

Les deux embarcations s'éloignent maintenant du ponton. L'une est chargée à ras bord des caisses d'or, maintenant sous la garde de Louis de Praëdt, tandis que le grand-maître, Montmorency, « amène le trésor de France », autrement dit les deux petits princes.

Au même instant, la nouvelle reine, accompagnée d'une suite de cent personnes, traverse la Bidassoa. Il sera minuit lorsque tous se retrouveront à Saint-Jean-de-Luz. Déjà un cavalier – Montpezat, le courrier de Pavie – est parti pour Bordeaux. Le samedi 2 juillet, à 9 heures du soir, il atteint le logis du roi, entre dans la chambre de François et lui annonce le retour de ses fils. Le roi se lève, rayonnant, puis

---

(1) Précisons que la définition que donne le *Petit Larousse* est celle-ci : « Suite de pets que fait un cheval en ruant »...

tombe à genoux devant le crucifix tandis que de lourdes larmes de joie roulent de ses yeux.

— Dieu éternel, murmure-t-il, quel honneur pourrai-je jamais te rendre en échange du bien et de la joie que je reçois de toi!

Les cloches de la ville sonnent à toute volée, trompettes, clairons et hautbois résonnent joyeusement devant le logis royal. A travers la France, les courriers galopent pour annoncer le grand événement. A Paris, « c'était merveille d'ouïr un si grand nombre de cloches carillonner avec les grosses de Notre-Dame, et mêmement l'horloge du Palais fut carillonnée bien longtemps... Messieurs de la ville firent à l'autel d'ycelle grande fête et solennité avec trompettes, clairons, buscines, tambours et autres instruments musicaux; et y étaient tous honnêtes gens bienvenus... ». On ne se souvenait pas, de mémoire d'homme, « avoir vu démontrer une plus grande joie au peuple... ».

Et puisqu'en France tout finit par des chansons, Janequin composera ces vers :

> *Chantez, dansez, jeunes fillettes,*
> *Bourgeoises et bourgeois*
> *Faites sonner vos doulces gorgettes*
> *Disant à haulte voix :*
> *Vive les enfants du noble roi François!*

« Je vous prie ne faillir de faire loger ma femme demain soir en quelque logis que vous aviserez entre le Mont-de-Marsan et Roquefort. »

Ce billet, signé par François Ier, est adressé de Preignac au fidèle Montmorency. Celui-ci se hâte de trouver le nid dans lequel François et Eléonore pourront consommer leur mariage, conséquence de la défaite de Pavie, ce qui n'a rien d'aphrodisiaque... Il choisit, non loin de Mont-de-Marsan, la petite abbaye de Saint-Laurent-de-Beyrie. C'est dans ce saint lieu, tenu par des clarisses, que le roi retrouvera sa femme et ses enfants qui ont dîné, ce même mercredi 6 juillet, à Mont-de-Marsan.

En arrivant vers minuit, le roi va réveiller d'abord les deux petits princes et, profondément ému, les embrasse longuement. Comme ils ont changé! Il se rend ensuite dans la chambre de la blanche Eléonore... Elle l'attend, vêtue hiératiquement à l'espagnole, ses longs cheveux blonds cuivrés sont dénoués et tombent jusqu'à ses pieds. Après une heure d'entretien, ils se quittent, car le mariage ne peut être consommé que le lendemain jeudi 7 juillet, après la messe dite en fin d'après-midi. Les témoins, fort étonnés, remarquent que François et Eléonore n'ont point cessé de bavarder pendant l'office. Que durent penser les pieuses clarisses? Puis, nous rapporte le chroniqueur, à 2 heures après minuit, ils sont allés au lit « pour prendre le plaisir de mariage l'un avec l'autre », et ne sortirent de la chambre qu'à « 2 heures après midi ».

François a-t-il été déçu? Peut-être, s'il faut en croire cette mauvaise langue de Brantôme, qui affirme que lorsque Eléonore « était habillée et vêtue, elle semblait une très belle princesse, de belle et riche taille, mais qu'étant déshabillée », on s'apercevait que le haut de son corps paraissait « si long et grand » qu'on la prenait pour une géante. « Mais, précise-t-il, tirant en bas, elle faisait penser à une naine, tant elle avait les cuisses et les jambes courtes »... Assurément, ce défaut devait être moins apparent lorsque la nouvelle reine était couchée...

Quoi qu'il en soit, François respectait trop les femmes pour faire sentir à Eléonore que seule la politique l'avait mise dans son lit. Il la traitera avec courtoisie – mais pourra-t-il vraiment oublier qu'elle est la sœur de son pire adversaire ?

Quant à la reine, elle admire son mari – et aimera même le grand ennemi de son frère. Lorsqu'il sera absent, elle lui écrira pour lui dire sa hâte de le rejoindre et le remercier « humblement pour la joie et le plaisir que lui avaient donnés ses tant bonnes gracieuses lettres ». Et il ne s'agissait pas là de quelconques formules de politesse...

C'est par eau que les nouveaux mariés gagnent Bordeaux en compagnie, bien sûr, d'Anne de Pisse-leu qui ne quitte plus le roi, même au cours de son voyage de noces... On débarque à la porte du Cailhau, tandis que tonnent les canons. Eléonore s'évente avec un gigantesque éventail, car il fait chaud et lourd en cette journée du 10 juillet 1530. Elle a pris place dans une litière tendue de drap d'or. On admire sa robe espagnole « de velours cramoisi » doublée de taffetas blanc et aux manches bouffantes couvertes de broderies d'argent. Elle est coiffée d'une « crespine de drap d'or frisé, faite de papillons d'or... » d'où s'échappaient ses cheveux « qui lui pendaient par-derrière jusqu'aux talons, entortillés de rubans ». Sur son bonnet de velours assorti à la robe, couvert de pierreries, oscille « une plume blanche tordue à la façon que le roi portait ce jour-là ».

Mais on regarde surtout les deux petits princes. *Ils partaient en pleurant, ils reviennent avec joie,* affirme un panonceau armorié dressé sur l'un des traditionnels échafauds. Sur l'un d'eux, on a repré-senté le dauphin à qui la ville de Bordeaux offre humblement son cœur.

Le lendemain, Eléonore s'incline profondément devant Louise qui, fort souffrante, est demeurée à Thouars-lez-Bordeaux. La régente fait l'effort de quitter son lit pour recevoir sa belle-fille, mais elle doit bien vite se recoucher... pour se relever le lendemain, et prendre place dans sa litière qui la portera à faible allure jusqu'à Angoulême. Elle est en compagnie d'Eléonore qui, à la demande de la régente, a mis, cette fois, une robe de satin blanc de coupe française. La nouvelle reine la revêtira également pour la joyeuse entrée dans Cognac, le 27 juillet. Partout les salamandres étincellent, partout se dressent les échafauds où ont pris place des jeunes filles souvent joliment déshabillées qui chantent les charmes et les vertus de la nouvelle souveraine. François est plein d'attentions pour elle et lorsque, à l'arrivée à Amboise, il voit Eléonore souffrir d'une indigestion, il s'inquiète et vient prendre de ses nouvelles de jour et de nuit.

On passe l'hiver à Saint-Germain. Le samedi 11 février 1531, la cour s'installe à Paris, aux Tournelles, où l'on apprend le double décès du cardinal Thomas Wolsey, alors en totale disgrâce, et de Marguerite d'Autriche. Les disparus sont de la génération de la régente et leur mort frappe douloureusement Madame Louise.

Les Parisiens apprécient leur roi; ils aiment son panache et le sentent près d'eux, attentif. Ils ont été sensibles à son attitude lorsque, deux années auparavant, au cours de la nuit du 1er juin 1529, une statue de la Vierge, placée à l'angle de la rue des Deux-Siciles, avait été défigurée et à moitié brisée par des hérétiques qualifiés de « chiens maudits de Dieu ». Paris avait été bouleversé par le sacrilège et François avait promis 1000 écus d'or à celui qui ferait découvrir les coupables. Quelque temps plus tard, il accompagnera la statue mutilée jusqu'à l'église Saint-Gervais et, le premier, versera son obole pour que l'on puisse sculpter une nouvelle statue en bois recouvert d'argent qui, en 1531, s'élèvera à l'emplacement de la Vierge martyre.

L'ordre était maintenu à Paris à grand renfort de châtiments. C'est ainsi que, le 23 septembre 1529, on avait annoncé à son de trompe que désormais ceux qui « maugréaient ou reniaient le nom de Dieu » seraient punis. La sévérité des peines infligées augmenterait impitoyablement en cas de récidive. Le délinquant primaire serait condamné à une amende de 60 sols, le récidiviste, dans un ordre croissant en fonction du nombre de ses forfaits, aurait la langue fendue, puis percée et, pour finir, au quatrième délit – qui serait forcément le dernier – on le pendrait. En 1530, la justice, encore plus expéditive, décide que la langue du coupable serait percée dès la première fois et que s'il commettait un autre crime, il serait frappé de la peine de la « hart », c'est-à-dire qu'il serait étranglé...

On ne badinait pas à l'époque!

Plus tard, un édit de 1536 exigera que tout homme convaincu de s'être enivré soit emprisonné la première fois, fouetté la seconde, puis, s'il était de nouveau pris en état d'ivresse, aurait les oreilles coupées et serait banni du royaume. Quant aux meurtriers, à partir du 11 janvier 1554, ils ne seront plus pendus et brûlés, mais brûlés après avoir eu les membres cassés, « puis seront mis et liés sur roue dressée vers le ciel pour y achever leur vie tant qu'ils pourront languir ». L'atroche supplice de la roue faisait ainsi sa sinistre entrée dans l'Histoire.

Le 3 mars 1531, à Saint-Denis, Eléonore ceint la couronne de France et, le 5 mars, la sœur de Charles Quint fait son entrée solennelle dans Paris. Le roi s'est placé à une fenêtre d'où il assiste au spectacle. François, qui ne s'embarrasse pas de scrupules, est accompagné d'Anne de Pisseleu, maîtresse souveraine de son cœur. Cette situation scandalise d'ailleurs l'ambassadeur d'Henry VIII. Le roi d'Angleterre n'était pas cependant un parangon de vertu!... La foule crie son enthousiasme, les enfants entonnent des chœurs, les trompettes sonnent et la journée s'achève par un banquet monumental donné par Paris à l'Hôtel de Ville, l'ancienne Maison aux Piliers. François trouve le local trop exigu et indigne de Paris. Il demandera au *Boccador*, l'Italien Dominique de Cortone, de construire une nouvelle Maison de Ville, celle-là même qui, flanquée de deux ailes par le roi Louis-Philippe, brûlera en 1871, après avoir vécu des heures chargées d'Histoire (1).

Si l'on veut connaître un aspect de la vie quotidienne à Paris à cette époque, il faut citer cet extrait d'une dépêche de l'ambassadeur vénitien Jérôme Lippomano : « Paris a en abondance tout ce qui peut être désiré, les marchandises de tous les pays y affluent : les vivres y sont apportés par la Seine de Normandie, d'Auvergne, de Bourgogne, de Champagne et de Picardie. Aussi, quoique la population soit innombrable, rien n'y manque : tout semble tomber du ciel; cependant le prix des comestibles y est un peu élevé, à vrai dire, car les Français ne dépensent pour nulle autre chose aussi volontiers que pour manger et pour faire ce qu'ils appellent « bonne chère ». C'est pourquoi les bouchers, les marchands de viande, les rôtisseurs, les revendeurs, les pâtissiers, les cabaretiers, les taverniers, s'y trouvent en telle quantité que c'est une vraie confusion : il n'est rue tant soit peu remarquable qui n'en ait sa part... Cet art est si avancé à Paris qu'il y a des cabaretiers qui vous donnent à manger chez eux, à tous les prix... » Une personne seule ne dépensera qu'un *teston*, monnaie nouvelle de faible valeur frappée en 1513, et sur laquelle était gravée la tête du roi régnant. Si l'on est nombreux « pour 20 écus, on vous donnera, j'espère, la manne en potage ou le phénix rôti, enfin ce qu'il y a au monde de plus précieux. Les princes et le roi lui-même y vont quelquefois... ».

Le roi a-t-il entraîné avec lui la nouvelle reine dans ce genre d'excursion ? Il ne semble pas... Mais, avec fierté, il lui fait visiter sa capitale – et d'abord le nouveau Louvre auquel on travaille depuis qua-

(1) Les deux architectes Ballu et Deperthes, qui ont construit l'actuel Hôtel de Ville de Paris – il sera terminé en 1883 – se sont fort heureusement inspirés du précédent monument élevé par le Boccador à la demande du roi François.

tre années : au mois de février 1527, on a commencé à abattre la grosse tour, « pour faire un logis de plaisance et pour le roi y loger... Toutefois, soupire *le Bourgois de Paris*, ce fut grand dommage de la démolir, car elle était belle, haute et forte, et était appropriée à mettre prisonniers gens de grand renom... ». Son tracé est toujours visible dans l'actuelle cour Carrée du Louvre. Le roi amène également Eléonore « en un lieu de plaisance près du bois de Boulogne et du couvent des religieuses de Longchamp, qui est aussi sur la rivière Seine ». C'est là, depuis Pâques 1528, que l'on élève un château « que l'on nomme le Roi-Madrid, parce qu'il était semblable à celui d'Espagne auquel le roi avait été prisonnier ». Il n'en demeure rien...

La semaine des festivités se termine par un grand tournoi donné en l'honneur de la Beauté, rue Saint-Antoine, à deux pas des Tournelles. La rue est dépavée et la chaussée transformée en piste sablée, une tribune est élevée le long des maisons, à la hauteur de l'actuel 62 de la rue Saint-Antoine. C'est bien entendu Anne de Pisseleu qui remporte la palme. La maîtresse du roi ne pouvait que triompher... et cependant si une femme méritait cette flatteuse décoration, c'était bien Diane de Poitiers. Aussi, prix de consolation, c'est devant celle que l'on appelait la Belle des belles que le petit duc d'Orléans abaisse son étendard. C'est pour elle qu'il va rompre sa première lance. Dans vingt-huit années, en ce même endroit, ce même duc d'Orléans devenu le roi Henri II, portant à son casque un lourd panache de plumes noires et blanches, couleurs de sa maîtresse Diane, sera mortellement frappé par la lance de Gabriel de Montgomery.

Diane de Poitiers!

Diane à l'éternelle beauté. Nous l'avons vue, à Chantilly, au bain; nous l'avons vue, à Anet, sans voiles, nonchalemment appuyée sur le flanc d'un cerf royal; nous l'avons d'ailleurs vue cent fois nue dans tous les musées. C'est même, assurément, le personnage de l'Histoire de France dont on connaît le mieux l'anatomie...

Diane n'a rien d'une pâle héroïne romantique. Son visage est beau, mais sévère. C'est une femme à la taille fine, bien sûr, mais au corps généreux, puissant, épanoui, une « fleur de beauté » comme l'on disait alors. Tous les matins, elle prend un bain glacé, puis monte fougueusement à cheval, galopant derrière la meute. Pour elle, pas de plus grand plaisir que la chasse. Elle le dit elle-même :

> L'on y perd toute mélancolie
> A mal faire ne peuvent hanter
> Gens qui usent de tel métier.

A quinze ans – le 29 mars 1515 – on avait marié cette Diane chasseresse au sévère baron Louis de Brézé, grand sénéchal de Normandie, c'est-à-dire vice-roi de la plus importante province du royaume, et petit-fils de Charles VII, par une bâtarde du roi et d'Agnès Sorel. C'était là un beau mariage, même pour une jeune fille de la puissante maison de Poitiers. Le plus étonnant fut que le baron, alors âgé de cinquante-six ans, ne parut nullement ému par cette enfant qu'on mettait dans son lit. Dès le lendemain de la brève lune de miel, M. de Brézé partit avec le roi sur la route de Marignan, et ce fut la petite épousée qui se mit à languir et à pleurer l'époux absent. Diane fêta son retour et, comme l'a dit son excellent biographe, Philippe Erlanger, elle commença auprès de lui une vie conjugale digne, sereine, exemplaire... irritante au point qu'on se résolvait mal à y croire.

Cette fidélité conjugale surprit tant les contemporains – et certains historiens – que l'on fit de Diane la maîtresse de François Ier! Nous l'avons vu, il s'agit là d'une calomnie. Cependant, le roi François aimait s'entretenir avec la belle sénéchale. Un jour il lui confiera même à quel point le comportement de son fils Henri, qui est toujours de sombre et bizarre humeur, l'inquiète. Sans doute, celui que la cour appelle déjà le Beau Ténébreux est adroit jouteur, beau cavalier, habile au desport – il saute vingt-quatre pieds en longueur...

– Mais l'avez-vous déjà vu rire? demande le roi.

Diane aurait pu dire à François que quatre années de dure captivité en Espagne suffisaient pour rendre n'importe quel enfant taciturne. Mais la belle chasseresse de trente-quatre ans se contente de répondre en riant :

– Fiez-vous à moi, j'en fais mon galant!

Bien sûr, il s'agit d'un galant comme on l'entendait dans les romans de chevalerie. C'est l'amour pur et désintéressé du chevalier pour sa dame, c'est la passion de l'esprit et non des sens.

– Trouver chasteté en un cœur amoureux est chose plus divine qu'humaine!

L'humain a parfois aussi du bon... Mais le Beau Ténébreux n'en demandera pas davantage. Il rêvera à Diane qui avait vingt ans de plus que lui, et il l'aimera en soupirant. Nous verrons plus tard comment ces soupirs moyenâgeux se concrétiseront... en amour de la Renaissance.

CHAPITRE XIII

LA LONGUE CHEVAUCHÉE

Au mois d'août 1531, Madame Louise, qui a tant *labouré* pour le royaume de son fils, se sent bien malade : coliques hépatiques et néphrétiques, gravelle et goutte, toute une série de maux s'acharnent sur son pauvre corps. La médecine se déclare impuissante... Pour tout arranger, il faut quitter Fontainebleau où la petite ville et sa forêt commencent à être encerclées par la peste. François est absent. Louise et sa fille, pour fuir l'épidémie, descendent vers la Sologne. Mais, à trois lieues seulement de Fontainebleau, le 22 septembre, à Grez-en-Gâtinais, Madame Louise gémit et souffre. Son état s'aggrave et l'on doit interrompre le voyage. On étend la moribonde; Marguerite demeure auprès de sa mère. Madame de Savoie sent qu'elle va devoir quitter ce monde sans avoir revu François. Marguerite l'entend murmurer :

– Inclinez-vous vers lui, Seigneur Dieu, et aidez mon fils dans ses grandes affaires!...

On dit la messe au pied de son lit, mais Louise, à demi paralysée, ne peut avaler l'hostie et Marguerite communie pour sa mère. La régente est maintenant plus calme et serre dans ses mains amaigries un crucifix. C'est ainsi qu'elle meurt « en extase ravie », affirme un chroniqueur.

François pleure longuement et se met en prière lorsqu'il apprend le lendemain à Chantilly, chez

Montmorency, la mort de sa mère. Il galope vers Saint-Maur-des-Fossés où l'on a exposé, sur un lit de parade, la *remembrance* de Louise. L'effigie est si ressemblante que François sanglote et tombe évanoui de douleur. Il ordonne des obsèques royales. C'est Marguerite qui conduira le deuil. Le cœur et les entrailles de Louise seront placés dans une urne d'argent et confiés à Notre-Dame de Paris. Le corps est inhumé à Saint-Denis et, pendant la Révolution, en 1793, sera jeté dans une fosse commune...

François est riche maintenant. Sa mère lui a légué une fortune de un million 500 000 écus, « tant en or, meubles et autres choses ». Ce trésor résonne agréablement dans son escarcelle. Le domaine privé du roi se trouve enrichi par les duchés d'Angoulême, d'Anjou, de Bourbonnais, d'Auvergne et de Châtellerault, auxquels viennent s'ajouter les comtés de Romorantin, du Forez, de Montpensier et de Clermont.

Heureux de vivre, François, homme d'action toujours en mouvement, décide de sillonner la France une nouvelle fois. La reine et le dauphin seront, bien entendu, du voyage, car il est temps qu'ils découvrent leur royaume. Aussi François s'effacera-t-il bien souvent devant sa femme et son fils au cours des successives « joyeuses entrées » et des divertissements qui, inévitablement, jalonnent le parcours.

Les premières, les villes du Nord auront le privilège d'accueillir la suite royale. Puis la cour se dirige vers la *mer estroicte*, en d'autres termes, la Manche. Après Dieppe, voici Rouen, qui est alors la deuxième ville du royaume. Devant la cathédrale, une pastourelle offre au dauphin un agneau, symbole de la cité. Comme toujours, lorsque la famille royale se déplace, les festivités et les banquets se succèdent. La cour séjournera tout le mois de février 1532 dans la capitale normande. Eléonore admire particulièrement la salle d'audience du palais de justice, « la plus ample, spacieuse, belle qui soit en parlement, sans exception la chambre dorée de Paris ». La navigation sur le *gros fleuve* Seine est tellement intense qu'on aperçoit à peine l'eau couler entre les bateaux!

Le roi achète à Rouen des broderies, des toiles d'argent et d'or qu'il affectionne. Il se penche également sur la gestion des hospices et les problèmes soulevés par l'avenir des trop nombreux enfants trouvés, ces nouveau-nés qu'on déposait anonymement dans le « tour », sorte de boîte pivotante placée à la porte des couvents et des hôpitaux. Quand ils grandiront, ces pauvres petits abandonnés seront habillés d'une robe rouge...

Le long cortège royal poursuit sa route jusqu'au Havre, dont le port est une création de François. On continue de travailler à son aménagement. Puis le roi prend le chemin de la Bretagne. La peste, paraît-il, règne sur le pays; aussi la reine et les plus jeunes fils de François se dirigent-ils vers Blois, tandis que le roi et le dauphin, après avoir visité la basse Normandie, partent pour Caen qui est « l'une des plus belles, spacieuses, plaisantes et délectables villes du duché... Il n'y a ville de l'Europe où il se fasse de plus beau et singulier linge de table que l'on appelle haute lice... ». L'Orne et l'Odon sont entourés de prairies où « les habitants et la jeunesse se promènent, prenant plaisir à la saison du printemps et de l'été..., comme aussi font les demoiselles, dames et bourgeoises à y étendre et sécher leur beau linge ».

Les Caennais offrent un spectacle au roi : *le Triomphe de Mars*. François « par ses vertus » est placé « au rang des preux ». Sur des échafauds, on découvre des allégories et des renommées qui embouchent leur trompette! Mais la politique ne perd pas ses droits : l'ambassadeur de Venise essaye d'obtenir du roi qu'il soutienne les Italiens menacés par Soliman et ses terribles janissaires. Avec une mauvaise humeur évidente, François, qui ne veut pas renier son amitié avec les Turcs, s'exclame :

– Je n'ai que faire en Italie, je n'y ai plus d'Etats, j'en ai été chassé, et fait prisonnier. C'est l'empereur qui est seigneur là-bas!...

Quelques jours plus tard, très morose, il répond sèchement à Gérard de Balançon, qui le prie, de la part de Charles Quint, de l'aider lui aussi à combattre Soliman :

– J'ai versé naguère deux millions d'or à l'empereur qui lui devraient suffire. Je ne suis ni marchand ni banquier.

Cependant, sa qualité de prince chrétien ne lui permet pas de refuser de prendre part « au danger, honneur ou perte ». De quelle manière? Envoyer au-delà des monts sa gendarmerie? Ce serait de la folie! Elle constitue la force essentielle de son royaume!

– Mes galères, je ne puis les donner non plus, explique-t-il encore, car il me faut protéger les côtes de la Méditerranée contre les pirates. Mais puisque l'Italie est en danger, j'offre d'aller la garder avec cinquante mille combattants.

Ces combattants auront pour mission, par leur seule présence, d'intimider Soliman et de l'empêcher peut-être d'envahir l'Italie.

Après un pèlerinage au Mont-Saint-Michel, le roi descend vers Châteaubriant. Le 14 mai, trois mille personnes – certains donnent même un chiffre plus élevé – acclament François et pénètrent dans la vieille forteresse élevée cinq siècles auparavant par le sire de Briant, et dont le mari de Françoise a entrepris la restauration.

Françoise de Châteaubriant – elle a maintenant trente-sept ans – accueille son ancien amant avec le sourire... Un radieux sourire qui la rajeunit instantanément. Le roi la trouve encore bien séduisante – si séduisante qu'il aimerait bien remonter le temps avec elle. Françoise ne se montre pas farouche et la cour demeure six semaines à Châteaubriant!... Le sire de Laval est fort occupé à distraire ses hôtes, ce qui lui permet de laisser son épouse faire seule « les honneurs » au maître – les honneurs de son corps, cela s'entend... François, en repartant, saura la remercier de ses bontés en ces termes :

« Don à Françoise de Foix, dame de Châteaubriant, de la châtellenie, terre et seigneurie de Sucinio, en Bretagne, pour en jouir pendant dix ans, dont le revenu lui sera payé par le receveur du lieu. »

Mais Anne de Pisseleu prend fort mal la chose.

– Comment pouvez-vous avoir plaisir à voler ainsi pour une noire corneille?

François, irrité, lui demande :

– Et quand je suis avec vous, pour qui volé-je?

– Pour un phœnix, répond la blonde Anne, sans la moindre modestie.

– Vous êtes si maigre, lui lance peu galamment François, que vous pourriez dire pour l'oiseau de paradis, qui a plus de plumes que de chair.

Le roi continuera à vivre avec Anne, mais parfois son cœur battra encore pour Françoise :

D'en aimer deux, ce m'est force et contrainte!

Infatigable, il mène de front l'amour et la politique. Il est indispensable de réunir définitivement la Bretagne au royaume. Mais les Bretons se font d'autant plus tirer l'oreille que Duprat voudrait qu'ils expriment *eux-mêmes* le désir d'être rattachés à la France. Claude, duchesse de Bretagne, n'avait jamais voulu se dessaisir de sa souveraineté au profit de son mari. C'est le dauphin François qui avait été nommé « légataire universel », le roi n'étant que « père, légitime administrateur et *usufructiaire* des biens de son cher et très aimé fils ».

Le dauphin fait donc son entrée à Rennes en qualité de duc de Bretagne et de souverain du duché... Mais François fait préciser aux députés que l'administration de la province lui sera garantie comme par le passé. Aussi, le mercredi 14 août 1532, le dauphin reçoit-il la couronne ducale, sous le nom de François III. Il crée des chevaliers, préside un banquet... et reprend bien vite la route de Nantes où le réclame en hâte le roi qui ne tient guère à ce que son fils prenne des goûts d'indépendance et s'imagine être réellement souverain!

A Nantes, sous les sourires ironiques de la cour, on célèbre le mariage d'Anne de Pisseleu. En effet, afin de donner à sa maîtresse une situation à la cour, François 1er a décidé de lui offrir un mari – sans doute honoraire. Bien que, dans cette question de nue-propriété – si j'ose dire... – François ne semble nullement s'être montré jaloux. Une dizaine de postulants se sont présentés pour le poste assez insolite d'époux de la favorite royale. Cette plaisante compétition amuse le roi qui, d'un commun accord avec Anne, choisit Jean de Brosse, comte de Penthièvre, gentilhomme pauvre, d'ancienne noblesse. Son père a conspiré avec le connétable de Bourbon, mais a racheté sa trahison en mourant glorieusement à Pavie. Déjà, en 1530, à Bordeaux, le 11 juin, François lui avait rendu ses biens. Aujourd'hui, non seulement le roi donne aux jeunes époux la jolie somme de 72 000 livres, mais au lendemain de la mort de Louise, à l'encontre de tout sens moral, François fait de la comtesse de Penthièvre la gouvernante de ses deux filles, les princesses Madeleine et Marguerite. Il s'agit d'une charge très enviée à la cour; aussi Anne supporte-t-elle avec plus de sérénité les flambées de passion de son royal amant pour Françoise de Châteaubriant. De surcroît, la place est fort rentable, si l'on en croit ce reçu adressé au roi et signé par Anne de « la somme de seize cents écus d'or, en faveur des bons, agréables et recommandables services que nous avons ci-devant faits à Madame Marguerite de France, faisons et continuons chaque jour »...

François se rend à Chambord. Au centre du donjon qui domine maintenant l'édifice, on peut gravir un extraordinaire escalier dont les doubles révolutions tournent en spirale sans se rencontrer. En 1518, Léonard de Vinci, un an avant sa mort, avait dessiné un fabuleux escalier à quatre rampes indépendantes devant correspondre chacune à l'une des travées centrales du château et tournant autour d'un petit et étroit escalier à vis. Mais les architectes n'ont pas osé entreprendre une telle prouesse et se sont contentés de l'escalier tel qu'il est venu jusqu'à nous. Ce qui est déjà une belle réussite architecturale !... Déjà, sur le toit, une manière de ville suspendue, une ville de tourelles, de hautes cheminées carrées, de tours d'angle, de lucarnes, forme une éclatante parure à la célèbre lanterne qui, ornée de salamandres, soutient la gigantesque fleur de lys de France.

Quel étonnant donjon !

Son architecte est sans doute l'Italien Dominique de Cortone, dit le Boccador, aidé par les maîtres d'œuvre français Jacques et Denis Sourdeau, Pierre Trinqueau et Jacques Coqueau. Dix-huit cents ouvriers ont travaillé à Chambord depuis 1519, mais les ailes ne seront véritablement achevées, par Coqueau, que sous Henri II (1).

A Blois et à Amboise, François n'a fait que poursuivre l'œuvre de ses prédécesseurs. A Chambord, ce « caprice colossal », il est chez lui.

– Je vais chez moi, annonce-t-il chaque fois qu'il prend le chemin du château.

Cette demeure enchantée qui, tel un casque, élève son cimier au-dessus de la forêt, est bien le palais du roi-chevalier. Ainsi que l'a imaginé Alfred de Vigny : on dirait qu'au cours d'un conte des *Mille et*

(1) Nous précisons que le château mesure 156 mètres en longueur actuelle – et compte 440 pièces.

une Nuits, un génie de l'Orient a enlevé le château au pays du soleil « pour le cacher au pays des brouillards avec les amours d'un beau prince ».

Les contemporains, en arrivant à Chambord, furent éblouis, comme nous le sommes aujourd'hui, par cette étonnante gageure, cette féerie de pierres blanches coiffées d'une terrasse destinée aux dames qui suivaient la chasse royale. Et puisque le roi se trouve au pays de Loire, il s'occupe de faire aménager « des chemins d'eau ». Partout on canalise afin de rendre la « navigabilité » plus facile pour le transport des vivres et des matériaux.

La cour ne descend pas vers Châtellerault dévasté par la famine et la « mortalité ». Aussi le roi ordonne-t-il que tous les jours, pendant quatre mois, il soit distribué du pain aux pauvres Châtelleraudais. Mais il faut s'arracher au charme du Val de Loire pour remonter vers le nord, car François a rendez-vous avec Henry VIII. Le roi d'Angleterre voudrait – cela devient une idée fixe – que le roi de France use de son influence auprès de Clément VII afin qu'il puisse épouser sa chère Anne Boleyn et répudier enfin l'ennuyeuse et trop bigote reine Catherine, tante de Charles Quint et d'Eléonore. C'est précisément à cause de ce lien de parenté étroit avec l'empereur, et pour ne pas mécontenter celui-ci, que le pape refuse de satisfaire à cette demande.

Henry a une si grande horreur de l'Espagne qu'il a supplié François de ne pas venir avec Eléonore, sous le prétexte qu'il hait à un tel point « cet habillement à l'espagnole qu'il lui semble voir le diable ». Pourtant la reine Eléonore a abandonné depuis longtemps les vêtements hiératiques de son pays natal.

Les diplomates des deux pays ont arrangé l'entrevue entre les souverains. Elle se déroulera en deux parties : quatre jours à Boulogne, chez François, et quatre jours à Calais, chez Henry. Certes, il ne s'agit pas de se livrer aux débauches vestimentaires et décoratives d'un nouveau camp du Drap d'or.

Henry et François seront accompagnés chacun par deux mille cinq cents personnes. François – et cela a dû vivement le contrarier – se fait seulement confectionner pour la circonstance six ensembles de velours multicolore, mais, bien sûr, il se munit de nombreuses fourrures, car l'hiver de 1532 s'annonce rigoureux.

La date de la rencontre est fixée au lundi 21 octobre 1532 à Saint-Inglevert, autrement dit, pour les Anglais, Sandryngfield. A Calais, Henry se remet difficilement du mal de mer qui l'a fortement secoué à bord de son vaisseau *l'Hirondelle*; il doit rester couché durant deux journées, tandis que François l'attend à Boulogne. Enfin les deux souverains se retrouvent. Lorsqu'ils s'aperçoivent, de la même façon qu'il y a douze ans, ils galopent l'un vers l'autre et s'embrassent à plusieurs reprises. Leur suite les imite, comme il se doit...Après avoir bu une coupe de vin, plutôt qu'un verre d'eau, à la source de Saint-Gengoulphe, on se rend à Leubinghen, où la frontière franco-anglaise coupe en deux parties égales la nef de l'église. Chacun peut donc entendre la messe sur son propre territoire !... A Wimille, les enfants de France sont embrassés sur la bouche par Henry VIII. Les deux aînés remercient le roi d'avoir contribué à leur délivrance; le petit Angoulême a droit à deux embrassades. Emporté par son élan, le roi saute même au cou des cardinaux, des évêques, et des princes français...

Les effusions terminées, alors que tonne le canon, les deux souverains s'en vont loger à l'abbaye de Boulogne, chacun dans une aile du bâtiment. Ils ne soupent pas ensemble. Les domestiques d'Henry servent leur maître à genoux. Sur le seuil du réfectoire, on a étendu des taffetas incarnats et sur les murs des tapisseries de haute lice représentant les victoires de Scipion l'Africain. L'aune en a coûté 50 écus. Au-dessus de la table est « tendu un *ciel* auquel est Dame Charité faite au naturel et revêtue toute de fil d'or et de soie ». Tout au long du repas, « trompettes, hautbois, cornets de chantres, ne cessent de jouer et chanter ». Après le dîner, les deux souverains se livrent au plaisir du jeu de paume.

Toujours poussé par l'espoir de pouvoir, grâce à François, épouser Anne Boleyn, devenue depuis le 1er septembre marquise de Pembroke, Henry est débordant d'amabilité, mais il manque d'imagination... En effet, François reçoit du roi d'Angleterre des présents identiques à ceux qu'il a lui-même offerts à Henry – entre autres un pourpoint de satin cramoisi « découpé et fait de triangles ». Henry manifeste une générosité surprenante en remettant aux enfants de France la quittance des 300 000 écus d'or dont François lui est redevable pour une dette contractée envers l'Angleterre afin de payer la rançon de ses fils.

Fallait-il qu'il aime Anne!...

Bien sûr, on parle de la situation politique en compagnie du conseiller Duprat, de Montmorency et de Brion pour la France, et, pour l'Angleterre – puisque Wolsey n'est plus depuis 1530 – avec l'évêque de Winchester, le duc de Norfolk et le duc de Suffolk... Comme on se retrouve! Pauvre Suffolk! Il est veuf depuis le mois de juin précédent. La Reine galante a quitté ce monde...

Maintenant, c'est au tour d'Henry de recevoir François en Angleterre, c'est-à-dire à Calais, mais sans la présence des enfants de France. En revanche, un bâtard du roi, Henry Fitzroy, âgé d'une quinzaine d'années, vient à la rencontre des deux souverains. Désormais, il sera élevé à la cour de France avec les petits princes.

A Calais, François « merveilleusement et triomphalement » revêtu d'un pourpoint enrichi de diamants, s'installe dans la maison des Marchands – l'hôtel de Guise. Henry a revêtu une « robe à chevaucher de drap d'or fin », car il s'apprête à monter à cheval pour aller retrouver au plus vite Anne Boleyn qu'il n'a pas vue depuis quatre longues journées. Le roi de France offre à la favorite un beau diamant et ouvre le bal avec elle. Etant enfant, la ravissante Anne avait longtemps vécu en France,

ayant appris la galanterie dans la plus fameuse
École d'amour, car c'est ainsi qu'on pouvait appeler
la cour de France... »

On avait alors versifié :

> *Vous ne l'eussiez oncques jugée Anglaise*
> *En ses façons, mais naïve Française :*
> *Elle savait bien chanter et danser*
> *Et ses propos sagement agencés...*

> *Outre ces biens et grâces tant exquises*
> *Qu'avait en France heureusement acquises*
> *Elle était belle et de taille élégante,*
> *Elle était des jeux encore plus attirante...*

Ainsi la chantait le poète Lancelot de Carles dans
son *Epistre.* François l'avait-il remarquée, alors
qu'elle se tenait aux Tournelles près de Mary qui
l'avait prise en affection? Après la danse, Anne
entraîne François dans l'encoignure d'une fenêtre.
Assurément, pour parler de son futur mariage, elle
joue de tout son charme. Le roi de France doit
bientôt accueillir à Marseille la nièce de Clément VII qui va enfin devenir l'épouse du duc
d'Orléans. François ne pourrait-il pas profiter de
cette alliance pour plaider sa cause et celle d'Henry
auprès du pape?

Comme, à cette époque, il ne peut y avoir de fêtes
sans combats, il en est un de prévu. Mais contrairement à celui du Drap d'or, François et Henry ne
seront pas rivaux dans ce défi. On a trouvé plus
diplomatique d'opposer des lutteurs des deux natio-
nalités. Cependant, rencontre insolite, ce sont des
religieux qui s'affrontent... Jean Robert, clerc de la
chapelle de François, lutte avec Guillaume de Nouvel, chapelain du cardinal de Lorraine! Victoire
française dont se réjouit François. Les deux rois
demandent ensuite aux cardinaux Tournon et Gramont, non de retrousser leurs manches et de mettre
bas leur soutane pour un corps à corps, mais de
partir pour Rome. Ils doivent protester auprès du

pape contre ses perpétuelles levées d'argent – ces trop lourdes ponctions pontificales qui vident les escarcelles. Il leur faut surtout, avec l'espoir de faire fléchir Clément VII, lui faire sentir que les deux rois considèrent « leurs affaires comme même chose... à quoi ladite Sainteté doit bien avoir égard afin de ne pas les irriter... » Chantage exercé toujours en vue de préparer le mariage d'Henry VIII. Il tient tellement à son ensorcelante maîtresse qu'il n'hésitera pas un jour à créer un schisme en détachant l'Eglise anglicane de Rome... mais nous n'en sommes pas encore là !

*
**

La longue chevauchée reprend, vers la Bourgogne et le Lyonnais, puis vers l'Auvergne et la Provence. Mais François continue à s'effacer devant la reine et le dauphin qui sont les premiers à pénétrer dans les villes en liesse.

Pendant que le roi de France court ainsi les routes, la chrétienté, horrifiée et scandalisée, apprend qu'Henry VIII a épousé Anne Boleyn au mois d'avril 1533, après avoir répudié Catherine d'Aragon. L'empereur fulmine. François préférerait ne pas se sentir concerné, mais, neveu par alliance de la répudiée, il se trouve bien malgré lui mêlé à l'événement.

Lorsque cette nouvelle est annoncée au pape, il excommunie Henry. Le scandale ébranle la chrétienté. Puisque François doit rencontrer prochainement Clément VII à Marseille, peut-être parviendra-t-il à plaider la cause de son compère et à obtenir l'annulation du mariage d'Henry et de Catherine et, du même coup, l'abolition de la terrible excommunication ?

Au Puy, François est rejoint par Khaïr ed-Din, chef pirate du Levant, capitan-pacha pour la Méditerranée, et lieutenant de Soliman. Les Français le baptiseront Barberousse, car il arbore une terrifiante barbe teinte au henné. Cortège insolite, le

Turc traîne derrière lui un lion apprivoisé gracieusement destiné à François, et un lot d'esclaves chrétiens enchaînés. En hommage au roi de France – et comme s'il s'agissait d'un sacrifice propitiatoire – l'étrange « diplomate » rend la liberté aux prisonniers.

A Toulouse, François offre à l'université un privilège unique : celui de créer chevaliers les meilleurs agrégés parvenus « au degré doctoral ».

Au cours de ses voyages, François est aimé et même adoré comme une divinité. Bien plus tard, au mois d'octobre 1826, Anatole de Montesquiou visitera le musée du Mans et écrira à Mme de Genlis : « J'ai découvert parmi toutes ces raretés, la chose la plus précieuse et la moins attendue; elle gît presque ignorée ou du moins ignorée au fond d'une bouteille; c'est la main droite de *la belle Paule*, cette main qui, à l'âge de quinze ans, fut choisie pour présenter à François 1er les clefs de la ville de Toulouse. » Une main qui, on l'espère, ne fut coupée qu'après la mort de « la belle Paule »...

A Narbonne, François apprend que, dans la ville et dans ses environs, gisent çà et là les restes des nombreux monuments funéraires que la Rome antique y avait accumulés durant des siècles. Le roi donne l'ordre de rassembler les chapiteaux, colonnes et surtout les frises et les corniches gallo-romaines et de les placer en couronnement et autour des portes de la ville afin d'enjoliver les remparts qu'on était en train de renforcer.

Et voici une image qu'il est essentiel de rappeler pour évoquer le roi amoureux de l'art : à Nîmes, une profonde émotion l'étreint devant la beauté des arènes, et il exige la démolition des maisons qui ont envahi en partie les ruines. Il s'agenouille ensuite devant la Maison carrée et, les yeux embués de larmes, nettoie avec son mouchoir les inscriptions abîmées par le temps.

CHAPITRE XIV

LA DUCHESSINA ENTRE EN SCÈNE

> *J'ai eu la fille comme toute nue.*
> FRANÇOIS

La cour vagabonde gagne maintenant Marseille où Henri, duc d'Orléans, doit épouser Catherine, duchesse d'Urbin et nièce du pape. Madame Catherine! Cette petite-fille d'épiciers, de marchands et d'apothicaires florentins deviendra régente de France, mère des trois derniers Valois et belle-mère du premier roi Bourbon!

L'Italie est toujours chère au cœur du roi : c'est afin d'arracher à l'empereur encore un peu de cette belle terre italienne qui l'obsédera toute sa vie que François a enfin repris le vieux projet et donné son consentement à cette alliance avec les Médicis, alliance peu digne pour la maison de France. On s'en souvient, les parents de Catherine – Laurent de Médicis, duc d'Urbin, âgé de vingt-sept ans, et la « gentille, belle et sage » Auvergnate Madeleine de la Tour d'Auvergne, comtesse de Boulogne, princesse de Bourbon-Vendôme – s'étaient mariés à Amboise le 25 avril 1518. François avait présenté lui-même sa fiancée de seize ans à la cour, tandis que la reine Claude l'avait menée au lit. Deux mois plus tard, la duchesse était grosse et le mercredi 13 avril 1519, à Florence, Catherine vint au monde.

Quinze jours plus tard, le 28 avril, Madeleine mourait d'un accès de fièvre dû aux suites de l'accouchement et, la semaine suivante, Laurent rendait à son tour le dernier soupir.

François Iᵉʳ réclama aussitôt la tutelle de la *duchessina*, plus ou moins héritière du duché d'Urbin, et qui possédait encore de vagues droits sur Florence. Le pape Léon X, grand-oncle de Catherine, repoussa la demande et appela près de lui la belle et grassouillette petite fille. Elle vivait toujours à Rome lorsque Clément VII, un Médicis, cousin germain du père de Catherine, monta sur le trône de saint Pierre. Le destin hors série de Catherine commençait à se dessiner. Déjà le nouveau pontife songeait à marier sa cousine, qu'il appelait sa nièce, et supputait les prétendants acceptables : Sforza, duc de Milan, ou plutôt le duc de Richmond, bâtard d'Henry VIII.

En attendant, Catherine connut une jeunesse pour le moins agitée. Florence se souleva contre les Médicis et l'enfant, qui résidait alors dans la capitale de la Toscane, fut enfermée dans le sévère couvent des Murates – les emmurées... Elle ne retrouve un endroit plus souriant qu'en 1530, en regagnant Rome. Durant deux années, Clément VII continua à échafauder pour elle des projets matrimoniaux. Il fut question de Frédéric de Gonzague, duc de Mantoue, et, de plus en plus fréquemment, du duc d'Orléans. Clément VII, avec une évidente mauvaise foi, tardait à prendre une décision. Durant dix-huit mois, il donna, puis retira sa parole, ce qui permit au cardinal de Gramont, qui ne mâchait pas ses mots, de s'exclamer :

– Cet homme est le fléau de Dieu !

Ces hésitations permettront à la duchesse d'apprendre le français et de se faire exécuter un superbe trousseau, pour lequel un emprunt forcé de 35 000 écus d'or fut imposé à Florence... sous le prétexte de reconstruire les fortifications de la ville.

Enfin le mariage avec le second fils de François

est décidé et c'est au château d'Anet, demeure de Diane de Poitiers, que les articles du contrat sont mis au point. Est-ce le même soir où François s'amusa à faire des beignets dans l'ancienne chambre du grand sénéchal?

Clément VII remplit somptueusement la corbeille de mariage : perles (1), rubis et de nombreux diamants, dont l'un, taillé en table, vaut à lui seul 6 500 écus . On admirait surtout l'*Œuf de Naples*, un rubis soutenant une admirable perle poire, les *Pointes de Milan* – six beaux diamants – et la *Table de Gênes*, un joyau étincelant de brillants. Il y avait encore une cassette en cristal de roche, dont la destination première était de contenir une réserve d'hosties...

C'est à Marseille que la cérémonie doit avoir lieu.

Le 8 octobre, François arrive dans la vieille cité phocéenne pour inspecter les préparatifs. Montmorency, envoyé en fourrier, a bien fait les choses. Trop bien même, soupirent les Marseillais demeurant entre la place Neuve et le port, car, pour aménager une manière d'allée triomphale, on a tout bonnement éventré leurs maisons...

Le samedi 11 octobre 1533, salué par trois cents coups de canon, Clément VII fait son entrée dans le port. Il est escorté de dix-huit galères toutes drapées de damas multicolore. La première, la *Duchesse*, porte le Saint Sacrement, entouré d'un chapitre de chanoines, tandis que le pape a pris place dans la deuxième galère, la *Capitanesse*. Quatorze cardinaux, soixante archevêques et évêques, une cohorte de prélats se sont entassés dans les autres navires avec quatre-vingts lances et deux compagnies de fantassins.

---

(1) Dans son bel ouvrage sur Catherine de Médicis, Ivan Coulas a précisé que ces perles, parmi les plus belles de la chrétienté, seront offertes plus tard à Mary Stuart, épouse de François II, qui les emportera en Angleterre. « Elles auraient été ensuite confisquées par Elizabeth d'Angleterre qui se para sans vergogne, après l'exécution de la reine d'Ecosse, des bijoux de sa victime. »

Le surlendemain, François, accompagné du duc d'Orléans, de son troisième fils Angoulême et de deux cardinaux, atteint Aubagne où séjourne la cour. Ils se dirigent vers le logis du pape, un grand pavillon de bois élevé sur la place Neuve – et se prosternent longuement devant lui. Le roi exécute « l'obédience accoutumée » c'est-à-dire qu'il baise les pieds du pape. L'audience terminée, le roi regagne sa résidence, l'ancien palais des comtes de Provence, situé juste en face.

La reine Eléonore et le dauphin sont arrivés. Il ne manque plus que la mariée! La *duchessina* attendait à Villefranche que les entretiens entre le pape et le roi soient terminés. Enfin, le 23 octobre, la future duchesse d'Orléans entre dans la ville, précédée de son carrosse. Afin que tous puissent la voir, elle a préféré monter une haquenée rousse, dressée à marcher l'amble, afin d'éviter les secousses. Catherine s'agenouille devant Henri, le taciturne fiancé de quinze ans, par la pensée toujours près de Diane... Il regarde celle qui va devenir sa femme et n'a qu'un an de moins que lui. Catherine est de taille moyenne. Ses mains sont qualifiées d'admirables par tous les contemporains. Ses yeux sont sans doute par trop à fleur de tête, le nez un peu gros, mais l'intelligence pétille sur ce visage que certains trouvent bouffi. Elle s'affinera peut-être, mais en tout cas, le roi François semble satisfait, d'autant plus qu'une clause secrète du traité signé avec le pape prévoit, avant dix-huit mois, la conquête, par les deux alliés, du Milanais et du duché d'Urbin au profit des nouveaux mariés. De bien belles terres pour les d'Orléans dont la promesse d'appartenance figure déjà en bonne place dans le contrat de mariage!

Durant cinq jours, on festoie et on échange des cadeaux. Le roi reçoit une corne de narval, noblement baptisée de licorne, animal fantastique dont la défense a la faculté de déceler le poison si on l'approche des mets... S'agit-il d'un symbole pour prévenir le roi des méfaits d'une hérésie qui pourrait à la longue le contaminer lui aussi ? Certains chroniqueurs retors avancèrent cette hypothèse.

François donne au pape une tapisserie tissée de soie d'or représentant la Cène et il est tout heureux de se débarrasser du lion de Khaïr ed-Din en l'offrant à Hippolyte de Médicis, cousin de Catherine. Quoique apprivoisé, l'animal commençait à devenir embarrassant...

Le mardi 28 octobre 1533, Catherine, habillée de velours violet, est conduite à l'autel par le roi tout revêtu de satin blanc.

Il donne l'impression d'être le marié !

« Et cela fait, les galères tirèrent tant d'artillerie que c'était une chose incroyable. » Avant le mariage, le roi arme chevalier son fils. Le cardinal de Bourbon officie et recueille le *oui* sacramentel prononcé par les deux époux. Puis la fête commence. « Quand on eut fini de danser, annonce l'ambassadeur de Milan don Antonio Sacco à sa cour, et que chacun fut retourné dans ses appartements, le roi voulut lui-même mettre au lit les époux, et quelques-uns disent qu'*il les voulut voir jouter*... » Henri était atteint d'une anomalie : l'hypospadias. Chez lui, l'urètre se trouvait en dessous de la verge. Ce qui n'empêcha pas le nouveau marié d'être « vaillant à la joute »...

Clément VII semble ravi en apprenant cette nouvelle. Le 1er novembre, il donne l'absolution générale pour toutes leurs fautes aux Marseillais qui réciteraient un *Pater* et un *Ave* à la cathédrale. On s'en doute, il y eut foule...

Les choses se gâtent une semaine plus tard lorsque deux envoyés d'Henry VIII forcent la porte du pontife en lui demandant, en exigeant plutôt, la réunion d'un concile général qui devait recevoir, ou plutôt rejeter, la peine d'excommunication prononcée contre le roi d'Angleterre. La colère de Clément VII éclate. Il le clame furieusement : on a « grandement abusé de la couverture du roi » dont il est l'hôte. François accourt. Il essaye, mais en vain, d'apaiser le Saint-Père, tout en défendant la cause d'Henry. Le roi de France prévoit l'avenir. Que se passera-t-il si l'on pousse l'Angleterre à bout?

Devant les envoyés d'Henry, il tient un langage plus ferme – et ne cache pas sa vive contrariété :

– Comment! C'est dans le moment où je me rends chez le pape pour en arriver à une conclusion en votre faveur que je trouve l'un de vous faisant semblable appel! C'est bien le pire que vous ayez pu avoir l'idée de faire et, si j'avais été prévenu, jamais vous ne l'auriez fait! Dès que je m'applique à gagner le pape, vous travaillez à l'indisposer... Vous avez tout gâté!... J'aurais préféré perdre une grosse somme d'argent que de me mêler de tout cela... Dites bien à mon frère qu'il n'y a rien à obtenir du pape avant qu'il ait lui-même annulé tout ce qu'il a fait... car pour la défense de sa juridiction, le pape demandera le secours de l'empereur et de toute la chrétienté.

L'année suivante verra la rupture définitive du roi d'Angleterre et du Saint-Siège. Ainsi, à cause des yeux d'une jolie fille nommée Anne Boleyn, commencera le schisme anglican... qui dure toujours.

Les lampions sont maintenant éteints, et il ne reste plus qu'à se séparer. Italiens et Français vont rentrer chez eux. Clément VII espérait que Catherine donnerait avant trois semaines des signes d'une future maternité. Il n'en fut rien. Aussi le pape, en quittant Marseille pour regagner Rome, donne-t-il ce conseil à sa nièce, une recommandation quelque peu insolite dans la bouche d'un saint pontife :

– A fille d'esprit, jamais postérité ne manque!...

Il prédit encore, plus noblement :

– La maison des Médicis a été exaltée par la main de Dieu; je sais que bientôt je vais mourir, ce sera avec joie.

En effet, Clément VII disparaîtra moins d'une année plus tard, et les clauses du contrat de mariage, si séduisantes aux yeux du roi, deviendront caduques. Une fois de plus, la chère Italie s'éloignait... et la mésalliance avec la petite Médicis avait été bien inutile !

– J'ai eu la fille comme toute nue, soupirera François.

Catherine, éblouie d'avoir pour mari le fils du plus grand roi de la chrétienté – elle, petite-fille de commerçants ! – s'effacera et sera toute soumission. Ce n'est sans doute pas le moyen d'éveiller le désir de son époux, car Henri la regarde avec une totale indifférence. Il a l'esprit et le cœur trop absorbés par sa « Dame », la belle chasseresse. Dans les tournois, le duc d'Orléans continuera à incliner devant elle sa bannière, indiquant ainsi qu'il combattait pour son amour – toujours platonique...

Alors que le roi résidait encore à Marseille, le parlement lui avait adressé une plainte fort amère : le recteur de l'Université, Nicolas Cop, avait prononcé à l'occasion de la rentrée des facultés une allocution où il prenait la défense des « hérétiques, séducteurs, aposteurs maudits », épithètes que l'on donne parfois à ceux qui s'efforcent « d'insinuer l'Evangile dans l'âme des fidèles ».

François a certainement été poussé par certains membres de son entourage à prendre ouvertement parti contre les réformés. Pourtant, il n'y tient guère. D'abord, sa sœur Marguerite les protège, et pourquoi mécontenter du même coup les luthériens allemands qui, comme lui, sont les ennemis de Charles Quint et pourraient être des alliés éventuels ? Aussi est-il loin d'approuver les inscriptions qui s'étalent sur les murs et conseillent de brûler les hérétiques :

> *Au feu, au feu cette hérésie,*
> *Qui jour et nuit trop tôt nous grève !...*

294

On a même vu le roi assister à la messe dite par l'abbé Lecoq, curé de Saint-Eustache, qui, parlant de la sainte eucharistie, a osé déclarer en public, sans craindre le scandale :

– Il y a là du pain, il y a là du vin, mais Jésus-Christ est dans le ciel : c'est en croyant en Jésus-Christ que nous mangeons sa chair...

Cependant, son fils étant devenu par son mariage le neveu du pape, François ne peut plus hésiter, il doit prendre parti et condamner les théories nouvelles. Il se montre « très marri et très déplaisant » en constatant que dans « cette bonne ville de Paris, chef et capitale de notre royaume et où il y a l'Université principale de la chrétienté, cette maudite hérésie pullule... ». Il ordonne que l'on enquête « toutes choses laissées », sur ceux qui font partie des sectes luthériennes.

Une interminable série de recherches, d'arrestations, de procès et de supplices commence. Avant la fin du mois de novembre 1533, on a déjà incarcéré cinquante suspects : on en emprisonne plus de trois cents au mois de janvier 1534. Pourtant, le 25 de ce même mois, François signe un traité avec le landgrave protestant de Hesse, d'où une inévitable – et relative – accalmie dans les poursuites. Tout reprend en mars 1534. A la fin de ce mois, ou dans les premiers jours d'avril, meurt sur le bûcher le chirurgien genevois Jean Pointet. Le motif : il a soigné des prêtres « fâcheusement incommodés », et s'est permis de dire que leur mal était peut-être la conséquence de leur célibat! Sur-le-champ, on l'avait jeté en prison. Ayant refusé de se confesser et de s'agenouiller devant une image de la Vierge, il avait été rapidement condamné. Raffinement supplémentaire : avant de le brûler, on lui coupe la langue, cette langue par laquelle il a péché.

Un prédicateur évangélique, Jacques de la Croix, en réalité Laurent Canu, sera, lui aussi, amené place Maubert « et brûlé tout vif avec le dossier de son procès; mais toujours criait : *Jésus!* – et encore étant dedans le feu ».

Dans le tréfonds de son cœur, François demeure malgré tout fidèle à l'humanisme, et garde des amis parmi les réformistes.

Le roi se sent infiniment plus à son aise lorsqu'il reçoit Jacques Cartier. Il finance son expédition en lui faisant parvenir 6 000 livres pour aider ceux qui doivent « faire le voyage de ce royaume en Terre-Neuve pour découvrir certaines îles et pays où l'on dit que se doit trouver grande quantité d'or et d'autres riches choses ». Jacques Cartier quitte Saint-Malo le 20 avril 1534 et, favorisé par le vent, atteint la côte orientale de Terre-Neuve un mois plus tard. Il franchit le détroit de Belle-Isle, s'engage dans la baie de Gaspé et, dans son *Journal*, à la date du 24 juillet, trace ces lignes : « Le vingt-quatrième du mois, nous fîmes une croix de trente pieds; elle fut faite en la présence de plusieurs sauvages sur la pointe de l'entrée du port, et nous mîmes au milieu un écusson relevé avec trois fleurs de lys; et dessus était écrit : *Vive le roi de France!* Après, nous plantâmes la croix sur ladite pointe en présence des sauvages, et ils la regardaient fort, tant lorsqu'on la faisait que plantait. L'ayant levée en haut, nous nous agenouillâmes tous... »

Le 5 septembre 1534, Jacques Cartier regagna la France et, à défaut d'or, amenait devant le roi les deux fils d'un chef huron. François le remercia et lui ordonna de repartir avec trois navires, afin de remonter le Saint-Laurent. Jacques Cartier ramena les deux jeunes Hurons en leur pays – il l'avait promis à François –, remonta le fleuve jusqu'au village d'Hochelaga, auquel il donna le nom de Mont-Royal – le futur Montréal – et revint, le 6 mai 1536, à l'actuelle île d'Orléans. Sur les rives du Saint-Laurent, il planta un nouvel écusson aux armes de France avec ces mots : *Franciscus Primus, Deo Gratia Francorum rex regnat.*

Mais revenons à cette année 1530 au cours de laquelle François créa les Lecteurs royaux, le futur Collège de France. Quatre ans plus tard, en 1534, le groupe prit le nom de Collège des trois langues, puisque les professeurs y enseignaient en public le grec, l'hébreu et l'éloquence latine.

Au mois d'octobre 1534 se déroule un événement fort grave, qui obligera le roi à durcir la répression contre les réformés. Dans la nuit du 17 au 18 octobre, des *placards* sont affichés dans Paris et dans plusieurs villes de France. Il s'agit d'une diatribe violente contre « les horribles grands et insupportables abus de la messe papale inventée contre la sainte Cène »... Et l'auteur du placard poursuit : « On ne doit pas réitérer le sacrifice du Christ... »

François, qui séjourne à Amboise, en découvre un sur la porte de sa chambre à coucher. Certains ont prétendu qu'il l'avait trouvé dans un drageoir, d'autres dans une coupe où il s'apprêtait à déposer son mouchoir. L'auteur de ce placard est un pasteur français, Antoine de Marcourt, réfugié à Neuchâtel. Avec acharnement, il s'en prend à la messe et à l'Eucharistie :

– Un homme de vingt ou trente ans ne peut être caché dans un morceau de plâtre, ose-t-il déclarer.

Continuant sur sa lancée, il injurie « le pape et sa vermine de cardinaux, d'évêques et de prêtres, de moines et autres cafards, diseurs de messe ». Pour lui, la messe doit seulement faire penser au sacrifice et à la Passion. « Les rites qu'ils servent ne sont que sonneries, hurlements, chanteries, vaines cérémonies, luminaires, encensements, déguisements et telles manières de sorcellerie... »

Cette fois, le roi est furieux, il se sent outragé. Les placards sont une offense faite à sa souveraineté, un crime de lèse-majesté! Il faut arrêter ces violentes attaques avant qu'elles ne deviennent un immense danger pour tout l'Etat dont le chef de la monarchie est la clé de voûte. Il fait proclamer à son de trompe à tous les carrefours que 200 écus seront versés à quiconque dénoncera le ou les dangereux provocateurs. Les coupables seront passibles de la mort par le feu, supplice qui frappera également leurs complices, et aussi ceux qui ont recelé des placards.

Le bras séculier va assouvir son sectarisme!

Les prisons se remplissent, les procès se succèdent. Le 7 novembre 1534, on prononce sept condamnations à mort. On brûle une maîtresse d'école parce qu'elle a interdit à ses élèves de réciter un *Ave Maria*. Le 15, c'est un paralytique qui prêchait l'Evangile en l'adaptant à ses croyances. Le suivent sur le bûcher le marchand du Bourg, le cordonnier Milon et le maçon Poille, ainsi qu'un imprimeur, un tisserand et un libraire. Un autre imprimeur, Antoine Augereau, montera également sur le bûcher pour avoir publié le *Miroir de l'âme pécheresse*. C'est Marguerite de Navarre qui en était l'auteur! La Sorbonne, s'étant sentie les mains liées devant la sœur du roi, a brûlé l'imprimeur...

Après une nouvelle publication d'un libelle intitulé *Parantiphresis*, de la même veine que le placard d'Antoine de Marcourt, François signe, le 13 janvier 1535, un décret interdisant dans tout le royaume d'imprimer n'importe quel ouvrage « sous peine de la hart ». Dix éditeurs seulement échappent à cet édit. Pour le moment, d'ailleurs, les parlements refusent de l'enregistrer.

Le 21 janvier 1535, afin de montrer la puissance de l'Eglise, une grande procession d'expiation se déroule à travers Paris. Le Saint Sacrement est porté par l'évêque de Paris Jean du Bellay. François s'avance « seul, tenant une torche de cire vierge dans sa main, tête nue, en grande révérence ». Derrière le roi suit, porté pieusement, tout ce qui est farouchement critiqué par les réformistes : les croix, les châsses et les reliquaires contenant des fragments de la vraie Croix ou de la couronne d'épines. Avançant lentement, on présente aux regards des Parisiens une partie des instruments de la Passion, apportés de la Terre sainte par Saint Louis. Sur le passage du roi, le peuple, les larmes aux yeux, crie :

– Sire, faites bonne justice!

Çà et là – réplique aux placards – des tableaux sont montrés à la foule. Ainsi, sur le pont Notre-Dame, on a représenté l'histoire d'un juif ayant transpercé la sainte hostie d'un coup de poignard. Tout le long de l'itinéraire, on peut lire, tracé sur de grands panonceaux, le texte d'une prière que tous psalmodient : *Avocate du genre humain, Mère de Dieu, Vierge Marie, donne-nous secours, force et vertu contre les adversaires de l'Eucharistie.*

Le soir même, lors du banquet offert par l'évêque, François reçoit les notables parisiens et prononce un discours qui impressionne :

– Si mon bras, déclare-t-il avec force, était infecté de cette pourriture, je le voudrais séparer de mon corps... Si mes propres enfants devaient être assez malheureux pour tomber en de telles exécrables et maudites opinions, je les voudrais tailler pour faire sacrifice à Dieu.

Sans doute le roi a-t-il aussi tenté d'apaiser les esprits par des paroles de prudence et de mesure, ce qui n'empêchera pas le parlement, ce même soir, de faire dresser six bûchers dans la ville et de procéder à de nouvelles exécutions.

La guerre déclarée aux réformés se poursuit : le 29 janvier 1535, une semaine après la procession, un véritable tribunal d'exception est créé par le roi. Ceux qui cacheront chez eux des disciples de Luther seront considérés comme coupables et subiront les mêmes peines... – et aux nombreux carrefours parisiens, durant toute l'année, flotte l'âcre fumée des chairs brûlant sur les bûchers.

Devant cette fureur déchaînée, les princes allemands – la ligue de Smalkalde – sont irrités, épouvantés même. Certains ennemis de François propagent le bruit que le roi espère surtout que cette union sacrilège pourra lui permettre de réaliser le rêve qu'il caresse obstinément et qui lui tient tant à cœur depuis si longtemps : récupérer Milan, dont la frustration le ronge comme un chancre. On s'en souvient, de sa prison de Pizzighettone, il avait adressé au Grand Seigneur un vibrant appel, auquel le grand Turc avait répondu sans envoyer d'ailleurs le moindre janissaire au secours du vaincu de Pavie. Cette fois, il s'agit d'une véritable alliance avec le Grand Turc, alliance qui fait dresser d'horreur les cheveux sur la tête des chrétiens – mais François, le cœur plein de haine contre l'empereur, s'allierait avec le diable, s'il le pouvait! Il l'avoue d'ailleurs sans ambages :

– Je ne puis nier que je désire vivement voir le Turc très puissant et prêt à la guerre, non pas pour lui car c'est un Infidèle, mais pour affaiblir la puissance de l'empereur, pour le forcer à effectuer de lourdes dépenses, pour l'amoindrir et rassurer tous les autres gouvernements contre un ennemi pareil.

Aussi le roi a-t-il désigné, au mois de janvier 1535, le paisible protonotaire de Saint-Pierre, Jean de La Forest, comme son ambassadeur permanent à Constantinople, avec une double mission : d'abord, obtenir de Khaïr ed-Din l'appui de sa flotte au moment où la France attaquera Charles Quint ou ses alliés. En échange, le capitan-pacha pourra se livrer à son trafic habituel – razzias, viols, rapts sur les côtes – en épargnant, bien sûr, les côtes de France. Barberousse accepte, mais les efforts de La Forest sont réduits à néant lorsque Charles Quint capture la flotte turque à Tunis, en juillet 1535.

La seconde mission de La Forest est de conclure avec Soliman un accord de coopération politique et militaire destiné à combattre l'empereur, « qui n'aspire qu'à la monarchie du monde ». Selon le roi, il fallait tout faire pour empêcher Charles Quint d'écraser l'Europe de sa puissance. A cette fin, La Forest signe, au mois de février 1536, un traité « de bonne paix et de sincère concorde » entre la France et le Grand Turc. Et surtout, la paix venue, Français et sujets de Soliman pourront naviguer sans crainte, chevaucher à loisir à travers les deux pays et se livrer au commerce sans être accablés d'impôts nouveaux. Bien entendu, la liberté la plus totale est promise de part et d'autre en matière de religion.

La *Capitulation* – tel fut le nom donné au traité d'alliance – prévoit même que les bateaux des deux pays, en se rencontrant, se salueront « d'un coup d'artillerie et chacun fera ensuite hisser la bannière de son seigneur ». Désormais – et durant des siècles – des liens seront ainsi tissés entre la France et l'Islam.

Ce n'est plus Duprat qui conseille maintenant le roi. Au mois de juillet 1535, le cardinal, endurant d'atroces douleurs, meurt, rongé par la gangrène. Il paye ainsi une gourmandise excessive, frisant la boulimie. Il était devenu bedonnant au point qu'on avait dû largement échancrer ses tables... Le président Antoine du Bourg lui succède. Le jour même de son entrée en fonctions, le 16 juillet, François fait avec lui le point sur la situation actuelle de la monarchie. Les problèmes primordiaux sont le rapprochement du roi avec les princes allemands protestants et l'émotion soulevée en France comme à l'étranger par la violence et la répression, qui contraignent le roi à suspendre les poursuites contre les luthériens. Du Bourg approuve et, le 16 juillet 1535, de Coucy, François autorise les hérétiques à rentrer en France à la condition d'abjurer dans les six mois et de promettre de vivre « comme bons chrétiens et catholiques doivent faire et se désister de leurs erreurs »...

Cependant en dépit de cette mansuétude, l'hérésie et les sectes nouvelles se multiplient. Le moment approche où Jean Calvin pourra définitivement organiser l'Eglise réformée en France. Le clerc picard Jean Calvin, « adonné à la superstition de la papauté », selon son expression, se sent obligé par une « conversion subite » à tourner bride.

Assistant à l'explosion de la fureur royale et aux atroces persécutions qui en découlent, constatant que « la vérité de Dieu est étouffée partout et que se forment de si épaisses ténèbres », il fuit ce « bourbier » et quitte la France pour aller s'établir à Bâle.

L'exemple de Calvin est suivi. Il faut noter que, parmi les luthériens, ce sont surtout des *gens mécaniques*, c'est-à-dire des artisans, qui s'expatrient. Un seul chiffre en dira plus qu'un long discours : au début du XVIᵉ siècle, sept mille métiers à tisser fonctionnaient à Lyon, il n'y en aura plus que huit cents à la fin du siècle!

CHAPITRE XV

LES BEAUX-FRÈRES ENNEMIS

François vieillit déjà, son teint se colore, devient un peu brique, autour des yeux taillés en amande, les rides apparaissent et les paupières s'alourdissent, le nez plus fort s'allonge davantage – et il a seulement quarante et un ans!

Il est toujours amoureux de toutes les femmes, mais Anne de Pisseleu a gardé sa place de maîtresse officielle et, selon l'usage, lorsqu'il s'agit d'une favorite royale – coutume qui se prolongera jusqu'au roi Louis XV – Anne a été imposée à Catherine en qualité de dame d'honneur. Déjà, le 23 juin 1534, le roi a donné le comté d'Etampes à Jean de Brosse « ayant égard et singulière considération au bon et agréable service que notre cher et aimé cousin nous fait ordinairement chaque jour » – et Anne, son épouse, presque chaque nuit...

Assurément, en signant un tel document, François devait rire sous cape. Anne ne demeure comtesse d'Etampes que durant un an et demi, puisque le 18 janvier 1536 le comté d'Etampes est érigé en duché et la « singulière considération » du roi fait de Jean de Brosse le baron, puis le duc de Chevreuse, sans parler du cadeau d'innombrables baronnies, châtellenies, seigneuries et fiefs! Pour éloigner de la cour le mari de sa maîtresse, François le nommera gouverneur de l'Auvergne. A la demande d'Anne, la générosité du roi s'étendra à toute la famille, qui sera abondamment pourvue. Son oncle deviendra évêque d'Orléans, cardinal-archevêque de Toulouse, trois de ses frères recevront un évêché et ses sœurs seront abbesses. La cupidité des Pisseleu laisse pantois!

Capiteuse, intelligente, élégante, d'une rare adresse, Anne est au lit, pour François, une merveilleuse partenaire, mais son âme est laide et, à l'opposé de Françoise de Châteaubriant, son amour pour le roi est commandé par son propre intérêt. Marie de Hongrie pourra dire : « La demoiselle fait tout ce qui lui plaît et le roi est tout gouverné par Mme d'Etampes. » Certes, la duchesse aimait protéger les artistes, mais lorsque l'un d'eux s'adressait directement au roi et semblait dédaigner Mme d'Etampes, il encourait la haine de la duchesse. Benvenuto Cellini en fit l'expérience... Ayant terminé la statue en argent doré qui représentait *Jupiter tonnant,* il omit de la montrer à la favorite et se rendit à Fontainebleau pour la présenter au roi. Toute la journée, la duchesse d'Etampes parvint à empêcher François de pénétrer dans l'atelier de son sculpteur favori, de manière que la statue, à la lumière des chandelles, ne fût plus mise en valeur. Mais Cellini, en mêlant une torche aux foudres que brandissait Jupiter, éclaira si habilement son œuvre que, le soir venu, toute la cour fut saisie d'admiration. Et François, qui avait deviné le manège de sa belle, s'écria en regardant la duchesse d'Etampes :

– Ceux qui ont voulu nuire à cet homme lui ont fait une grande faveur.

Ce qui nous prouve que le roi ne se laissait nullement mener par le bout de son long nez.

– J'ai enlevé à l'Italie l'artiste le plus grand et le plus universel, répétait François, ébloui par le talent de Cellini.

Anne, à force de harceler son royal amant par des plaintes et des scènes, eut le dernier mot contre Benvenuto, qu'elle traitait de bas intrigant. Et Cellini quitta la France pour se fixer à la cour du duc de Toscane, Côme de Médicis, qui lui commanda la célèbre statue de Persée.

Un nouveau conflit approche.

Comment se procurer de l'argent – ce nerf de la guerre? François, le 12 février 1535, a déjà saisi le tiers des biens temporels des communautés et une bonne moitié de la fortune du haut clergé. Mais il faut penser aussi à faire des économies. Aussi le roi décide-t-il de renvoyer chez eux la réserve territoriale des francs-archers – un combattant fourni par cinquante « feux », milice créée par Charles VII. Il se prive aussi des Suisses qui, décidément, lui coûtent par trop cher. L'année précédente – le 24 juillet 1534 – le roi avait établi une armée régulière afin d'avoir sous la main des volontaires « à son premier mandement ».

Des légions provinciales seront levées en Normandie, Bretagne, Bourgogne, Picardie, Dauphiné, Provence et en Guyenne. Chaque unité comptera six mille hommes groupés en compagnies commandées chacune par un capitaine chargé de leur recrutement. N'est-ce pas là l'origine de nos régiments? Règlement formel et impitoyablement appliqué : afin de créer un esprit de corps, aucun légionnaire ne pourra changer de légion. S'il prenait à un Normand l'envie de servir dans la légion provençale, il était passible de pendaison ou d'étranglement, « étranglé par la gorge », disait-on à l'époque.

Le roi veut instaurer une discipline rigoureuse. Les soldats devront notamment respecter les femmes. Etant au camp, ils ne pourront pas plus rencontrer les filles entre deux combats que blasphémer et même – on croit rêver... – toujours en campagne, il leur est interdit de jouer aux cartes et aux dés, du moins pour de l'argent! Le roi ne badine pas avec le règlement! Les punitions, les châtiments plutôt, sont effroyables : on coupe les oreilles aux récalcitrants et on leur perce la langue. Les récidivistes, ou les coupables qui ont commis des délits plus graves, sont tout bonnement pendus. Pour expliquer cette sévérité excessive, il faut se rappeler que ces soldats de fortune étaient pour la plupart des aventuriers « *faits-néantz* pilleurs et mangeurs de peuple ».

Légionnaires – arquebusiers, hallebardiers, piqueurs – et leurs officiers doivent prêter serment de « bien servir le roi envers et contre tous en tous lieux et endroits où il plaira audit seigneur » de les mener. En échange, les hommes seront rétribués. Ils recevront trois écus d'or par mois, un « hocqueton de livrée », autrement dit un uniforme, et leurs armes, piques, hallebardes et épées leur seront fournies. Versant leur sang, ils ne payeront aucun impôt. François ordonne également que le combattant qui fera preuve « de vertu, soit en bataille, assaut de place et prise de ville », reçoive « un anneau d'or, lequel il portera au doigt pour mémoire de sa prouesse ».

Les meilleurs légionnaires, grande nouveauté, pourront accéder au grade d'officier – hors celui de capitaine chef de légion nommé par le roi – et cette promotion leur permettra d'être anoblis. « Ainsi, s'extasiera plus tard Brantôme, je pense, pour dire vrai, qu'il n'y a rien de si brave et si superbe à voir qu'un gentil soldat, bien en *poinct*, bien armé, et bien leste, soit qu'il marche à la tête d'une compagnie, soit qu'il se porte devant tous à une escarmouche, à un combat, ou à un assaut, tirer son harquebusade tout *nud* désarmé, aussi résolument que les mieux armés... » Brantôme, en dépit de la moralité douteuse des soudards, admire ces jeunes fantassins qui viennent tout droit de « leurs villages, de leurs boutiques, de leurs écoles, des postes, des forges, et même des écuries : ils n'ont pas plutôt demeuré dans cette infanterie quelque temps, que vous les voyez aussitôt faits, aguerris, façonnés que, de rien qu'ils étaient, viennent à être officiers et égaux aux gentilshommes... »

François a lui-même indiqué la couleur de l'uniforme de chaque unité. Lorsqu'il vient visiter les Normands à Rouen, « il se contente fort » en voyant la légion évoluer :

> *N'était-ce pas triomphe de voir telle compagnie*
> *Marcher si bravement en ordre bien jolie ?*

Non loin d'Amiens, le roi réunit les six mille Picards aux six mille Normands et participe lui-même aux manœuvres opposant les deux provinces. Il n'a pas revêtu sa cuirasse, mais simplement un pourpoint. Puis il saute à cheval avec sa gendarmerie :

> *Monté comme un saint Georges*
> *Avec ses braves soudards*
> *Cuidans couper la gorge*
> *Aux six mille Picards.*

Mais ces derniers « étant sur leur garde, se montrent vaillants » :

> *Mais comme gens de guerre,*
> *Etant en ordre mis,*
> *Et tenus bonne serre*
> *Contre tous ennemis.*

François jouit d'une grande popularité – et tous de chanter :

> *Nous servirons le roi comme promis avons,*
> *En toutes ses affaires, jamais ne lui fauldrons...*

Quant au ban et à l'arrière-ban de la noblesse, milice de réserve dans laquelle servent les nobles et les roturiers possesseurs de fiefs nobles, ils attendent chez eux un geste du roi pour sauter à cheval : « Un petit *souris* de leur maître échauffe les plus refroidis; sans craindre d'échanger vignes, prés et moulins contre chevaux et armes, on va mourir au lit que nous appelons le lit d'honneur. »

– Dans la noblesse, décide François, gît la grandeur, conservation et sûreté de notre royaume.

Et il ordonne : « Les gentilshommes sont dans l'obligation d'entretenir armes et chevaux en leurs maisons, tels qu'ils sont tenus pour le service et leurs dits fiefs, sur peine de perdre le nom et titre de noblesse. »

Mais les légionnaires ne suffisent pas pour répondre aux projets guerriers du roi et, en 1536, François doit enrôler en Allemagne des lansquenets, en Suisse et en Italie des gens de pied. Couleuvrines ou faucons à deux roues et bombardes à quatre sont mis en état. On fond des boulets de fer destinés aux canons – ceux-ci ont la grosseur d'un beau melon, tandis que les projectiles lancés par les faucons ont la taille d'une pomme. On achète de la poudre, et le roi fait armer ses galères. C'est ainsi que François a bientôt sous la main une armée de cent mille hommes, chiffre considérable pour l'époque.

Mais le roi, après la leçon de Pavie, étudie également une nouvelle stratégie. Durant ses longues heures de captivité à Pizzighettone et à Madrid, durant ses interminables rêveries, François – comme plus tard Napoléon refaisant cent fois à Sainte-Hélène la bataille de Waterloo... – a cherché les raisons de sa défaite. Peu à peu, il prend la détermination d'abandonner en partie les traditionnels carrés hérissés d'armes blanches. De petites unités qui se déplacent rapidement selon les exigences de l'attaque ou de la défense lui paraissent préférables. L'arquebuse étant devenue plus maniable, le feu pourra à l'avenir atteindre l'objectif avec davantage de précision. Dès le mois de juillet 1534, François avait envoyé de jeunes gentilshommes servir, durant quatre années, dans les compagnies d'ordonnance, pour être « endoctrinez en l'art militaire ».

De son côté, Charles Quint sent la poudre et déploie une intense activité. Il multiplie ses préparatifs au point qu'Eléonore s'inquiète. Mais l'empereur tranquillise sa sœur :

– Cette armée n'est que contre les infidèles et non contre quiconque en la chrétienté, si je n'y suis contraint.

« Contraint »? Il allait l'être! François poursuit inlassablement son objectif : le Milanais.

– Je préfère, disait-il, une *palme* en Italie qu'une *coudée* ailleurs (1)!

Il demande à Charles Quint la Lombardie pour son second fils Henri. Son raisonnement est pour le moins fallacieux : le dauphin François étant désormais duc de Bretagne, lorsqu'il montera sur le trône de France, son frère revendiquera peut-être le duché de Bretagne – un apanage qui devait être réservé en principe au second fils du roi. D'où la naissance d'inévitables troubles. Peut-être même d'une guerre fratricide... alors que loin de France, installé à Milan, Henri serait assurément moins dangereux.

Sans doute Charles Quint est-il quelque peu éberlué, mais il ne relève pas cette étrange proposition, pour le moins extravagante. Il propose même une nouvelle paix des Dames, et cette fois Charles charge ses deux sœurs, Marie de Hongrie, gouvernante des pays d'En-bas et Eléonore, épouse de François, de la négocier.

Les deux princesses se retrouvent à Cambrai pour s'apercevoir que Sforza, vassal de Charles, règne sur le duché et n'a aucunement l'intention de l'abandonner. Cependant, fort heureusement, si l'on ose dire, Sforza meurt brusquement. Charles peut donc accorder le duché selon son bon plaisir. Henri d'Orléans étant par sa femme allié aux Médicis, l'empereur, effrayé à la pensée de créer en Italie une véritable puissance, se déclare prêt – disposition fort généreuse – à donner Milan au duc d'Angoulême, troisième fils du roi de France, en lui

---

(1) La *palme* est une ancienne mesure de la longueur d'une main, tandis que la *coudée* – du coude au médius – atteint environ 50 cm.

faisant épouser la duchesse douairière de Milan, veuve de Sforza. Que la qualité de douairière ne fasse pas croire qu'il s'agit d'une dame cacochyme : Christine de Danemark – tel est son nom – n'a que quatorze ans!

– Elle est assez mûre pour un duc contrefait! s'était exclamé peu joliment Charles Quint lorsque, deux ans plus tôt, il avait mis la fillette dans le lit de Sforza.

Mais François refuse la proposition venue de Cambrai, montrant bien, par cette fin de non-recevoir, qu'il désire la guerre. Il n'en démord pas : Milan doit revenir « par héritage » à son deuxième fils... et non au troisième! Il ne peut non plus être question d'une donation, qui se trouverait automatiquement frappée d'un lien de vassalité vis-à-vis de l'Empire.

Ce n'est pas contre Charles Quint que le roi commencera les hostilités, mais contre son oncle Charles II de Savoie, demi-frère de Louise, à qui il reproche son alliance avec le connétable de Bourbon et son attitude peu amicale lors du mariage d'Henri et de Catherine. N'avait-il pas refusé de prêter la ville de Nice pour la célébration de la cérémonie nuptiale? Grief plus sérieux : une partie du domaine savoyard du duc Charles lui venait de son père Philibert, comte de Bresse. Or François, petit-fils de ce dernier, estimait, non sans raison, qu'il aurait dû hériter des terres bressanes. Louise ne s'en était pas souciée, mais le roi, après les avoir réclamées sans résultat, prend la décision d'attaquer Charles II, pourtant le demi-frère de sa mère.

Quarante mille hommes, sous les ordres de Saint-Pol et de Philippe Chabot de Brion, ami d'enfance du roi, entrent en Savoie et en Piémont, se rendent maîtres du duché presque sans coup férir et ne s'arrêtent qu'après avoir fait leur entrée à Turin, le 3 avril 1536. François leur ordonne de ne pas pénétrer dans le Milanais – opération qui serait pourtant facile aux Français – car le roi veut recevoir *son* duché des mains de Charles par droit d'héritage et non par droit de conquête. Brion fait la grimace et, avec peine, retient ses troupes. En attendant, la Bresse, le Bugey et le Valmoney deviennent français.

On s'en doute, Charles Quint n'approuve pas du tout la réserve de son rival. Tout fier de sa victoire sur les musulmans et de la prise de Tunis, il a gagné Rome et, en présence du pape Paul III – un Farnèse – son aide-mémoire à la main, fait le long procès du roi de France. Rien n'est oublié : la défaite de Pavie et le traité de Madrid – que le roi avait pourtant juré sur la croix d'observer –, le refus de recevoir le duché de Milan pour son troisième fils. Sur ce dernier point, en effet, le roi ne s'était pas montré « raisonnable » – et c'est le moins que l'on puisse dire... L'empereur termine son réquisitoire en évoquant ce qu'il appelle « le rapt » de la Savoie et du Piémont.

– Le duc de Savoie, s'exclame Charles, n'a point offensé le roi de France. Ce dernier en use avec son propre oncle, qu'il devrait honorer et respecter comme un père, avec une cruauté dont aucun roi, si barbare qu'il ait été, n'a usé.

Une nouvelle guerre semble inévitable et, une fois de plus, Charles, plutôt que de faire périr tant de braves gens, propose de rencontrer François à l'épée ou au poignard :

– De la manière qu'il lui plaira, en une île de mer ou en terre ferme! Sur un pont, dans un bateau, comme il voudra! Je m'en contente. Je me confie en Dieu qui jusqu'ici m'a été favorable, m'a donné la victoire contre lui, contre mes ennemis!

Ce n'est qu'une gageure!... Charles le reconnaîtra plus tard, mais le pape, épouvanté à l'idée de voir deux princes chrétiens se couper la gorge comme deux mécréants, prend Charles dans ses bras et essaye de le calmer :

– Point de passion! Reprenez votre naturelle douceur!

L'empereur est lancé – et bien lancé – et se moque bien de sa « naturelle douceur »...

– J'ai oublié de dire à Votre Sainteté, reprend-il, que je La prie d'entendre lequel a tort de nous deux. Si j'ai tort, que Votre Sainteté aide le roi; si j'ai raison, je prie Dieu, j'appelle Votre Sainteté et tout le monde contre lui!

Le pape, fort ennuyé, déclare cependant qu'il désapprouvera celui qui refusera de signer une paix honorable. Charles se contente de cette échappatoire :

– Je baise la main de Votre Sainteté pour cette réponse, s'incline-t-il en prenant congé.

Les deux ambassadeurs de France, Claude de Vely et Charles Rémart de Denonville, assistent à cette entrevue mais, n'entendant ni l'espagnol ni l'italien, ils n'ont rigoureusement rien compris aux propos échangés entre l'empereur et le pape. Il leur faudra attendre deux jours pour que Charles Quint, toute réflexion faite, leur assure qu'il n'a pas voulu offenser le roi de France : il désire vraiment la paix et propose toujours un combat singulier entre les deux souverains.

– Sire, n'avez-vous pas promis le duché de Milan pour le duc Henri? interroge l'un des ambassadeurs.

Bien sûr, mais Charles estime que tout est maintenant changé. François, en s'alliant avec le Turc, est devenu renégat! Pour comprendre les sentiments de Charles, il ne faut pas oublier que les musulmans occupaient encore Grenade à la fin du siècle précédent. Si le roi a attaqué la Savoie, affirme l'empereur, c'est afin d'y attirer les forces impériales et de permettre aux ennemis de la foi de pénétrer jusqu'en Allemagne... Et puis, cet entêtement du roi de France à exiger que le duché de Milan soit remis à son deuxième fils et non au troisième! L'ambassadeur Vely veut protester, mais Charles Quint l'interrompt :

– N'est-il pas beau qu'il faut que je prie le roi de France d'accepter le duché de Milan pour l'un de ses enfants, et, nonobstant que sesdits enfants ne soient point de la reine ma sœur, on me veuille contraindre à leur donner partage? Et au choix d'autrui?

En réalité, Charles regrette sa proposition. Si le Milanais lui échappe au profit de François, il rencontrera les pires difficultés pour se rendre d'Italie en Allemagne. Le Milanais ne commande-t-il pas les passages des Alpes? Au comble de la fureur, l'empereur quitte Rome et remonte vers le nord : il reprendra le Piémont et portera la guerre jusque sur le sol de France! En route, non loin de Pise, il croise le cardinal de Lorraine qui lui donne ce conseil :

– Empereur très auguste, ne prenez pas le premier les armes, car le roi de France ne vous attaquera certainement pas... à moins que vous ne l'attaquiez!

Si Charles pénètre dans la mouvance française, il devient l'agresseur et François est en droit de défendre son royaume! L'empereur, dédaignant ces conseils, poursuit son chemin vers la frontière tandis que François attend que Charles Quint passe à l'attaque.

– Mon intention, annonce le roi, est de lui laisser consommer gens, temps, munitions, vivres, argent, à sièges et batteries de villes. Tant plus il amènera de gens, tant plus il lui faudra de vivres, tant plus de chevaux, juments, ânes, à les conduire à sa queue à travers les montagnes.

Mais l'empereur, évitant les grands cols, a pris la route de Provence. Aussi François, au mois d'août 1536, se dirige-t-il vers Valence afin d'organiser la défense de la province. On attendra l'ennemi sur le Rhône en défendant Arles et Marseille! Sous la présidence du roi, un conseil de guerre s'ouvre à Avignon. Montmorency propose de ne pas livrer bataille en rase campagne et de transformer la Provence en terre brûlée. François approuve le plan : on se retranchera dans les places fortes!

Une guerre atroce commence. Une force française comptant deux mille hommes de pied va « rompre tous les fours et moulins, brûler blés, fourrages, et défoncer les vins... aussi gâter les puits, jetant des blés dedans, afin de corrompre les eaux ».

L'affreuse opération réussit à merveille, le roi attend l'ennemi sur le Rhône, et Charles, le 25 juillet, franchit le Var, frontière du royaume de France. Il marche sur Fréjus, entre dans Aix où, au mois d'août, dans l'église Saint-Sauveur, il se fait couronner sans vergogne, roi d'Arles et comte de Provence. Il ne doute plus de rien :

– J'espère en peu de jours être paisiblement obéi en la ville de Paris!

Le dauphin a quitté Lyon pour rejoindre son père et l'armée. Peu avant Tournon, le 10 août 1536, après une partie de paume, il prend un verre d'eau glacée que lui présente son écuyer Montecucculi. Pris aussitôt d'un malaise, il parvient cependant à gagner Tournon où il rend le dernier soupir, après quatre jours de terribles souffrances.

Dans sa chambre, à Valence, le roi attend des nouvelles. Il voit entrer le cardinal Jean de Lorraine pâle et bouleversé. Il se tait, « la langue attachée aux lèvres »! Un pressentiment étreint aussitôt François.

– Quelle nouvelle m'apportez-vous de mon fils?

– Son état a empiré, balbutie le prélat... mais il faut avoir espérance en Dieu.

– J'entends bien, s'exclame douloureusement le roi, vous n'osez pas, de première entrevue, me dire qu'il est mort?

Le cardinal baisse douloureusement la tête... François comprend et des larmes coulent de ses yeux. Poussant un « haut soupir », il se retire dans l'embrasure d'une fenêtre, « le cœur pressé de deuil ».

– Mon Dieu, mon Dieu, murmure-t-il, je n'ignore pas qu'il ne soit raisonnable que je prenne en patience et en gré tout ce qui procède de Toi...

« La force du cœur » lui manque, alors que ce fils

qu'il aimait tant n'est plus... il appelle aussitôt près de lui Henri, désormais héritier de la Couronne :

– Vous allez apprendre un métier. Il est requis et nécessaire que vous le sachiez pour en user.

Et François envoie le nouveau dauphin auprès du grand maître Anne de Montmorency :

– Vous lui direz que vous vous rendez auprès de lui, non pour commander, mais pour apprendre à commander... pour apprendre votre métier de lui et de plusieurs bons capitaines qui l'entourent. Vous les prierez qu'ils vous donnent le moyen de faire tel apprentissage que ce soit à votre honneur et au service de Dieu, premièrement, puis de la chose publique de ce royaume. Soyez doux et prenez la peine d'acquérir leurs grâces, ainsi qu'avait très bien commencé votre frère.

Henri part aussitôt vers l'armée, tandis que François, après avoir refoulé ses larmes, tient conseil et va inspecter les remparts de Valence. C'est là que le rejoint Marguerite, mais elle sent que son frère lutte pour ne pas éclater en sanglots devant elle. Afin de maîtriser sa douleur, il fixe sa pensée sur la Provence.

Charles Quint a maintenant décidé de passer le Rhône et de descendre vers le Languedoc, avec l'intention de rejoindre son armée d'Espagne. Mais Arles et Tarascon résistent. Aussi l'empereur se dirige-t-il vers Marseille, dont il est rapidement obligé de lever le siège. Les vivres, jusqu'à l'eau et le pain, manquent cruellement aux assaillants. Les moulins ont été brûlés sur l'ordre de François, et les Impériaux « sont en si grande nécessité qu'ils mangent le blé pilé à la turque ». Les soldats sont atteints de dysenterie, ayant abusé des raisins, seule nourriture volontairement laissée sur pied – par un machiavélique stratagème... « Bientôt, nous raconte du Bellay, les chemins étaient jonchés de morts, de malades, de harnais, lances, piques, harquebuses et autres armes, et de chevaux abandonnés, qui ne pouvaient se soutenir. Là eussiez vu hommes et chevaux tous amassés en un tas, les uns parmi les autres, et tant de côté que de travers, les mourants pêle-mêle parmi les morts. »

Le 14 septembre 1536, Charles Quint a perdu vingt mille hommes et abandonne la partie. *Arlequin* rétrograde vers Fréjus. Arlequin! C'est ainsi que, par dérision, les Provençaux appellent l'empereur... et ce surnom convient bien au maître d'Etats si disparates!

François apprend que dans le nord le comte de Nassau et ses Bourguignons – ils s'étaient portés sur Péronne – sont eux aussi contraints de lever le siège, vaincus par l'héroïsme des habitants. Penauds, l'oreille basse, ils se replient vers la frontière. François, visitant les pays dévastés par la guerre, voit à quel point la ville d'Aix est détruite et en ordonne sans tarder la reconstruction.

Deux mois plus tard, Charles Quint reprend, par mer cette fois, le chemin de l'Espagne pour chercher de l'argent, reconstituer son armée et « enterrer son honneur mort en France »...

L'empereur ayant regagné Madrid, François prend la route de Lyon où Montecucculi, enchaîné, a été conduit. Sous la torture – ce qui ne prouve évidemment pas grand-chose – il reconnaît avoir fait absorber de la poudre d'arsenic au dauphin. Puis, accusé d'être venu en Italie afin d'empoisonner le roi de France sur l'ordre de Charles Quint, il est déclaré coupable et condamné à être écartelé par quatre chevaux sur la place de Grenette. Marguerite a voulu assister à l'affreux supplice et en a été frappée d'épouvante. Montecucculi ayant enfin expiré, le peuple s'acharne sur les membres du condamné. On met la tête « presque par petites pièces. Même les petits enfants n'y laissèrent un poil de barbe, lui coupèrent le nez, lui tirèrent les yeux hors de la tête et à grands coups de pierre lui rompirent les dents et mâchoires, de sorte qu'il fut si défiguré qu'à peine on l'eût su reconnaître ».

François a regagné Fontainebleau et s'apprête à marier sa fille, Madeleine de France. Le roi n'est assurément pas un modèle de moralité. Quelques jours avant le mariage de la princesse avec Jacques V, le roi d'Ecosse aux cheveux « d'or luisans », ce paillard de François entraîne son futur gendre dans une grotte où se trouve un observatoire voluptueux. Là, à l'aide d'un miroir impudique, se réfléchissaient les ébats des dames de la cour qui se baignaient sous les voûtes de la grotte dans le plus simple appareil – ce qui permettait peut-être au roi de faire son choix et d'éviter de mauvaises surprises... Ce matin-là, la ravissante Madeleine nageait dans l'onde pure – et Jacques fut ébloui par le séduisant spectacle de sa future épouse qui se présentait ainsi dénudée à ses yeux.

Le mariage est célébré à Notre-Dame de Paris, le 1er janvier 1537. Aucune fée Carabosse n'apparaît le soir des noces pour annoncer que, six mois plus tard, la jolie petite reine d'Ecosse mourra à Edimbourg... Pour l'instant, tout est à la joie et les tournois se succèdent. Henri combat, une fois de plus, pour Diane de Poitiers.

Il est donc maintenant l'héritier du royaume. C'est alors que Diane, en dépit de ses trente-sept ans, pensa qu'elle pouvait s'attacher le nouveau dauphin autrement qu'en le faisant soupirer chastement à ses genoux. Il était temps de quitter l'époque médiévale pour la Renaissance!

Nous savons, puisqu'elle nous l'a raconté elle-même, comment s'opéra la chute de la veuve exemplaire. Elle eut lieu au château d'Ecouen, chez Montmorency. Le climat avait été créé par les fameux vitraux érotiques du château, des vitraux « choquants d'impudeur à faire rougir Rabelais », qui racontaient, détails à l'appui, les amours de Psyché et firent comprendre au jeune Henri que sa déesse pouvait devenir humaine et s'animer entre ses bras comme Psyché dans les bras de l'Amour.

Un beau matin... mais laissons Diane nous conter la scène :

Voici vraiment qu'Amour un beau matin
S'en vint m'offrir fleurette très gentille...
Car voyez-vous, fleurette si gentille
Etait garçon frais, dispos et jeunet.

Ainsi tremblotante et détournant les yeux,
  « Nenni », disais-je. « Ah! ne soyez déçue! »
reprit l'Amour et soudain à ma vue
Va présentant un laurier merveilleux.

  « Mieux vaut, lui dis-je, être sage que reine. »
Ainsi me sentis et frémir et trembler,
Diane faillit et comprenez sans peine
Duquel matin je prétends reparler...

Et c'est ainsi que commença la plus surprenante liaison royale de l'Histoire. Diane – elle n'avait sans doute connu que les amours d'un barbon qui aurait pu être son grand-père – découvrit la joie de se donner à un homme vigoureux qui aurait pu être son fils... Quant à Henri, il fut émerveillé : il tenait entre ses bras cette déesse qu'il croyait inaccessible et le dira en vers, lui aussi :

Hélas, mon Dieu, combien je regrette
Le temps que j'ai perdu en ma jeunesse;
Combien de fois je me suis souhaité
Avoir Diane pour ma seule maîtresse;
Mais je craignais qu'elle qui est déesse
Ne se voulût abaisser jusque-là
De faire cas de moi...

Jusqu'à son dernier souffle, Henri demeurera fidèle (1) à sa dame qui ne demandait pas mieux

---

(1) Hors quelques incartades... puisqu'un an avant sa mort le roi Henri aura de Nicole de Savigny, baronne de Saint-Rémy, un petit garçon dont descendra, au XVIIIe siècle, – après quatre générations – la fameuse Jeanne de la Motte, triste héroïne de l'affaire du collier de la reine, prélude de la Révolution.

que de « faire cas de lui ». Désormais, il ne s'habillera plus que de noir et de blanc. C'étaient là les « couleurs » de sa maîtresse, qui portait toujours le deuil de son mari. C'est avec ses « couleurs » qu'il combattit à la guerre et sous lesquelles un jour il rencontrera la mort. Il signera ses lettres d'un *H* où s'accole un double croissant. Le croissant qui est sans doute l'emblème personnel d'Henri, mais qui représente surtout – et dans l'esprit de tous – l'astre que la belle Diane personnifie. Cet *H* et ces deux croissants forment aussi deux *D* qui s'entrelacent. On les découvre sur toutes les armures, sur les cheminées et les portes de tous les châteaux. Même sur la robe de sacre du roi Henri II, à Reims, on les retrouve comme un aveu de son adultère. Car on se méprendrait en croyant qu'il s'agit d'Henri *Deux* ou du *C* de Catherine de Médicis...

Désormais, la cour sera divisée entre deux partis : François et Anne d'un côté, Diane et Henri de l'autre. Quant à Catherine, n'étant pas encore parvenue à être mère, on la considérait cruellement à la cour comme quantité négligeable...

Seul François l'appréciait. D'autant plus qu'elle aimait la chasse autant que lui et montait à cheval, non pas assise, les deux pieds posés sur une planchette, mais en passant l'une de ses jambes, qu'elle avait fort jolies, par-dessus une fourche qu'elle avait opportunément imaginée pour faire découvrir une cheville, un ravissant mollet et un tout aussi séduisant genou – ce qui plaisait fort à son beau-père plutôt égrillard. C'était la première fois en France que l'on chevauchait ainsi *à l'amazone*. Catherine, pour ménager sa pudeur en grimpant ou en descendant de sa monture, « inventa » également le pantalon, car, auparavant, les dames n'en portaient pas...

Dès le début de 1537, les hérauts de France ont sonné à coups de trompe dans les plaines de Flandre et de Lorraine pour sommer Charles Quint à comparaître à Paris devant le lit de justice du roi. On l'accusait d'avoir voulu s'emparer en toute propriété de l'Artois, de la Flandre et du Charolais, terres pour lesquelles il se trouvait bel et bien vassal du roi de France. Naturellement, l'empereur ne se rend pas à cette injonction... Et la guerre reprend dans le Nord. Marie, la sœur de Charles, gouvernante des pays d'En-bas, demande une trêve. François la lui accorde d'autant plus volontiers que, en Italie, le sire d'Humières a dû abandonner les conquêtes françaises, sauf Turin, Pignerol et Savigliano. Le 2 octobre 1537, pour reconquérir les places perdues, le roi s'installe à Lyon où il accélère les préparatifs et rassemble des vivres destinés à sa prochaine descente vers le Piémont.

Montmorency prend le commandement de l'armée. Avec une poigne de fer, il reconquiert tout le pays. Sans entrailles, on le verra ordonner la pendaison d'un capitaine espagnol qui s'était battu vaillamment, mais avait résisté trop longuement, à la tête de la garnison d'un poste secondaire – exécution destinée à « donner exemple à ceux qui s'obstinent à défendre des places de si petite importance »...

François le suit rapidement. Il nomme son fils Henri lieutenant général pour le nord de son royaume, tandis que son beau-frère Henri de Navarre devra tenir le sud. Voici déjà le roi arrivé à Carignan, puis, le 24 octobre, il campe à Carmagnola. L'hiver approche à grands pas et les envoyés des deux beaux-frères ennemis négocient en Aragon. Une nouvelle trêve est conclue le 16 novembre. Douze jours plus tard, la nouvelle de l'accord atteint

François, qui ne retire pas pour autant ses troupes du Piémont, mais préfère lui-même regagner la Provence.

Bien que la France soit de nouveau chez elle à Turin, François est démoralisé. Au cours de cette année 1537, il a perdu sa fille, son vieil ami et compagnon Fleuranges l'Adventureux, et Françoise de Châteaubriant. En effet, un mois auparavant, le soir du 16 octobre 1537, le glas avait sonné à Châteaubriant. Françoise venait de mourir. Et la légende s'empare déjà de sa mort... Le comte a tué sa femme! On le murmure, puis on le clame : c'est la vengeance du mari trompé! Il a séquestré l'infidèle épouse dans sa chambre qu'il a transformée en cachot!

Un soir, il serait entré dans la pièce en compagnie de deux chirurgiens et de quatre hommes armés. Tandis que les soudards tenaient Françoise, les chirurgiens lui ouvraient les veines des poignets et des chevilles... et la malheureuse mourait vidée de son sang. Lorsque tout est fini, prétend toujours la légende, « le comte se retire, suivi des assassins. Et l'ombre règne à nouveau, implacablement lourde, dans la geôle dont les draperies noires sont comme imprégnées de l'odeur du sang... »

Et, pour conclure ce conte tragique, on montrait encore il n'y a guère, au château de Châteaubriant, la tache de sang toujours visible après quatre siècles... Aux touristes friands d'histoires terrifiantes, on racontait encore que, chaque 16 octobre, au premier des douze coups de minuit, François apparaissait conduisant par la main Françoise de Foix en grand costume; tandis que Jean de Laval, vêtu d'un manteau couleur fleur de soufre, était entouré par six diables qui l'obligeaient à aller baigner ses pieds nus dans la flaque de sang brusquement liquéfié. Au douzième coup de minuit – bien sûr – les fantômes disparaissaient dans la nuit profonde.

Mais revenons à l'Histoire.

Françoise a composé elle-même son élégie :

Si passez par ici, après le mien trépas,
Je te prie arrêter, sans marcher outre un pas
Jusqu'à ce qu'aies vu par cette portraiture
Cette mienne épitaphe et dolente écriture

Epitaphe

Une femme gisant en cette fosse obscure
Mourut par trop aimer d'amour grande et naïve
Et combien que le corps soit mort par peine dure,
Joyeux est l'esprit de sa foi qui est vive.

Plus tard, le roi se rendra à Châteaubriant, s'agenouillera sur la tombe de Françoise et écrira ces vers :

L'âme est en haut : du beau corps c'en est fait
      Ici dessous!
Ha! Triste pierre, auras-tu cette audace
De m'empêcher cette tant belle face,
En me rendant malheureux et défait?
Car tant digne œuvre en rien n'avait méfait
Qu'on l'enfermât avec sa bonne grâce
      Ici dessous!

CHAPITRE XVI

LE « PASSAIGE » DE CHARLES QUINT
À TRAVERS LA FRANCE

Puisqu'une nouvelle trêve est conclue, jusqu'au 1er juin 1538, François, qui s'était installé à Montpellier, prend son temps pour remonter vers le nord. Le dimanche 10 février, à Moulins, au château de Bourbon le félon, le roi appelle Montmorency auprès de lui. Il est 8 heures du matin. François est entouré de ses deux fils, de l'écuyer Pommereul, tenant précieusement la somptueuse épée royale au pommeau d'or. Cette épée que désormais Montmorency portera devant le roi, car ce matin-là, le maréchal reçoit la charge de connétable de France.

Une procession solennelle se forme et se dirige à pas lents vers la grande salle du château où le précédent connétable s'était dressé contre la puissance royale. Ainsi l'a voulu François : le lieu où va se dérouler l'investiture est un symbole. Les splendeurs de la Renaissance passent : après les archers et les Suisses en tenue chamarrée, après les deux cents gentilshommes de la maison royale, la hache d'armes sur l'épaule, voici les gentilshommes de la chambre et les chevaliers de l'ordre de Saint-Michel. Six hérauts précèdent l'écuyer Pommereul, portant toujours l'épée royale. Passent à pas comptés le roi, ses fils, sa sœur, ses conseillers, les titulaires des grandes charges et les cardinaux.

Enfin, hiératique, Anne de Montmorency s'avance, revêtu d'une robe de velours cramoisi brodée d'or. Arrivé dans la salle d'armes, il met la main sur un reliquaire de cristal contenant un morceau de la vraie Croix, et jure de défendre le roi et son royaume « sans rien épargner, jusqu'à la mort inclusivement ».

Le roi lui remet alors la lourde épée, tandis que les trompettes sonnent et que les hérauts clament d'une seule voix : « Vive Monsieur de Montmorency, connétable de France! » Désormais, il commandera l'armée, aura « la charge de toutes les guerres », secondera le roi dans ses affaires civiles et particulièrement, en ce début de 1538, fera passer le Piémont et la Savoie sous l'administration française. Au mois de juin 1538, il accompagne le roi à Nice. Le pape Paul III a décidé, alors que la trêve s'achève, de réconcilier véritablement, espère-t-il, François et Charles. Il réunit donc les deux beaux-frères ennemis, en les faisant comparaître devant lui à Nice.

Le duc Charles de Savoie ayant refusé de prêter son château de Nice pour la rencontre – il a trop peur que son comté ne subisse le sort de la Savoie et du Piémont... – le pape s'installe fort médiocrement au couvent de Sainte-Croix, des frères de l'Observance, tandis que le roi demeure au château de Villeneuve en compagnie de la reine, de l'inévitable Anne de Pisseleu et d'une somptueuse escorte de deux cents gentilshommes. Lors de l'entrée royale, un millier de légionnaires et six mille lansquenets fermaient la marche.

Quant à Charles Quint, il ne veut pas quitter sa galère, reliée à la terre par un grand pont de bois... qui s'effondre sous le poids du somptueux cortège de la reine Eléonore venue visiter son frère. Charles, qui s'est porté au-devant d'elle, tombe à l'eau, lui aussi : « Là eussiez vu des gentilshommes, qui avaient le plus grand désir de servir aux dames, se jeter en mer, les porter en l'air et tirer hors de l'eau.

A la vérité, il y en eut de bien baignées, je dis jusqu'au-dessus de la ceinture. »

Tout le monde repêché, on se rend au logis qui avait été préparé à terre pour l'empereur où l'on distribue « chemises, chausses et autres vêtements à changer, de sorte qu'il n'y paraissait rien qu'un rafraîchissement, allégresse et contentement des gentilshommes ».

En dépit de l'insistance de Paul III, les deux souverains refusent de se rencontrer, et ce sont les conseillers des deux parties qui aboutissent à une espèce de compromis : François Ier garde ce qu'il a conquis : la Bresse, le Bugey et les deux tiers du Piémont, tandis que Charles Quint redevient maître du dernier tiers du petit royaume et garde la totalité du Milanais.

Le pape, devant les énormes difficultés que présente l'établissement d'une paix définitive, propose une trêve de dix ans, « espérant que, durant ledit temps, les inimitiés enracinées dedans leurs cœurs se pourraient mitiger finalement ». Le roi et l'empereur donnent leur accord.

Soudain, un coup de théâtre se produit, alors que s'achève la journée : Charles Quint, qui n'a toujours pas rencontré François, s'embarque pour l'Espagne, mais, mettant à la voile, il adresse au roi de France un message lui proposant de le retrouver loin de la cour papale, à Aigues-Mortes. François accepte le rendez-vous, et aussitôt, dans toute la Provence, l'intendance s'agite : on ordonne aux chasseurs et aux pêcheurs de rapporter le maximum de gibier et de poissons « sous peine du fouet ». Ainsi aiguillonnés, les pêcheurs d'Aigues-Mortes prennent la mer et les chasseurs parcourent les garrigues. De son côté, Montmorency somme les Nîmois d'envoyer vers Aigues-Mortes six mille pains et trente barriques de vin.

La première entrevue entre les deux souverains a lieu dans l'après-midi du 14 juillet. Alors que la frégate de François et la galère impériale ont été placées bord à bord, le roi monte lestement l'échelle. Charles l'accueille, tend les mains pour aider François à franchir le bordage.

– Mon frère, s'exclame François en riant, je suis derechef votre prisonnier.

Est-ce à cet instant que l'amiral Doria aurait murmuré à l'oreille de Charles :

– Sa Majesté veut-Elle que je lève l'ancre et fasse faire voile et force à mes forçats et par ce moyen mette fin à la guerre?

En bon gentilhomme, l'empereur refuse, bien sûr...

Et les scènes des précédentes rencontres se répètent. Les deux souverains se découvrent, s'embrassent, se congratulent, se jouent la mutuelle comédie de l'amitié. Le lendemain, les embrassades reprennent en présence d'Eléonore. L'empereur, descendu à terre, est cette fois l'hôte de François. La prison de Madrid semble appartenir à un lointain souvenir.

– Ce fut un grand malheur pour nous et nos sujets, s'exclame Charles Quint, que plus tôt nous ne nous soyons connus, car la guerre n'eût pas tant duré.

Le roi, lui, s'écrie :

– Nous devons bien rendre grâce à Dieu de ce qu'il lui a plu nous joindre par amitié ensemble en ce lieu.

Mais sont-ils sincères? Ce même 15 juillet, François offre à Charles un gros diamant sur lequel il a fait graver ces mots : *Dilectionis testis et exemplum,* que l'on peut traduire librement – et sans ironie – par : « Notre affection doit être un exemple. » Charles Quint lui passe alors son collier de la Toison d'or autour du cou – un ordre bourguignon! – en s'exclamant gracieusement :

– Mon frère, je n'ai rien en ce moment pour me revancher de ce présent, si ce n'est ceci...

François, ne voulant pas demeurer en reste, lui offre son collier de Saint-Michel en s'écriant :

– Puisqu'il vous plaît que je porte cet ordre, il vous plaira de porter le mien.

Les scènes d'attendrissement se prolongent jusqu'au lendemain, jour de la séparation. En remontant vers Nîmes, François est heureux :

– Désormais, les affaires de l'empereur et les miennes ne sont plus qu'une seule et même chose!

S'agit-il d'une *resverie*, ainsi que l'écrit un témoin de la scène? Ou plutôt d'un entracte dans cette lutte à mort que se livrent les deux beaux-frères? Pourront-ils jamais s'entendre? ainsi que l'écrivait l'ambassadeur vénitien Francesco Giustiniano. « Ce que j'ai vu du roi de France dans mon court séjour, ajoutait-il, et ce que j'ai entendu de l'empereur à la cour, me prouve assez qu'entre ces deux grands princes, il n'y aura point d'union... Ils sont, en somme, d'un caractère si différent que le roi lui-même dit un jour à l'ambassadeur Capelle et à moi, justement à propos des trêves qu'on allait conclure :

« L'empereur tâche de faire tout au rebours de ce
« que je fais; si je propose la paix, il dit que la paix
« n'est pas possible, mais qu'il vaut mieux un
« accord; si je parle d'accord, il propose une trêve.
« Nous ne sommes jamais du même sentiment en
« rien! »

François reprend ses *errances*, au grand désespoir des ambassadeurs accrédités auprès de lui, car il leur est alors fort difficile de parler affaires avec le roi. On ne sait jamais l'heure, le jour où le royal vagabond fera appeler les diplomates nomades à son campement. L'évêque de Saluces, représentant en France le Florentin Cosme Ier, soupire : « Ici, on ne pense qu'aux chasses, aux dames, aux banquets, à changer de gîte et à chercher quelque maison isolée, avec un peu de chambres pour loger le roi et les dames; et quant aux autres, tout un chacun est en quête à trois, quatre et six milles de là. Et quand on tombe sur un de ces gîtes, on y reste autant que durent les hérons et les milans qui sont dans le pays. » Ainsi est-ce l'abondance ou le manque de gibier qui gouverne la migration royale...

Au mois de mai 1539, François séjourne à Château-Renard, en Provence, lorsqu'il décide de créer par un édit la Loterie nationale, promise à un bel avenir. Supprimée en 1836, elle sera rétablie en 1933. Le tirage, au XVIe siècle, en était pittoresque. En présence du public, un aveugle était placé sur une estrade entre deux paniers dans lesquels il plongeait alternativement la main. L'un des paniers recevait les billets gagnants – les *bénéfices* – l'autre les billets *blancs*, autrement dit *perdants*. C'est d'ailleurs ceux-ci qui donnèrent leur nom à la loterie, appelée *blancque*, mot dérivé de l'italien *carta bianca*.

Au mois d'août 1539, le vagabondage royal conduit François à Villers-Cotterêts, dont la forêt est la plus giboyeuse de l'Ile-de-France. C'est là, le 7 août, que le roi signe le fameux édit, appelé *Ordonnance générale sur le fait de la justice, police et finances,* dont certains articles sont toujours en vigueur. Il s'agit d'un texte préparé par le chancelier Guillaume Poyet – on appellera d'ailleurs l'ordonnance la *guillelmine*. Désormais, les desservants des paroisses – ils seront, un jour lointain, remplacés par les secrétaires de mairie – devront tenir registre du jour et de l'heure de la naissance des Français, « et par l'extrait dudit registre se pourra prouver le temps de majorité, ou de minorité... ». L'article 54 – il y en avait cent quatre-vingt-douze – exigeait que les décès soient aussitôt déclarés par les proches ou les domestiques du défunt... s'il en avait. Les registres ne devaient pas traîner dans les chapitres, couvents et cures, mais être réunis au greffe du prochain siège du bailli ou des sénéchaux royaux pour y être « soigneusement gardés ».

C'est ainsi que nous devons à François Ier la création de l'état civil.

A l'avenir, précisait l'*Ordonnance*, « afin qu'il n'y ait cause de douter sur l'intelligence desdits arrêts, nous voulons et ordonnons qu'ils soient faits et écrits si clairement qu'il n'y ait, ni puisse avoir aucune ambiguïté ou incertitude... ». Enfin, il fut défendu d'utiliser le latin pour la rédaction des actes de justice. Tout devait être rédigé « en langage maternel français... ».

**
**

Le roi se trouve à Compiègne, le 20 septembre 1539, lorsqu'il annonce à son ambassadeur à Londres : « Je vous avise que j'ai été bien fort tourmenté d'un *rume* qui m'est tombé sur les génitoires et vous assure que la maladie m'en a été tant ennuyeuse et douloureuse qu'il n'est pas croyable... » Il s'agissait de cet affreux abcès au périnée, ce mal qui emportera un jour le roi.

François commence à se rétablir quand un courrier – grâce à la poste, ceux-ci abattaient cinquante lieues par jour – lui apporte une étonnante nouvelle : Charles Quint a accepté l'invitation que François lui avait adressée dernièrement – et sans vraiment y croire – en lui conseillant « de ne pas s'exposer aux dangers et périls de mer » en hiver, et de se rendre par voie de terre – c'est-à-dire en traversant la France – vers ses Etats de Flandre en pleine rébellion. Les bourgeois gantois refusaient, en effet, de verser à la régente Marie leurs impositions, dont certaines – ô ironie! – étaient perçues pour la défense du pays contre les éventuels agissements des Français. La présence de Charles Quint, et celle, encore plus persuasive, d'une cohorte de terribles lansquenets, pouvaient ramener l'ordre.

Dans sa lettre d'invitation, François avait évoqué les « fraternelles amitiés », qui depuis Aigues-Mortes, unissaient maintenant les deux souverains. Le roi avait également garanti qu'il serait fait à l'empereur, lors de son « passaige » à travers la France, « tout honneur, et bons traitements que faire se pourra et tels qu'à ma propre personne ».

Charles, après bien des hésitations, a accepté

d'entreprendre ce voyage aventureux. A son arrivée à Saint-Jean-de-Luz, le 27 novembre 1539, le jeune duc d'Orléans saute sur la croupe du cheval de Charles Quint et saisit le cavalier à bras-le-corps en criant :

– César! César! vous êtes mon prisonnier!

L'empereur, très surpris, éclate d'un rire un peu jaune...

A Bayonne, c'est le dauphin Henri qui accueille avec plus de réserve son ancien geôlier. Puis les manifestations habituelles : entrée, harangues, réceptions se déroulent. Enfin, le soir du vendredi 12 décembre, deux semaines après son arrivée en France, Charles Quint atteint Loches. Les rues sont tendues de tapisseries et les Suisses, dans leur uniforme chamarré, font la haie. Encore affaibli par sa maladie, François, revêtu de satin rouge, ayant Eléonore à ses côtés, attend son hôte. Charles Quint est toujours habillé de noir : il porte le deuil de sa chère impératrice Isabelle, morte à l'Alcazar de Tolède après avoir mis au monde un enfant mort-né. L'empereur en avait « souffert incroyablement ».

Dès le lendemain, les deux cours se dirigent vers la Loire. Pour éblouir l'empereur, le roi, à Amboise, tient à lui offrir une entrée de nuit, fastueuse, exceptionnelle, par la tour Hurtault que l'on pouvait gravir, rappelons-le, à cheval ou en litière grâce à une rampe aménagée à cet effet. Cette rampe était tendue de tapisseries, et à un tel point garnie de flambeaux « et autres lumières, nous raconte du Bellay, qu'on y voyait aussi clair qu'en une campagne en plein midi. Bien étant l'empereur à mi-chemin dans ladite tour, quelque malavisé portant une torche y mit le feu de sorte que ladite tour fut enflammée et à cause des tapisseries où le feu se mit, la fumée fut si grande ne pouvant respirer qu'il fut confus en grand doute que l'empereur ne fût étouffé ».

Charles Quint garde très courtoisement le sourire...

Après une journée de repos, le double cortège

arrive devant le château de Chambord et François fait à son hôte les honneurs du fameux escalier. Ces révolutions qui s'enchevêtrent sans jamais se rencontrer laissent l'empereur bouche bée... Il faut dire que cette expression lui était habituelle. Nous le savons : les végétations l'obligeaient à garder la bouche perpétuellement entrouverte, et de plus, ce qui n'arrange rien, le malheureux empereur, depuis Hendaye, souffre d'un rhume et renifle continuellement. Il n'en reste pas moins confondu devant cette merveille architecturale :

– C'est l'abrégé de ce que peut effectuer l'industrie humaine! s'exclame-t-il.

Fut-il un peu jaloux? Peut-être! car, visitant plus tard une abbaye, il fit étalage devant son hôte de sa puissance en alignant sous sa signature ses nombreux titres – et Dieu sait s'il en avait! – sur le registre que lui tendait l'abbé mitré. Le roi de France prit ensuite la plume et traça avec humour ces quatre mots :

François, seigneur de Vanves.

Charles Quint va d'émerveillement en émerveillement. Voici enfin Fontainebleau, berceau de l'Ecole portant le nom du château, où François a installé une pléiade de merveilleux artistes italiens, tel Benvenuto Cellini, le Primatice, le Rosso, Sébastien Serlio, Pellegrini et tant d'autres!

Fontainebleau!

Fontaine Belle eau? Fontaine bellau, Fontaine de Bliaud – du nom de son propriétaire – ou, enfin, *Fontaine Bleau?* Pour ma part, cette dernière étymologie me plaît davantage, parce qu'elle viendrait du nom d'un chien nommé *Bleau*, que l'un des prédécesseurs de François – peut-être Louis VII – affectionnait et qu'il avait perdu à la chasse; il l'aurait retrouvé près d'une source que l'on baptisa joliment *fontaine de Bleau*... Le 24 décembre, à quelque distance du château, Charles Quint a la surprise de voir sortir de la forêt et se porter à sa rencontre des figurants travestis « en déesses et en dieux bocca-gés... qui, au son des hautbois, composent des danses rustiques ». Après ce spectacle bucolique, on assiste à un tournoi entre le dauphin et son frère, chacun conduisant une troupe de chevau-légers.

L'empereur passe ensuite sous un arc de triom-phe orné de peintures représentant symbolique-ment François et Charles en compagnie de la Paix et de la Concorde. Les luths et les hautbois se font entendre lorsque l'empereur s'avance sur la chaus-sée de Maintenon qui borne et retient les eaux de l'étang, et conduit à la célèbre porte Dorée – ou plutôt la *porte d'Orée*, puisqu'elle s'ouvre sur la lisière de la forêt. Inspirées par l'entrée du château d'Urbin, dont Catherine avait porté le titre, deux loggias enluminées, au premier et au deuxième étage, répètent la forme cintrée de la porte d'entrée.

Ici les choses n'ont guère changé alors que, trop souvent hélas! transformées ou détruites, des splen-deurs conçues et inspirées par François il ne reste plus que le souvenir. « Quelle construction est celle de Fontainebleau, qui, d'un désert qu'il était, s'exta-siait Brantôme, a été fait la plus belle maison de la Chrétienté. »

Par la porte d'Orée, au son des trompettes et des tambours, Charles Quint pénètre dans la cour du Donjon qui deviendra plus tard la cour Ovale. Le roi l'attend au premier étage, dans la célèbre galerie, dont la décoration est éblouissante. Rosso, le Flo-rentin, n'aura pas le temps de la terminer, car il disparaîtra l'année suivante, et c'est le Primatice qui achèvera le chef-d'œuvre « ouvrage de stuc et de peinture », ainsi que le précisent les comptes des décorateurs. François est si enchanté par son travail qu'il nomme son artiste préféré gouverneur du grand jardin – car le roi aime les fleurs... Dans la galerie, sous le plafond cloisonné – ce plafond que le roi Louis-Philippe éprouvera le besoin de rehaus-ser (1) – s'enchevêtrent les guirlandes de fleurs et

(1) Le plafond a retrouvé aujourd'hui sa hauteur primitive.

de fruits. Les jeux d'enfants alternent avec les cariatides de faunes et de femmes aux formes plus rebondies que celles des nymphes gracieuses et élancées de la chambre de Madame d'Etampes. A l'étage au-dessus est installée la « librairie » où le roi se retire dès qu'il en a le loisir. Partout rayonne la salamandre royale, sauf dans les appartements de Charles, flambant neufs, où l'empereur retrouve sa fameuse devise *Plus outre* et où les aigles noires d'Autriche planent au plafond. Charles Quint aime ce pavillon d'angle que François lui a fait aménager. On l'appelle le *pavillon des Poêles* car, sur l'ordre du roi, de nombreux appareils de chauffage ont été placés et font régner une douce chaleur.

Le lendemain, François, non sans fierté, fait visiter à l'empereur sa demeure. Il commence par sa chambre donnant sur la cour du Donjon, et qui est ornée de tapisseries dessinées par Raphaël. Les visiteurs montent ensuite au second étage de la grosse tour où ils peuvent admirer une pièce « fort somptueuse en meubles et en tapisseries exécutées en Flandre », peut-être par des artisans de Charles Quint!... François est tellement épris d'art qu'il commente d'une manière incomparable la visite de ses demeures décorées par le Rosso et par le Primatice.

– Voir vos édifices sans vous, c'est un corps mort, s'extasiait Marguerite.

François éprouve une certaine fierté en faisant admirer le fameux *Hercule* de Michel-Ange, qu'il a fait venir du palais Strozzi, en 1529, cette statue (1) qui permettra à Brantôme de mettre en scène une de ses dames galantes. Celle-ci « regardant et contemplant ce grand Hercule de bronze, et étant tenue sous le bras par honnête gentilhomme, qui la conduisait, elle lui dit que cet Hercule, encore qu'il fût très bien fait et représenté, n'était tout de même

(1) Placée quelques années plus tard dans le jardin de l'Etang, la statue disparut au XVIIe siècle, au cours des travaux ordonnés par Louis XIV. On ne sait ce que ce chef-d'œuvre est devenu!

si bien proportionné de tous ses membres comme il le fallait, d'autant plus que celui du mitan était par trop petit et par trop inégal, et peu correspondant à son grand colosse de corps. Le gentilhomme lui répondit qu'il n'y trouvait rien à dire de ce qu'elle disait, d'autant qu'il fallait croire que de ce temps, les dames ne l'avaient si grand comme au temps d'aujourd'hui... »

François continue à faire étalage de ses trésors à l'empereur. Le roi a toujours les yeux tournés vers l'art italien. Ainsi, en 1530, alors que Charles Quint assiégeait Florence, il avait chargé Battista della Palla de profiter de la misère des habitants pour leur acheter statues et peintures sur bois, dont la *Résurrection de Lazarre* par Pontormo et un *Saint Sébastien* de Fra Bartolomeo. Della Palla ayant été emprisonné par les Médicis, écœurés par ses trafics, François avait alors chargé le Vénitien Pietro Aretino – l'Arétin – de lui procurer de nombreuses œuvres, qui ont malheureusement disparu.

L'empereur ne peut voir les moulages des Antiques que le Primatice a fait exécuter à Rome suivant les indications données par François, car c'est au mois de février 1540 que le maître rapportera de la Ville Eternelle cent vingt-cinq moules de bustes, statues et torses. Quand tout sera débarrassé et dépaillé, le roi priera que l'on veuille bien le laisser. Seul au milieu de ces chefs-d'œuvre, le roi de la Renaisance pleurera d'émotion devant les moules du *Laocoon*, devant l'*Hercule* de Commode, ne parvenant pas, durant une heure, à détacher son regard des *Apollons*, des satyres et – surtout – de la *Vénus* de Cnide, dont il comparera les formes parfaites à celles du corps délicieux de sa maîtresse, la duchesse d'Etampes (1).

C'est à cette même époque que le Primatice amènera également d'Italie le cheval de Marc Aurèle qui donnera son nom à la cour du *Cheval-*

---

(1) Exécutés sous la direction du Primatice, les moules seront coulés en bronze par Vignola, dans une fonderie installée à Fontainebleau même.

Blanc de Fontainebleau, où Catherine de Médicis, vingt ans plus tard, le fera ériger sous un dais.

Mais déjà, lors du voyage de Charles Quint, de nombreuses œuvres de Léonard de Vinci, de Raphaël, ainsi que des orfèvreries de Cellini ornent l'appartement de bains, qui sera détruit au XVIIIᵉ siècle. L'empereur s'attarde longuement dans cette série de vastes salles d'eau, de pièces de repos et d'étuves. C'est dans l'une de ces dernières que le roi se fait couper les cheveux et tailler la barbe. « Les chambres et galeries, nous dit un chroniqueur, étaient si richement tendues de tapisseries, et décorées de beaux et riches tableaux et statues, qu'il n'est possible à l'homme mortel de pouvoir décrire ni réciter, de sorte qu'il semblait mieux un paradis ou œuvre divine qu'humaine, et s'ébahirait chacun de voir le lieu si noble et enrichi en si peu de temps orné et préparé. » Sur une cimaise, *la Joconde* sourit avec une tendre douceur...

Charles, de ses fenêtres, peut apercevoir, au milieu de la cour, la célèbre *Colonne dorée* « artistiquement faite » qui, la nuit, jette « un flambeau de feu par le haut ». De son piédestal sortent des ruisseaux de vin et d'eau pure. Au-delà, l'empereur découvre le vaste *Etang des carpes* – ancien vivier des religieux mathurins aménagé en 1529 – et, en face de lui, les frondaisons de la forêt, tandis qu'à gauche, le parterre d'eau reflète le ciel d'Ile-de-France.

Durant six jours, ce ne sont que festins. Charles est conquis par les robes somptueuses des dames de la cour. L'empereur sait-il que c'est François lui-même qui choisit les tissus et même la façon des « habillements »? On peut, en effet, lire dans les acquis du roi : « à Mme de Canaples, dix aunes de toile d'or frisé pour lui faire robe et cotte ». C'est également le roi qui a commandé cette manière d'uniforme dont sont revêtues les demoiselles d'honneur : « Deux cent vingt et une aunes de velours violet cramoisi pour faire vingt-deux robes à vingt-deux demoiselles... » – et ces demoiselles portent de grands noms : Maupas, Brissac, Montchenu, Heilly, Tallart, Torcy...

Dans le *Recueil du crayon d'Aix* – un merveilleux album – on retrouve le nom de certaines d'entre elles. Sous leur portrait quelques appréciations sont notées, sans doute de la main du roi : *Belle à voir, honnête à la hanter* – c'est de Diane qu'il s'agit; *La mieux faite; Ce qu'elle cache est le parfait des autres; Honnête, grasse et plaisante à propos.*

Les dames d'honneurs qui entourent Catherine et Eléonore sont habillées de robes de velours noir doublé de fourrure d'hermine, car il fait très froid cet hiver de 1539. On ne se promène guère dans le jardin, dont Clément Marot a chanté la rose qui « sur toutes fleurs a la principauté ».

Le matin de Noël, dans la longue allée conduisant à la porte d'Orée, des scrofuleux s'étant approchés du roi, François pose la main sur chacun d'eux.

– Le roi te touche, Dieu te guérira!

Un maître d'hôtel le suit, portant un bassin rempli d'eau vinaigrée, dans lequel, après chaque imposition, le roi trempe ses doigts. Quels sentiments éprouvait Charles à la vue de ce spectacle? On l'ignore. Peut-être admirait-il, tout en l'enviant, cette force mystique qui émanait de François, cette espèce de pouvoir surnaturel qui remuait les foules, et que lui, Charles Quint, empereur, ne possédait pas!

Chaque jour, on banquette. Le cahors, le vin préféré de François, coule à flots. C'est Galiot de Genouillac, originaire du Quercy, qui le lui a fait découvrir. Les convives – sont-ils émoustillés par « le vin noir »? – se mettent à danser. L'empereur s'entretient avec la duchesse d'Etampes et soudain laisse tomber une bague. La maîtresse de François la ramasse et la tend à Charles.

– C'est la coutume, dit-il, que ce qui tombe de la main des rois et des confesseurs ne leur revienne pas. Gardez-la, je suis trop heureux d'avoir l'occasion d'orner une si belle main.

La galanterie de François est contagieuse!

Bien sûr, on chasse aussi, mais le roi ne peut encore monter à cheval, il souffre toujours de sa fistule au périnée qui l'oblige à se déplacer en litière. Le soir du 30 décembre, après avoir couru deux cerfs, les souverains s'embarquent sur la Seine et prennent place dans une prestigieuse gondole vénitienne. Un véritable corps de logis a été aménagé à l'arrière de l'embarcation, une loggia drapée de fourrures et chauffée par plusieurs poêles ardents.

Après une nuit à Corbeil et une autre à Vincennes, le 1er janvier 1540 se déroule la somptueuse entrée dans Paris. Charles Quint est seul, car François veut laisser tout l'honneur à son hôte. Cette entrée doit être l'apothéose du voyage de l'empereur en France. Le roi assiste au spectacle d'une fenêtre de l'hôtel de Montmorency, rue Saint-Antoine. Ne craignant pas de réveiller la rancœur de l'empereur – ce en quoi il a tort... – François est ravi d'étaler devant Charles sa magnificence. C'est une véritable procession qui ouvre le cortège impérial : six cents franciscains, quatre cents dominicains, sans parler d'une cohorte de moines mendiants. Puis, au son du canon, s'avancent les magistrats, les commissaires, les officiers, les chevaliers, la cour, le parlement, le conseil du roi, la Justice, les prévôts, la Chambre des comptes, la chancellerie et jusqu'au nouveau sceau royal placé sur une haquenée caparaçonnée de soie et d'or. Enfin, voici Charles Quint chevauchant sous un dais orné de ses armes, au-dessus desquelles plane l'aigle impérial.

Après l'accueil du légat pontifical à Notre-Dame, l'empereur s'en va loger au palais de la Cité où François l'a précédé. Les murs de la grande salle voûtée construite par Philippe le Bel – elle n'a guère changé – disparaissent sous les tapisseries. François a fait placer autour de la pièce cinquante-six statues des rois de France et les présente fièrement à l'empereur :

– Ici sont nos devanciers!

On remarque que Charles demeure rêveur devant

la statue de Charlemagne – leur « devancier » commun. Lors du banquet, au-dessus des souverains, un grand drap d'or a été déployé. Sur la table étincellent les plats de vermeil et d'argent, les aiguières et les nefs.

> *Il semble tout partout que la grand'salle rie*
> *Par les riches éclairs de tant d'orfèvrerie*

Selon son accoutumée, Charles ne mange pas, il *gloutonne,* et chacun de ses repas est une exhibition propre à couper l'appétit aux autres convives. Les défauts dont nous avons déjà parlé se sont encore accentués. Il tient son assiette au-dessus de sa mâchoire déformée et il engloutit la nourriture en la poussant, à la manière dont certains Chinois mangent leur riz. Il déglutit le tout à l'aide de grandes lampées de vin du Rhin, dont il boit une bouteille à chaque repas!... Avec un tel régime, les attaques de goutte sont de plus en plus fréquentes. Il se refuse à écouter les conseils de son majordome, Luis de Quijada, qui lui répète :

– La goutte se soigne en fermant la bouche!

Le lendemain de cette rude journée, Charles se réveille fatigué... On le serait à moins, après tant de digestions difficiles, de cavalcades, de harangues, d'interminables services religieux, de visites de châteaux et d'églises... et cela par « grande froidure »! François ne va guère mieux. Toujours son apostume qui le fait souffrir. Ils se reposent tous deux au Louvre où l'empereur logera désormais. Mais dès que les deux souverains se sentent en meilleure forme, infatigables, ils rentrent de nouveau dans la ronde infernale des réceptions et des défilés. La ville de Paris offre à l'empereur un *Hercule* d'argent couvert d'une peau de lion.

Après l'accueil de la capitale, voici celui, à Chantilly, du connétable de Montmorency, qui a tant œuvré pour la réconciliation entre les deux souverains. Enfin, François reçoit son hôte, le 11 janvier, à

Villers-Cotterêts. Encore un château merveilleux, particulièrement cette salle des états, transformée plus tard en chapelle : une vaste pièce couverte d'une voûte en berceau. Charles gravit cet escalier, non plus à vis comme à Blois, à Chambord ou à Fontainebleau, mais, nouveauté pour l'époque, en une double volée parallèle.

Mais l'empereur pense aux Gantois révoltés. Il a franchi la Bidassoa le 27 novembre 1539, il y aura bientôt deux mois! Voici enfin Saint-Quentin, où, après une ultime embrassade, on se sépare.

Les deux beaux-frères ne se verront plus...

Coût du *passaige* : 92 703 livres, 17 sols, 4 deniers tournois, sans compter les débours acquittés par les villes. C'est cher, d'autant que Charles Quint, fidèle à sa promesse, a évité de parler d'affaires... à la grande déception de François. Mais, ainsi que s'extasiait un Vénitien : « C'est une grande stupéfaction qui dépasse l'intelligence humaine de voir ces éternels ennemis se donner mutuellement une si grande preuve de confiance. »

Les Gantois auraient certes préféré que François fît prisonnier son ennemi, car la répression que Charles Quint et ses cinq mille lansquenets feront subir aux révoltés sera atroce. Ils paieront cher leur rébellion! La ville perdra ses libertés communales et jusqu'au *Roland*, son bourdon, symbole de ses privilèges, et qui est devenu muet. Une citadelle destinée à museler pour longtemps les Gantois sera édifiée, à l'emplacement de l'admirable abbaye de Saint-Bavon. Vêtus de noir, tête et pieds nus, une corde – la hart – au cou, les doyens des métiers, les échevins et les notabilités bourgeoises devront faire amende honorable devant Charles et s'agenouiller dans la poussière. Enfin, les chefs de la révolte – jugement rendu par Charles Quint au *Prinzenhof*, palais où il était né – sont exécutés. Combien furent-ils à avoir la tête tranchée? Les chiffres des chroniqueurs oscillent entre neuf et vingt-six... selon leur nationalité.

La révolte matée, Charles, ainsi qu'il l'a promis à

François, étudie des propositions pour une paix définitive. Il offre de donner au duc d'Orléans la main de sa fille Marie avec pour dot les Pays-Bas, la Franche-Comté et le Charolais. Charles Quint espérait ainsi créer un nouvel Etat au nord de la France au profit du dernier fils de François Ier, qui était au plus mal avec le dauphin Henri. Mais la Savoie et le Piémont devaient être rendus à leur duc, vassal du Saint Empire.

François refuse.

Nous avons dit que le roi avait le défaut de se laisser mener par les événements, plutôt que de les conduire. Cette fois, il ne saisit pas au bond la proposition impériale. Peut-être parce qu'il n'y croit qu'à moitié... Peut-être aussi parce que Charles n'a fait aucune allusion au Milanais, considérant le duché définitivement perdu pour la France. François, avec une sagesse dont l'Histoire doit lui être reconnaissante, ne désire pas faire de son fils cadet un nouveau duc de Bourgogne, un nouveau rameau de la maison de France, qui se dresserait assurément, un jour plus ou moins lointain, contre l'autorité du futur Henri II ou de ses successeurs.

Cependant le roi ne veut pas rompre les ponts, alors que ceux-ci viennent d'être jetés entre les beaux-frères irréconciliables, et les ambassadeurs vont reprendre leur palabres... sans succès. En somme, l'escalier de Chambord que les deux souverains ont gravi et descendu ensemble, ces évolutions où l'on se voit et s'observe sans se rencontrer sont bien l'image symbolique de leurs relations...

François estime que Montmorency est le grand responsable de cet échec. Le connétable, partisan d'une étroite alliance avec Charles Quint, n'avait-il pas affirmé à François que Milan serait rendu à la France? Quelle déception! Il faut ajouter que, par malchance, Montmorency était franchement détesté par la duchesse d'Etampes. Hypocrite, elle jetait sournoisement de l'huile sur le feu et, avec des insinuations habiles, sapait la confiance du roi. Marguerite aussi n'aimait guère Montmorency et influençait son frère. Ayant deux femmes contre lui, le connétable ne pouvait lutter, d'autant plus que le roi voyait d'un fort mauvais œil l'amitié que son fils Henri portait à celui qui l'avait initié à l'art militaire... Montmorency se retira sagement à Chantilly, en attendant des jours meilleurs.

François n'a jamais cessé d'être attentif aux agissements d'Henry VIII, cet autre adversaire dont l'obésité est devenue monstrueuse. Son tour de taille, entre 1535 et 1540, a augmenté de quarante-deux centimètres!... S'il semblait au roi un rival moins menaçant que Charles Quint, Henry était cependant d'une cruauté abominable. François a appris avec une stupéfaction mêlée d'horreur que le roi d'Angleterre avait fait condamner à mort, en 1536, pour adultère, son épouse, la diabolique Anne Boleyn, qu'il avait tant désiré épouser... Le 19 mai, Henry VIII chassait, tandis que Anne, avant de monter à l'échafaud, constatait avec un triste sourire :

– J'ai entendu dire que le bourreau était très bienveillant, et j'ai un très petit cou...

La douce et pudique Jane Seymour lui succède, dès le 30 mai. La nouvelle parvient à François par une lettre de Thomas Cromwell, lord du Sceau privé, liquidateur de l'Eglise catholique d'Angleterre, celui que Henry VIII nommait *Crom*. La toute récente reine, ayant « mangé après son accouchement plus qu'elle ne pouvait tolérer », meurt le 24 octobre 1537, âgée de vingt-huit ans, peu de jours après avoir mis au monde le futur Edouard VI. Profondément abattu, Henry accepte cependant d'exaucer la prière de ses ministres : il se remariera pour la quatrième fois. Henry, qu'on appellera le roi Barbe-Bleue, et Norfolk auraient aimé que la prochaine reine d'Angleterre soit une princesse française. Trois pouvaient briguer ce terrifiant honneur.

Henry proposa alors de venir choisir lui-même à Calais sa future femme parmi les prétendantes alignées sur le môle, comme s'il s'agissait de sélectionner des poulinières... Cette idée extravagante et discourtoise déplut à François qui avait trop le respect des femmes. De plus, le roi Henry VIII avait ordonné de brûler les reliques de saint Thomas Becket sur la place du marché de Canterbury, un sacrilège qui scandalisait la chrétienté...

Henry pense alors épouser Christine de Danemark, la jeune veuve de Sforza, l'ex-duchesse de Milan. Il suffit de regarder le portrait peint par Holbein pour se rendre compte que Henry, qui aimait tant « claquer le fouet », avait bon goût. Mais Christine déclara, non sans esprit, à l'ambassadeur britannique venu demander sa main :

– J'aurais accepté de vous suivre, si j'avais eu une tête de rechange.

L'odieuse cruauté, l'appétit boulimique, l'effarant embonpoint n'effrayèrent pas trop la vertueuse Anne de Clèves, qui voulut bien épouser Henry. Mais l'Anglais ne fut guère enchanté par cette « jument de Flandre », qui ne parlait que l'allemand. Le lendemain du marige, au début de 1540, Henry – lui qui était d'une adiposité répugnante... – déclara que les seins trop volumineux et les formes par trop rebondies de sa femme l'écœuraient. Le dégoût fut, paraît-il, réciproque. Henry, déjà disgracié par la nature, était, en plus, affligé d'un ulcère variqueux et purulent à une jambe. Les choses ne traînèrent pas : Anne de Clèves fut répudiée cette même année 1540, mais elle reçut la permission de continuer à vivre en Angleterre. Henry, de plus en plus impotent, épousera le 26 juillet « une rose sans épines » – du moins, il l'affirmait –, la très jeune et trop aimée Catherine Howard. Ce même jour, Cromwell, accusé d'avoir poussé le roi à un mariage stupide avec Anne de Clèves, Cromwell, le « Narcisse de ce Néron », mourait sur l'échafaud.

CHAPITRE XVII

ENCORE LE « CRY DE GUERRE ».

> *Nous ne sommes jamais du même*
> *sentiment en rien!...*
> FRANÇOIS

Nous l'avons vu, pendant le séjour de Charles Quint à Paris, François était tombé malade « d'une aposthume qui lui était descendue au bas du ventre et dont il avait été en danger de mourir ». Beaucoup d'historiens, parmi lesquels Michelet, ont affirmé qu'à partir de ce début de l'année 1540 François était valétudinaire au point de ne plus pouvoir enfourcher un cheval sans difficulté. Cette version ne semble pas très exacte, si on en croit cette note de Marino Cavalli, ambassadeur de Venise, qui, au même moment, écrivait au doge : « Le roi est d'une excellente complexion, d'une constitution vigoureuse et gaillarde que n'ont pas ébranlée les soucis, les disgrâces et les fatigues qu'il n'a cessé d'endurer dans tant de voyages et d'excursions à travers ses provinces... Il mange et boit fort bien et dort on ne peut mieux et, ce qui importe encore plus, il tient à vivre gaiement et sans trop de soucis. »

Les soucis ne lui sont cependant guère épargnés! A l'automne 1540, son rêve italien s'écroule définitivement : à Bruxelles, le 11 octobre, Charles donne le Milanais à son fils Philippe. Cette fois, tout espoir que ce duché appartienne un jour à la France est perdu. Cette immense désillusion rapproche tout naturellement François d'Henry VIII. A Fontainebleau, où il passe l'automne, il reçoit avec égards l'ambassadeur Wallop et, tout en lui faisant visiter son appartement, il lui déclare :

– Par ma foi, monsieur l'ambassadeur, si votre roi était ici, je lui ferais *grand-chère* et de bon cœur.

Il avait fort bien traité Charles Quint, et pourtant chaque jour les choses se gâtent davantage entre les deux beaux-frères. Le 5 mars 1541, le roi réside à Blois lorsqu'il reçoit la visite d'Anton del Rincon, un homme corpulent, ancien capitaine espagnol. En qualité d'ambassadeur de France auprès de la Porte ottomane, il apprend à François la fureur de Soliman lorsque celui-ci a eu connaissance de la réconciliation de l'empereur et du roi. Il avait interpellé vivement Rincon :

– Venez çà! Vous me venez ici entretenir et abreuver des plus belles paroles du monde de votre maître et de son amitié, et c'est tout le contraire... Pour un peu, je vous ferais trancher la tête!

Non sans mal, grâce à son habileté, Rincon avait apaisé le Turc. Pour le remercier, François offre un festin à l'ambassadeur et surtout lui fait don de la seigneurie vineuse de Belleville-en-Beaujolais. Puis le courageux Rincon reprend la longue route de Constantinople en compagnie de l'ambassadeur de France à Venise, le Génois Cesare Fregoso. A Rivoli, le représentant de François, Guillaume du Bellay-Langey, conseille aux deux diplomates de ne pas poursuivre leur chemin : l'empereur a chargé le vice-roi de Lombardie, le marquis del Vasto, d'empêcher à tout prix les deux ambassadeurs de s'acquitter de leur mission. Pour s'emparer des dépêches qui leur ont été confiées, del Vasto est capable de les faire assassiner! Les diplomates haussent les épaules. Fregoso a été le compagnon d'armes du marquis et affirme qu'il est incapable de commettre un crime aussi monstrueux. Cependant, Guillaume du Bellay insiste. Il a reçu des avertissements très sérieux : le guet-apens préparé contre les deux ambassadeurs que Charles Quint considère comme des traîtres est certain! Aussi, à Rivoli, Rincon accepte-t-il de laisser les dépêches dont il est porteur entre les mains du représentant de la France, puis il reprend bravement la route avec son compagnon. Ils s'embarquent sur le Pô, et le lendemain 3 juillet, non loin du confluent du Tessin, à Cantalupo, une barque chargée d'hommes armés se détache de la rive, accoste l'embarcation des diplomates...

Et c'est le massacre!

Un îlot se trouve là, au milieu du fleuve, les tueurs y enterrent les deux malheureux ambassadeurs. Leur batelier a la vie sauve, on se contente de l'emprisonner à Pavie. Averti, Guillaume du Bellay-Langey le fait évader et découvre ainsi avec horreur les détails de ce double crime. Il faut prévenir le roi! Le capitaine Polin de la Garde galope à francs étriers vers la France et rejoint François à Moulins. Au récit de cet abominable assassinat, le roi manifeste une violente colère.

Charles Quint est également fou de rage, mais s'il ne décolère pas, c'est parce que del Vasto n'a pas réussi à se saisir des fameuses dépêches du roi de France destinées à Soliman, qui sont toujours entre les mains de l'ambassadeur du Bellay. Sans vergogne, l'empereur en fait fabriquer d'autres à sa façon... et par lesquelles, afin de posséder une arme contre le roi, François encourageait le Turc à envahir l'Europe.

Semblant répondre à cette fausse dépêche, les troupes de Soliman, en ce même mois de juillet 1541, passent à l'attaque, traversent la Hongrie et menacent Vienne.

– Si Rincon n'avait pas été pris! s'exclame François, cela ne serait point arrivé, car il portait au Turc des dépêches destinées à arrêter sa marche. Depuis trois ans, c'est moi seul qui suis cause qu'il n'a pas envahi la chrétienté.

Mais il n'appliquera pas la loi du talion et, devant

les tremblants représentants de Charles, il s'écrie :

– Je ne veux pas assassiner des ambassadeurs, comme votre maître!

Après la tragédie de Cantalupo, un nouveau conflit semble inévitable. Aussi François réunit-il son conseil plusieurs fois chaque semaine. La disgrâce de Montmorency est totale; c'est l'amiral d'Annebault qui remplacera le connétable. Le roi déploie une intense activité diplomatique et multiplie ses alliances en Allemagne. Le mois précédent, il a fiancé sa nièce Jeanne, fille de Marguerite et d'Henri d'Albret, âgée de treize ans, avec le duc de Clèves et de Gueldre, Guillaume de La Marck, frère d'Anne, reine d'Angleterre répudiée, et donc l'ex-beau-frère d'Henry VIII. Il était âgé de vingt-quatre ans, mais la fillette s'était exclamée :

– Je me jetterai dans un puits plutôt que d'épouser le duc de Clèves!

Pour faire taire sa fille, Marguerite – qui pourtant n'approuvait pas cette union – fit fouetter et fesser la récalcitrante... Le 14 juin, dans la triste forteresse de Châtellerault, après plusieurs jours de fêtes, on mit la mariée au lit. Mais Jeanne se trouvait dans un tel état de détresse que le marié, en présence du roi et de ses beaux-parents, se contenta de glisser symboliquement une jambe nue dans le lit nuptial, puis, dignement, s'en alla...

Et le mariage ne sera jamais consommé.

François n'en pouvait pas moins compter sur celui qui, légalement, était devenu son neveu. Certes, il entretenait toujours de bons rapports avec Soliman, mais que valaient ces liens et les accords passés avec le duc de Saxe et les Electeurs palatin et de Mayence? Pas grand-chose! Il y aura encore une entente théorique signée le 15 novembre 1541 avec le Danemark, mais cette alliance ne devait pas plus peser sur les événements que le traité conclu avec la Suède, qui sera seulement concrétisé le 2 juillet 1542.

Cependant le roi ne peut plus tergiverser pour

venger la mort affreuse de ses ambassadeurs. Il lance, le 10 juillet 1542, à Ligny-en-Barrois, le « cry de guerre » contre Charles Quint, cri clamé à son de trompe dans tout le royaume. Le principal grief est assurément l'assassinat d'Anton del Rincon et de Cesare Fregoso, « injure si grave et si exécrable envers Dieu et envers les hommes... qui ne peut aucunement être oubliée, soufferte ni tolérée ». Le moment semble bien choisi : une fois de plus, Charles Quint est désargenté, ses finances asséchées par la préparation de son expédition contre Alger.

François tient conseil avec l'amiral d'Annebault et décide d'attaquer sur deux fronts, aux lieux mêmes que le roi affirme lui appartenir de droit. Au nord, au mois d'août, le fils du roi, Charles d'Orléans, prend Luxembourg et Arlon, mais commet la grande erreur d'abandonner ses conquêtes pour descendre vers le Roussillon où se concentre une armée commandée par le dauphin. Avec quarante mille hommes, deux mille gens d'armes et autant de chevau-légers, les deux frères foncent sur Perpignan tenu par les Espagnols, mais la ville a été si bien pourvue d'artillerie – Charles a fait rapatrier les bombardes et couleuvrines qui avaient servi piteusement devant Alger – qu'elle ressemblait « à un porc-épic qui, de tous côtés courroucé, montre ses pointes ». Les troupes françaises sont obligées de reculer. De plus, des pluies diluviennes s'abattent sur le Roussillon et font déborder les rivières. La terre est détrempée et l'on bat retraite en s'enlisant dans la boue.

François est d'autant plus irrité contre son fils cadet qu'au nord Luxembourg est repris par les troupes impériales. Quelle idée Charles d'Orléans a-t-il eue d'abandonner ainsi sa conquête ? Fort heureusement, l'hiver approchant, comme d'habitude les hostilités sont suspendues. En attendant le printemps, le roi va « se récréer et *solacier* avec la reine et les dames » en son cher Angoumois – ce qui prouve que le plaisir de se dorer au soleil ne date pas d'hier...

Mais il lui faut bientôt cesser de « solacier ». Au cours de l'année 1542, il gagne La Rochelle afin de rétablir l'ordre. L'année précédente, le roi, afin d'unifier les lois et de mettre un terme aux privilèges accordés à certaines provinces du royaume, avait soumis l'Aunis, la Saintonge et particulièrement les îles de Ré, d'Aix et d'Oléron, à la loi commune concernant la gabelle. Pourquoi payer un impôt pour le sel que les habitants des îles avaient à portée de la main, dans leurs marais salants ? Pourquoi frapper de droits un produit si naturel ? Après quelques journées de soleil, il n'y avait plus, en effet, qu'à ratisser les salines avec les râteaux de bois, puis à ramasser le précieux sel gris dans les mulons. Aussi les Rochelais ne s'étaient-ils pas inclinés de bonne grâce. Ils s'étaient même révoltés et, à deux reprises, avaient massacré les gabelous venus percevoir le plus impopulaire des impôts. Il faut préciser, à l'excuse des Rochelais, qu'ils jouissaient de nombreux privilèges fiscaux datant de la guerre de Cent Ans. Ils pouvaient s'administrer eux-mêmes : alors que les Anglais menaçaient la côte de France, on avait ainsi acheté la fidélité des habitants.

Avertis de l'arrivée prochaine des troupes royales, les Rochelais, à juste titre, appréhendent le courroux du roi. François n'a-t-il pas parlé de raser la ville ? Un vent de terreur souffle... Très habilement, les habitants de la cité, pour apitoyer leur souverain, lui présentent les principaux contestataires « liés et enferrés, tous montés sur chevaux et conduits par les archers ». François apprécie ce geste de soumission, mais il est encore plus sensible au don de 40 000 livres que, toujours très habilement, les Rochelais font au Trésor royal !...

Le 1er juillet 1543, le roi tient conseil. Guillaume Le Blanc, avocat au parlement de Bordeaux, a été chargé de la défense des prisonniers :

– Sire, vos pauvres habitants des îles, très déplaisants de vous avoir offensé et encouru votre indignation, n'entendent pas se justifier devant vous...

Qu'il vous plaise leur donner votre grâce et miséricorde et leur remettre leurs dits marais qui sont entièrement tous leurs biens et sans lesquels il serait impossible auxdits pauvres suppliants de vivre.

– Miséricorde, miséricorde! supplient les « pauvres habitants ».

François les tranquillise :

– Je ne ferai jamais volontairement à mes sujets ce que l'empereur a fait aux Gantois pour une moindre offense que la vôtre, dont il a maintenant les mains sanglantes...

Puis, après un lourd silence, il lance d'une voix claire et joyeuse :

– Je veux que vous sonniez vos cloches, vous êtes pardonnés!

Et François, au milieu de l'allégresse générale, rend à la ville ses clés, ses armes, son artillerie, et aux Saintongeais leurs privilèges. Les cloches, muettes depuis plusieurs semaines, sonnent à toute volée, les canons tonnent... Et avant de quitter la ville sous de vibrantes acclamations, François déclare :

– Je suis fort marri de ce qui vous est advenu. Toutefois, je vous ai pardonné. Et je pense avoir gagné vos cœurs, et vous assure, foi de gentilhomme, que vous avez le mien.

Il est heureux, on ne l'a « jamais vu si réjoui », constate un témoin, car François est foncièrement bon – c'est en cela aussi qu'il diffère de Charles Quint et d'Henry VIII qui sont d'un naturel impitoyable et dur... On peut ajouter cruel, en ce qui concerne le roi d'Angleterre qui, le 13 février 1542, a mis à mort la reine Catherine, coupable elle aussi d'adultère, et accusée d'avoir failli à la chasteté *avant* son mariage. Ce n'était donc pas une rose sans épines...

L'Anglais et l'Espagnol vont d'ailleurs s'unir. Le 11 février 1543, ils signent un traité d'alliance. C'est uniquement l'appât du gain qui pousse le roi d'Angleterre à conclure cet accord. Il estime que François devrait lui payer les pensions promises et jamais versées, à moins qu'il ne lui donne, en compensation, des villes et même des provinces.

Au printemps, la guerre reprend. Dès le début des hostilités, le duc de Clèves est battu et quitte l'alliance française. Fort heureusement, François est victorieux et reprend Luxembourg le 27 septembre, tandis que Charles Quint est obligé de lever le siège de Landrecies.

Au sud, depuis un mois, les troupes royales sont maîtresses de Nice, hors le château, toujours imprenable. Pourtant, une flotte de cent dix voiles turques alliées de la France croise devant Villefranche...

L'année précédente, Soliman avait écrit à François en lui précisant qu'il lui accordait sa « redoutable flotte, équipée de tout ce qui lui est nécessaire ». Et il ajoutait : « J'ai ordonné à Kaïr ed-Din, mon capitan-pacha, d'écouter tes instructions et de former ses entreprises à la ruine de tes ennemis. Tu feras en sorte qu'après les avoir heureusement exécutées, mon armée soit de retour avant la même saison. »

Le commandeur des Croyants avait tenu parole et la flotte turque, forte de cent dix galères, se trouvait à la disposition de François et, sur son ordre, menaçait par de fréquentes razzias les côtes italiennes et espagnoles. Mais l'hiver venu, si les galères ottomanes retournaient à Constantinople, François, au printemps suivant, ne pourrait plus compter sur elles. Aussi le roi, pour garder l'appui de cette flotte, donne-t-il, au mois d'octobre 1543, l'ordre aux Toulonnais de quitter leur ville avec leurs biens « tout incontinent à peine de la hart », afin de laisser la place aux Turcs !...

Les consuls de Toulon écrivent à François et protestent : « Vider complètement notre ville serait la tuer. Il suffirait pour héberger les Turcs d'évacuer femmes, enfants et vieillards aux environs. Resteraient les chefs de famille, les artisans, les commerçants indispensables, avec beaucoup de police pour éviter tout désordre. » François s'incline... Et tout se passe au mieux (1). Bien que Michelet et Henri Martin aient par la suite affirmé le contraire! Durant six mois, Kaïr el-Din – ce qui voulait dire en turc *Bienfait de la Religion* – sera maître de la ville. Barberousse nageait en pleine lune de miel, car, âgé de soixante-dix-sept ans, il venait d'épouser la fille du gouverneur de Calabre, Dona Maria, qui avait dix-sept ans...

Vingt à trente mille hommes cantonnent à Toulon.

Partout, les étendards ornés du croissant du sultan claquent au vent et les cent dix capitaines des galères vivent entourés d'esclaves chrétiens faits prisonniers sur les côtes italiennes. Toulon est devenu turc! Les muezzins appellent à la prière du haut des clochers... « A voir Toulon, on dirait être à Constantinople », soupire tristement un chroniqueur. Après huit mois d'occupation, pour se débarrasser des Turcs, François devra leur verser 800 000 écus d'or que trente-deux trésoriers, durant trois jours, mettront en sacs, sans parler des 30 000 livres que le roi allouera aux pauvres gens de Toulon et des environs pour les dédommager. Mais – et ceci compensait cela – les côtes ennemies avaient été ravagées par les Turcs...

Depuis quelques jours, François avait appris une bonne nouvelle : le 14 avril 1544, le lundi de Pâques, le comte d'Enghien avait remporté la victoire de Cérisoles! Les Impériaux de del Vasto ont laissé sur le terrain douze mille morts! L'armée française, forte de quinze mille hommes, se hâte de repasser les monts, car le roi a besoin de toutes ses forces : Charles Quint vient d'envahir la Champagne et Henry a foncé en Picardie. Près de cent mille

---

(1) Mon ami Georges Blond, qui s'est penché avec tant de talent sur l'histoire de Toulon, l'a démontré.

hommes pénètrent ainsi en France et convergent vers Paris. François ne peut leur opposer qu'une armée de quarante mille hommes, parmi lesquels se trouvent les vainqueurs de Cérisoles, auxquels le roi recommande de tout faire pour empêcher Charles Quint de traverser la Marne.

Le 8 juillet 1544, les Impériaux – ils comptent vingt-trois mille hommes et trois mille cavaliers –, l'empereur à leur tête, encerclent Saint-Dizier, qui vient d'être fort bien « remparé ». La ville – elle est située seulement à cinquante lieues de Paris – est défendue par trois mille soldats commandés par le comte de Sancerre et résistera si vaillamment durant trois semaines que François s'exclamera :

– Ah! les braves gars!

Et voici pourquoi les habitants de Saint-Dizier sont appelés les *bragards*, tandis que les armes de la ville, par ordonnance royale, sont entourées par ces mots : *Ils soutiennent le royaume.*

De rage, les Impériaux vont incendier Vitry-en-Perthois que François donnera l'ordre de reconstruire dans la plaine, loin de la cité martyre qui s'élevait sur une butte. Ce sera Vitry-le-François, car le roi lui donnera son nom.

Le souverain est à Villers-Cotterêts où son éternel abcès le fait une nouvelle fois cruellement souffrir. C'est là qu'il apprend la chute de Saint-Dizier, qui a lieu le 9 août.

– Oh! mon Dieu! s'écrie-t-il en joignant les mains, que tu me vends cher un royaume que je pensais que tu m'eusses donné très libéralement! Mais que ta volonté soit faite!

Il ordonne au parlement de Paris d'effectuer une procession solennelle à Notre-Dame, à laquelle assistent les défenseurs de Saint-Dizier. Durant ce temps, Charles a atteint la Marne, non loin de Juvigny. L'armée royale, sous les ordres du dauphin – Montmorency a dû abandonner son commandement – se trouve devant lui, rangée en bataille. L'empereur va-t-il donner l'ordre de traverser la rivière? Il préfère reculer. Ses troupes sont « réduites à la dernière pénurie », car François a pratiqué à nouveau la tactique de la terre brûlée. Or Charles a appris, au même moment, qu'Epernay et Château-Thierry ont été abondamment pourvus de vivres. Et son armée a faim...

Voici l'ennemi dangereusement près de Paris – Château-Thierry est à moins de vingt-cinq lieues! – et dans la capitale règne une frayeur panique.

Le 4 septembre 1544, l'assemblée des représentants de la ville se réunit pour entendre la lecture d'une lettre du roi – celui-ci vient d'arriver au Louvre – demandant d'accélérer les travaux de défense : « Je vous garderai bien de mal. De peur, je ne saurai, car il n'y a que Dieu qui tient le cœur des hommes en Sa main. » Les membres de l'assemblée entourent aussitôt la ville de fortifications et ordonnent des processions, particulièrement pour implorer sainte Geneviève, patronne de Paris. Les religieux de Saint-Denis n'ont pas confiance... et préfèrent évacuer leur trésor. Les célestins suivent leur exemple, tandis que les Parisiens entassent leurs biens sur des chariots et quittent la capitale par la route du sud. Pendant ce temps, Henry VIII a pris Boulogne... mais le gros Tudor se garde bien de descendre vers Paris pour tendre la main à son compère. Pourtant, Charles a de gros ennuis : ses caisses sont vides et ses soldats, toujours affamés, commencent à déserter. Le voici acculé : il faut qu'il trouve un accord! Déjà, dans l'ombre, un religieux, Gabriel de Guzman, surnommé le moine de la paix, mandaté sans doute par la reine Eléonore, travaille pour l'arrêt des hostilités. Une note conservée aux Archives nous en fournit la preuve. François fera remettre à Gabriel de Guzman 400 livres tournois afin de se rendre « en certains lieux pour affaire secrète et d'importance ». Le roi aurait certes pu « bouter les Impériaux hors de France », mais il préfère traiter. Il le sait, le pays est terriblement las de cette guerre perpétuelle entrecoupée de réconciliations plus ou moins sincères, suivies de traités dont les conventions sont rarement respectées –

source d'un nouveau conflit. Un accord neutralisant Charles Quint quelque temps permettrait à François d'abattre plus facilement Henry le Mastodonte. Ce mot n'est pas trop fort – pour s'en convaincre, il suffit de voir son armure conservée au musée de la Tour de Londres.

Le 18 septembre, les adversaires acharnés signent le traité de Crépy. Il avait été stipulé que Charles d'Orléans – le roi lui donnerait les duchés de Bourbon, de Châtellerault, d'Angoulême et, évidemment, celui d'Orléans – épouserait soit l'infante Marie, fille de l'empereur, soit la fille de Ferdinand d'Autriche, nièce de Charles Quint. L'une ou l'autre fiancée recevrait en dot le duché de Milan que l'on enlèverait à Philippe. De son côté, François renoncerait, une fois de plus, à la suzeraineté de la Flandre et de l'Artois, il évacuerait la Savoie et le Piémont. Bien entendu, le roi n'a absolument pas l'intention de rendre ces deux provinces qu'il a conquises les armes à la main. S'en défaire serait se couper du duché de Milan. Il promet encore – mais, là aussi, il espère bien dégager sa parole – de mettre à la disposition de l'empereur dix mille hommes avec six cents lances pour attaquer... Soliman! Le Turc, on le comprend, en apprenant l'engagement de son allié, est ivre de rage et le malheureux ambassadeur du roi de France, Gabriel d'Aramon, faillit – mort plus raffinée que la décapitation – être empalé vif!

Ce traité laisse à François la possibilité de regrouper ses forces contre Henry. Le roi d'Angleterre s'est remariée pour la sixième fois, le 12 juillet 1543, avec Catherine Parr. Dès le printemps 1545, le roi de France met au point une audacieuse entreprise : une armée partira à l'assaut de Boulogne par voie de terre, tandis qu'une *armada*, appuyée par les Ecossais, débarquera sur la côte anglaise. Vingt cinq mille hommes sont concentrés au Havre, et deux cent cinquante bâtiments, sous les ordres de l'amiral d'Annebaut, prennent la mer en présence de François. Mais les Ecossais ne se trouvent pas au rendez-vous. On ne peut les attendre plus long-temps et, le 18 juillet, une bataille navale se déroule devant l'île de Wight. La *Mary-Rose*, l'un des plus beaux bâtiments de la flotte anglaise, portant le prénom de la sœur du roi Henry, est coulée avec ses six ou sept cents hommes d'équipage, sous les yeux du roi d'Angleterre qui suivait le combat, l'œil vissé à sa lorgnette (1).

Le célèbre *Henry-grâce-à-Dieu*, le navire somptueux qui avait conduit le roi vers le continent lors de l'entrevue du Drap d'or, est gravement touché et les Français parviennent à débarquer dans le Sussex et dans l'île de Wight. Quelques détachements poussent même jusqu'à Douvres!

Pour la première fois depuis Guillaume le Conquérant l'Angleterre est envahie. Le mot est toutefois excessif, car Henry donne, à son tour, l'ordre d'employer la tactique de la terre brûlée. Des renforts viennent rejoindre la flotte anglaise et, après un second combat naval devant Soreham, le 15 août, l'amiral d'Annebaut est contraint de se replier vers Le Havre.

La mort de Charles d'Orléans, emporté par une pneumonie le 9 septembre 1545, rend caduc le traité de Crépy. Il expire, lui aussi, à la suite de l'absorption d'un verre d'eau trop froide, à moins que ce ne soit après s'être étendu, par bravade, sur un lit qui avait été occupé par un pestiféré. François, en apprenant cette tragédie, tombe évanoui. Revenu à lui, il éclate en sanglots.

– Ah! s'exclame-t-il, Dieu punit mon péché en m'enlevant mes enfants!... Il faut bien que je sois né

---

(1) Non sans mal, au mois d'octobre 1982, l'épave fut remontée au large de Portsmouth, en présence du prince Charles, mais certains journalistes anglais d'aujourd'hui ont préféré affirmer que la *Mary-Rose* avait chaviré à la suite d'une violente tempête. Plus *fair play*, un miniaturiste du XVIe siècle nous montre le naufrage du navire au cours d'un combat naval, ainsi que nous le voyons sur une gravure. Ceux qui ne veulent pas admettre la puissance de feu de l'amiral d'Annebaut affirment qu'en se portant tous du même bord les archers anglais firent basculer le navire, d'autant plus que l'eau s'engouffra par les sabords qu'on avait oublié de fermer.

sur une planète malheureuse sur laquelle je chemine toujours.

Il n'y cheminera plus guère...

Quelle sombre année que cette année 1545! C'est
à cette époque que se situe l'affreux massacre des
Vaudois, du nom d'une secte créée au XIIe siècle par
le marchand lyonnais Valdo, dit Pierre de Vaux. Il
ne s'agissait pas là des survivants des cathares
comme certains l'ont pensé, mais de vrais hérétiques dans la mesure où leur foi se nourrissait
encore des deux Testaments. Rigoristes absolus, ils
rejettent tout ce qu'ils considéraient comme une
interprétation fausse du message biblique – la
croyance au Purgatoire ou le culte des saints, pour
ne citer que ces exemples. Assurément, les protestants pouvaient les considérer comme des précur-
seurs. Cette communauté vivait entre le comtat
Venaissin et la Provence, et occupait une quarantaine de villages et de gros bourgs tels Mérindol,
Cabrières et La Coste.

Déjà, en 1540, le parlement d'Aix avait rendu ce
terrible arrêt de mort : les chefs vaudois devaient
être exécutés, et les femmes et les enfants bannis.
En outre, tous les lieux gagnés par l'hérésie
devaient être brûlés et rasés. Ce délire aberrant
s'étendait même aux arbres fruitiers, dont les fruits
avaient nourri les hérétiques!... Ils devaient être
arrachés!

François, à cinq reprises, avait interdit l'applica-
tion de ce sanglant arrêt, mais en 1545 on démontra
paraît-il au roi que les Vaudois menaçaient l'autorité royale. N'avaient-ils pas attaqué la prison de
Cavaillon pour délivrer l'un des leurs? Cette fois,
François aurait, dit-on, donné un accord verbal au
capitaine Polin de la Garde – et ce fut l'effroyable
massacre exécuté par quatre mille piétons, une
centaine de gentilshommes et des troupes pontificales cantonnées à Avignon. Ils avaient même apporté

avec eux des canons!... Poussé par le fanatique cardinal de Tournon, et sous la conduite du président du parlement d'Aix, Jean Meynier, baron d'Oppède, ils pénètrent dans Cabrières le dimanche 20 avril.

– Tuez-les tous! hurle Oppède, tuez-les tous, jusqu'aux chats!...

C'est l'épouvante! Les femmes, réfugiées dans l'église, sont brûlées vives. Telle une traînée de poudre, l'extermination la plus odieuse se propage, la plus atroce cruauté se déchaîne. Une trentaine de villages ne sont bientôt plus que des tas de cendres et le vice-légat pontifical Trivulcio félicite vivement l'évêque de Cavaillon – il avait pourtant pataugé allègrement dans le sang! – « pour avoir tout fait dans cette affaire pour le service de l'Eglise ».

François n'a certes pas voulu une telle horreur! Il a été prouvé, lors du procès du baron d'Oppède et de Polin de la Garde, que les lettres royales permettant l'exécution de l'arrêt étaient fausses et avaient entièrement été fabriquées au conseil hors la présence de François.

Précisons encore que, lors des débats, les auditeurs, frappés de stupeur au récit de cette tuerie, se bouchèrent les oreilles, ne pouvant plus supporter les détails horribles de ce crime. Bien des Vaudois parviennent cependant à s'enfuir et à se réfugier dans la vallée d'Aoste où leurs descendants, environ quinze mille, parlent toujours le français et sont groupés autour de l'Eglise évangélique vaudoise.

Comment François Ier avait-il pu donner son accord verbal à un pareil carnage? La seule explication possible est peut-être une certaine faiblesse due à l'état de santé du roi qui se dégradait de jour en jour...

CHAPITRE XVIII

« J'AI VÉCU MA PART... »

Ci-gît un rien là où tout triomphe.
(Clément Marot)

Au mois de juillet 1545, Jean de Saint-Mauris, ambassadeur d'Espagne, annonçait à son ministre : « Le roi de France a une veine rompue et pourrie dessous les parties basses, par où les médecins désespèrent de sa longue vie... Disant être celle de laquelle dépend la vie de l'homme et que, si elle se rompt, elle le suffoquera. »

Le mal, on l'a vu, ne datait pas d'hier. Déjà, en 1538, à Compiège, Martin du Bellay parlait « d'un apostume qui descendait au bas du ventre du roi dont il fut en danger de mort ». Il paraît certain aujourd'hui, contrairement à la légende, que François ne fut pas atteint de la syphilis – car la belle Ferronnière, qui paraît-il aurait contaminé le roi, n'a jamais existé... Déjà, Ambroise Paré précisait que « la tumeur du fondement s'engendre comme pour avoir été trop longtemps à cheval, ou pour être tombé à *chevauchons* sur quelque chose de dur qui aurait *contu* et meurtri le fondement et les parties voisines d'*iceluy* ».

Cependant, il paraît plus probable que François, ayant usé et abusé de l'amour, ait été atteint d'une prostatite chronique ayant donné lieu à un abcès du périnée. Dans ses derniers jours, ne l'entendra-t-on pas soupirer :

– Dieu me punit par où j'ai péché...

Peut-être verrons-nous plus clair lorsque les médecins du roi pratiqueront son autopsie (1). Pour l'instant, en ce début de 1546, François souffre par intermittence de son mal et semble vouloir se raccrocher à la vie. Il comble la duchesse d'Etampes de baronnies, de châtellenies, de terres, de fiefs, de manoirs, de rentes, d'étangs, de moulins, de prés, de garennes, de bois de hautes futaies et de taillis. Une liste qui donne le vertige – et met Diane en fureur!

La cour est toujours déchirée entre les deux femmes, et Guy de Jarnac, beau-frère de la duchesse d'Etampes, est une des cibles préférées des partisans du dauphin et de Diane. Or, depuis quelque temps déjà, Jarnac arbore ostensiblement une élégance et un luxe que tout le monde affirme être au-dessus de ses moyens. Un jour, le dauphin lui demande d'où lui vient tout cet argent, et Jarnac de répondre que sa belle-mère, la seconde femme de son père, « l'entretenait ». Le mot est ambigu... et le dauphin saute sur l'occasion pour dire publiquement – et à qui veut l'entendre – que Jarnac est l'amant de sa belle-mère.

Jarnac, furieux, oubliant toute prudence, ne peut s'empêcher de crier que « quiconque avait menti était un méchant, un malheureux et un lâche ».

Le dauphin, ne pouvant se battre contre un simple gentilhomme, cherche aussitôt quelqu'un pour le suppléer. La Châtaigneraie se propose. Il prendra l'offense pour lui-même, et se battra contre Jarnac! C'est du moins ce qui semble ressortir de la lettre qu'il écrit au futur Henri II, lettre dont le style nous paraît aujourd'hui pour le moins filandreux et obscur : « Sire, ayant entendu que le baron de Jarnac a dit que quiconque avait dit qu'il

---

(1) On trouvera ce texte, accompagné du diagnostic du docteur Georges Bloch, en fin de ce volume.

se fût vanté d'avoir couché avec sa belle-mère était méchant et malheureux, sur quoi, Sire, je réponds qu'il a méchamment menti quand il dit quelque chose qu'il ne m'ait dit, car je l'ai dit... »

Le dauphin, comptant plus sur la force de La Châtaigneraie que sur la clarté de son style, l'accepte pour « champion ». Le combat s'annonce singulièrement inégal : Jarnac donne l'impression d'un homme mince et délicat, « un petit dameret, disait un contemporain, qui faisait plus grande profession de se vêtir que des armes de guerre ». La Châtaigneraie, bien au contraire, est un bretteur réputé, trapu et carré. De plus, il est capable de renverser un taureau en le prenant par les cornes et peut lutter contre plusieurs adversaires à la fois. Jarnac sera sûrement pulvérisé ! Estimant le combat par trop inégal, François interdit la rencontre, à la demande de la duchesse d'Etampes, bien sûr (1).

L'influence d'Anne est de plus en plus envahissante, elle exerce une influence considérable, néfaste pour le roi et le royaume. Comme le dit Montluc : « Le malheur est qu'en France les femmes se mêlent de trop de choses; le roi devrait clore la bouche aux femmes qui se mêlent de parler en la cour; de là viennent tous les rapports, toutes les calomnies. »

Lorsque François est au loin, il écrit le plus souvent possible à sa belle afin de « lui donner contentement ». Entre deux attaques de son mal –

(1) Il faudra attendre qu'Henri II monte sur le trône pour que le duel puisse être annoncé. La rencontre aura lieu le 10 juillet 1547, en forêt de Saint-Germain, en présence de toute la cour. Le héraut d'armes lance son cri traditionnel : « Laissez-les aller, ces bons combattants! »
Tout se passe alors extrêmement vite. Quelques minutes à peine après le début du duel, Jarnac, qui a pris des leçons auprès d'un maître d'armes italien, porte à son adversaire une botte secrète : il coupe d'un coup de dague le jarret gauche de La Châtaigneraie qui, bien sûr, s'écroule aussitôt, perdant son sang avec abondance. Jarnac se refuse à achever le blessé, et remet la décision entre les mains du roi. Henri II se trouve si abasourdi par la défaite de son champion qu'aucun son ne parvient à sortir de sa gorge. Jarnac doit lui poser trois fois la question, avant qu'Henri, d'une voix blanche, accepte de lui rendre publiquement son honneur, tandis qu'on emmène le pauvre La Châtaigneraie, exsangue et déjà à demi mourant.

elles sont maintenant annuelles ou bisannuelles – il parcourt son royaume. Assurément, pas un souverain français n'a connu aussi bien que François son « appartenance ». Les ambassadeurs sont éblouis – et éreintés..., tel Marino Cavalli, ambassadeur de la République Sérénissime de Venise, qui, en 1546, écrit à ses maîtres :

« Le roi est maintenant âgé de cinquante-trois ans : son aspect est tout à fait royal, en sorte que sans avoir jamais vu sa figure ni son portrait, à le regarder seulement, on dirait aussitôt : « C'est le roi! » Tous ses mouvements sont si nobles et si majestueux que nul prince ne saurait l'égaler. Son tempérament est robuste, malgré les fatigues excessives qu'il a toujours endurées et qu'il endure encore dans tant d'expéditions et de voyages. Il y a bien peu d'hommes qui eussent supporté de si grandes adversités. Au surplus, il se purge de toutes les humeurs malsaines qu'il pourrait amasser, par un moyen que la nature lui fournit une fois dans l'année; ce sera là ce qui le fera peut-être vivre encore très longtemps. Il mange et boit beaucoup; il dort encore mieux, et qui plus est, il ne songe qu'à mener joyeuse vie. Il aime un peu la recherche dans son habillement, qui est galonné et chamarré, riche en pierreries et en ornements précieux; les pourpoints mêmes sont bien travaillés en tissus en or; sa chemise est très fine, et elle sort par l'ouverture du pourpoint, selon la mode en France. Cette vie délicate et choisie contribue sans doute à conserver sa santé. »

En dépit de son terrible abcès, le roi s'amuse... il s'amuse comme à La Roche-Guyon, le 18 février 1546, à jouer « à la petite guerre » en compagnie du dauphin et du comte d'Enghien. Les assiégeants, ayant à leur tête le vainqueur de Cérisoles, décident d'attaquer le château, mais les assiégés, pour se défendre, font basculer, du haut d'une fenêtre, un coffre qui tombe sur le malheureux d'Enghien. Et il en meurt le lendemain.

– J'ai donc bien offensé Dieu, soupire François,

pour qu'il m'ait enlevé deux de mes fils et après eux quelqu'un que j'aimais comme un enfant...

Il est toujours en chemin en cette avant-dernière année de sa vie. Après un séjour à Saint-Germain, il réside à Fontainebleau, puis à Challeau chez la duchesse d'Etampes. Le voici ensuite à Ferrière-en-Gâtinais, à nouveau à Fontainebleau, puis il passe par Villeneuve-le-Comte. Il s'arrête enfin à Lagny, où il signe avec Henry VIII le traité d'Ardres. La paix est conclue. La France rachète Boulogne pour la somme fabuleuse de 2 millions d'écus d'or payables en huit années, mais le royaume ne pourra retrouver la ville que le dernier paiement effectué.

En cette année 1546, François est heureux. Le voici grand-père pour la deuxième fois et, en grande cérémonie, on baptise la petite Elisabeth-Isabelle, le deuxième enfant de Catherine, qui a déjà mis au monde un petit garçon, le futur François II, le 19 janvier 1544, et dont le baptême, en ce même Fontainebleau, le 10 février, avait donné l'occasion de grandes fêtes.

Certes, la paix est signée avec ses deux éternels ennemis, mais *si vis pacem*... et François est payé pour savoir ce que valent les traités! Durant tout cet été et cet automne, il inspecte ses frontières où stationnent cinquante et une compagnies d'ordonnance. La suite royale traverse les vallées de la Saône, de la Marne et de la Meuse. Qui pourrait se douter que le roi endure un véritable supplice? La plaie de François suppure et, durant cette interminable chevauchée, il souffre mille morts...

Cependant François veut utiliser ses dernières forces au service de son royaume qui, il le sent, sera bientôt celui de son fils, ce royaume dont bien des provinces sont de plus en plus ravagées par l'hérésie. Les hérétiques sont partout... et partout s'élèvent des bûchers, même celui, le 3 août 1546, d'Etienne Dolet, condamné pour avoir vendu des livres interdits. A Meaux, au mois d'octobre, dans ce berceau des réformistes, c'est une hécatombe! Le 4 octobre, le bourreau met le feu à quatorze bûchers; le 7 octobre, en présence des condamnés à la prison perpétuelle, quatorze potences sont dressées au-dessus des flammes, tandis que la foule chante le *Salve Regina*, scandé par les prêtres.

Si l'été a été heureux, la fin de l'année 1546 est affreuse pour le roi, qui souffre de plus en plus. L'apostume prend d'effroyables proportions. Une cohorte de médecins examine le malade. L'abcès compte cinq « pertuys ». On purge le patient, comme il se doit – la purgation fut la panacée durant des siècles –, puis, nous dit Saint-Mauris, « les médecins appliquent certain cautère sur ledit apostume, afin de le faire mûrir... ». Le roi demande que l'on cautérise quatre des cinq « pertuys ». On lui obéit, mais les médecins n'osent se prononcer pour prédire quel « sera l'avenir d'un homme fort pourri dedans le corps... ».

Le jour de Noël, l'état du roi s'améliore légèrement. Malheureusement, dès le lendemain, il « retombe en son mal accoutumé de l'apostume ». Les médecins rouvrent la plaie « de laquelle il sortit une grande infection dont il eut grand soulagement ». Aussitôt François recommence ses exploits galants... Plaignons ses partenaires.

Le 1er janvier 1547, il est à Compiège, le lendemain à Villers-Cotterêts où il fait une rechute. Le 14 février, c'est à Saint-Germain qu'il apprend l'agonie d'Henry VIII. Les détails qui lui parviennent le frappent. Cornelis Matsys a buriné une gravure hallucinante du roi d'Angleterre à ses derniers moments : le visage bouffi, le corps usé par les attaques de goutte répétées et douloureuses, envahi par la graisse, il est monstrueusement obèse. Obèse au point qu'il est obligé de porter une ceinture – une sorte de gaine à armature de fer – pour soutenir son abdomen. Ses ulcères dégagent une odeur fétide et le malheureux, incapable de monter un escalier, est hissé à l'étage supérieur de son palais à l'aide d'un panier muni d'un treuil! Dans la nuit du 27 au 28 janvier 1547, son visage prend des reflets de bitume. Et le roi Henry VIII d'Angleterre meurt...

Avant d'entrer en agonie, sachant qu'il lui restait peu de temps à vivre, il avait fait adresser à François, par l'un de ses gentilshommes, un ultime message lui rappelant que, lui aussi, il serait soumis « à la loi commune ». Tous deux étaient mortels, et « devaient penser à Dieu ». Il ne semble pas que le remords l'ait assailli à son heure dernière :

– La miséricorde du Christ est capable de me pardonner tous mes péchés, déclare-t-il peu avant de rendre l'âme, même s'ils étaient encore plus grands!

Et pourtant, il avait fait décapiter, outre deux de ses six femmes, deux cardinaux, dix-neuf évêques, treize abbés, cinq cents prieurs, soixante et un chanoines, quatorze archidiacres, cinquante docteurs, douze marquis, trois cent dix chevaliers, douze barons, six cent vingt roturiers, sans parler d'une vieille femme de quatre-vingts ans, la comtesse de Salisbury, descendante des Plantagenêts, dont l'exécution fut un épouvantable massacre, le bourreau ayant été remplacé par un jeune et maladroit *garçonneau*...

Après que se fut éteint Henry, les familiers de François trouvent le roi plus soucieux qu'auparavant. Peut-être pense-t-il que la disparition du roi d'Angleterre a sonné son propre glas, et que la fin approche?... Il a reçu des nouvelles d'Espagne. Charles, son vieil adversaire, est également malade! Cette manière qu'il avait d'avaler les aliments sans les mastiquer lui avait occasionné des maux d'estomac dont il avait souffert toute sa vie. Son teint vire de plus en plus au jaune; il est atteint d'un ictère qu'il soigne à la tisane de pois de Chine.

Charles Quint abdiquera huit ans plus tard en sanglotant, mais, retiré au monastère San Geronimo de Yuste, il survivra plus de dix années à son beau-frère. Trois semaines avant sa mort – la scène fantastique est authentique (1) – il assistera à ses

(1) Philippe Erlanger l'a démontré.

propres funérailles, vêtu de deuil, priant pour lui-même, un cierge à la main, ce cierge dont il fera l'offrande à son confesseur comme s'il déposait son âme entre les mains de Dieu...

François sait qu'il ne peut échapper à l'inéluctable. Et bien qu'à l'article de la mort, il reprend la route. Le 17 février, il séjourne près de Saint-Germain. Une semaine plus tard, il passe la nuit – une nuit fiévreuse – à Villepreux. Le lendemain, il reprend sa litière – car il est incapable de monter à cheval – et va dormir à Dampierre. Puis de là, pour le Carême, il se dirige vers Limours, demeure de la duchesse d'Etampes. Trois jours plus tard, il assiste à une chasse – sa dernière chasse – à Rochefort-en-Yvelines.

Le périple s'achève à Rambouillet, le 1er mars, dans le château de Jacques d'Argennes, où le roi s'installe dans la grosse tour crénelée qui existe toujours. Il a l'intention de reprendre sa course dès le lendemain pour retourner à Saint-Germain, mais son état l'en empêche... La duchesse d'Etampes, l'amiral d'Annebault ne le quittent pas. Le roi n'en continue pas moins à gouverner et ordonne de fortifier rapidement le royaume du côté de la Provence qu'il pense menacée par l'empereur, toujours avide de reprendre le Piémont. Il fait aussi armer de nouvelles galères marseillaises.

Le 20 mars 1547, il se sent très mal. Une fois de plus, on ouvre l'apostume... « duquel il se retrouve telle pourriture que les médecins désespèrent de la curation ». Toute la semaine, de jour en jour, la maladie empire, et le mardi 29, le roi demande à recevoir l'extrême-onction. Il doit, tout d'abord, se confesser, et – comme plus tard Louis XV exigeant le départ de Mme du Barry – François prie la duchesse d'Etampes de s'éloigner de Rambouillet. Anne se jette à genoux en hurlant :

– Terre, terre, engloutis-moi!

Mais il lui faut partir pour Limours!

François veut qu'on lui apporte son testament. Après tant de déplacements, on ne retrouve pas le coffre dans lequel le document a été rangé... Pourquoi un testament? Henri n'est-il pas l'héritier du royaume et de tous les biens de son père? Le futur roi ne semble pas plus mélancolique que d'habitude. En dépit de son apparence robuste, il est faible et se laissera mener par deux êtres : sa maîtresse et son ministre. En effet, il aura près de lui pour l'épauler Montmorency, dont la mort de François fera cesser la disgrâce. Henri gardera pour le connétable, qui le déchargera de toutes les affaires, une affection filiale. Et puis surtout, n'aura-t-il pas à ses côtés Diane, qu'il aime de toute son âme? Dès qu'il aura coiffé la couronne, il lui offrira forêts, champs, châteaux, les terres « vagues », c'est-à-dire sans propriétaire, et même, détail incroyable, il versera dans l'aumônière de la favorite le produit de certains impôts extraordinaires, tel celui payé par les détenteurs de charges afin d'être « confirmés » dans leurs Etats par le nouveau roi. En plaçant au conseil ses amis – de vrais rapaces – Diane, devenue duchesse de Valentinois, régnera. Elle tiendra le « timon du navire », ainsi que le dira un témoin. Malheureusement son influence sera tout à fait désastreuse...

François, de plus en plus faible, appelle maintenant Henri près de lui. Tous ses serviteurs entourent le lit de l'agonisant... et la voix du roi s'élève :

– Mon fils, vous m'avez été bon fils et je m'en contente. Je ne m'en irai point que je vous donne premièrement ma bénédiction. Il vous souviendra de moi. Mais quand vous viendrez en l'état où je suis maintenant, pour aller rendre compte de votre charge devant Dieu, ce vous sera grand réconfort de pouvoir dire ce que je vous dirai maintenant, que je n'ai point de remords en ma conscience pour choses que j'ai pu faire...

Point de remords? Pourtant, toutes ces guerres, tout ce sang versé, toutes ces vies perdues pour une chimère, un rêve utopique : « son » Milanais? Cependant, au terme de sa vie, ne peut-il pas légitimement être fier? Les Français ne lui doivent-ils pas le Collège de France, l'état civil, le dépôt légal et tant de merveilles architecturales? Il laisse une France agrandie de provinces et soutenue par ses alliances. A l'ordre féodal s'est substitué l'ordre monarchique. Certes, ce n'est pas encore l'absolutisme de Louis XIV, et François ne pouvait – heureusement pas – s'exclamer : « L'Etat, c'est moi! » Mais François Ier est bien l'inventeur de la monarchie, selon l'expression de Régine Pernoud.

La nuit, il est pris de frissons et tremble longuement. Le dauphin entend son père lui dire :

– Mon fils, faites votre devoir. Dieu vous le rendra.

Puis François le bénit. Au matin du 30 mars, la messe est dite auprès de son lit, tandis qu'on le voit faire de nombreux signes de croix. Ce soir-là, tous pensent que le roi va passer.

– Il s'en va le galant! lance cyniquement le duc de Guise.

Henri s'est agenouillé près du lit du mourant.

– Embrassez-moi, mon fils, exige-t-il avant de le bénir pour la quatrième fois. La bénédiction de Dieu te soit donnée!

Le matin de sa mort, le jeudi 31 mars 1547, il dira encore à son fils :

– J'ai vécu ma part...

François entend une dernière messe, puis il demande qu'on veuille bien dire à son chevet l'homélie extraite du premier chapitre de saint Matthieu... mais on lit celle de saint Jean; il le remarque et s'étonne. On l'entend murmurer :

– *In manus tuas commendo spiritum meum*... Jésus-Christ!

Il étreint le crucifix, le tient fébrilement sur sa poitrine et répète doucement :

– Je l'ai dit, je l'ai dit : Jésus!...

Ce seront ses derniers mots. Il ne parlera plus, mais fera encore de nombreux signes de croix. Il est 2 heures de l'après-midi lorsque François rend le dernier soupir. Il avait cinquante-deux ans et six mois.

Le roi de France se nomme maintenant Henri II (1).

Au moment où François Ier agonisait, écrit un contemporain, une femme renversée à terre se désolait et sanglotait : cette femme, c'était Catherine de Médicis...

En apprenant que son ennemi n'était plus de ce monde, Charles Quint ouvrit son cœur :

– C'était un grand roi, reconnut-il.

En Navarre, Marguerite est en proie à un étrange pressentiment. Ne tenant plus en place, elle monte en litière et se met en marche. Elle arrive entre Ruffec et Aigre, au couvent de Tusson, à l'orée du Poitou. C'est là qu'elle apprend la terrible nouvelle de la bouche d'une religieuse qui se lamentait :

– Quelle est la cause de votre peine? lui demanda la reine.

– Hélas! Madame, c'est votre infortune que je déplore...

La sœur de François a compris... et durant quatre longs mois, Marguerite ne quittera pas Tusson. Le couvent n'existe plus, mais l'église se dresse toujours au cœur de ce petit village poitevin, aujourd'hui charentais.

Le soir même de la mort du roi, François Clouet est appelé à Paris pour exécuter la *remembrance*, autrement dit l'effigie du roi, un gisant qui doit être le plus ressemblant possible. Il moule lui-même le

(1) Eléonore n'était pas présente à Rambouillet. C'est seulement le 2 avril que sera annoncée à la reine la mort de son mari. Elle résidait alors à Poissy, et quittera bientôt la France pour les Flandres. Quelques années plus tard, elle retournera en Espagne où elle mourut, le 18 février 1558, à Talavera, âgée de soixante ans.

visage du mort, puis peint le masque sur lequel il ajoute les cheveux châtains et la barbe. Le 2 avril, on place le corps dans le cercueil qu'un chariot, tiré par six chevaux caparaçonnés de noir, conduira à pas lents au prieuré royal de Haute-Bruyère. De là, le lundi 11 avril, le cadavre est transporté jusqu'à Saint-Cloud pour être exposé avant l'inhumation à Saint-Denis.

La foule nombreuse défile...

Le dimanche 24 avril, on ouvre les portes d'une salle voisine dont les murs et le plafond sont drapés de velours bleu semé de lys d'or et de salamandres d'or. De grandes torchères d'argent brûlent. La main de justice et le sceptre sont posés sur des coussins de velours rouge. Dans le fond de la pièce, sur un grand lit recouvert de drap d'or, on a étendu la *remembrance* entourée de chandeliers noirs. Ce spectacle sinistre date des empereurs romains : l'effigie, mains jointes, est en tenue de grande cérémonie, dite « en majesté » : chemise de satin rouge, tunique de satin bleu rehaussé d'or, grand manteau de velours violet semé de fleurs de lys.

Puisque, selon une très ancienne croyance, l'âme ne quitte pas immédiatement le corps, aux heures du dîner et du souper, une hallucinante, une cauchemardesque séance funéraire a lieu. La *remembrance* placée devant la table royale, les personnages qui avaient l'habitude de s'entretenir avec le roi tandis que seul, selon l'étiquette, il se restaurait, entrent en silence dans la pièce.

On enlève la « couverte », puis les assiettes, verres et couteaux sont bénis par un cardinal, la serviette est ensuite présentée par le maître d'hôtel. Apportés par les gentilshommes servants, précédés par un huissier, défilent les trois services accompagnés par les carafons de vin « avec la présentation de la coupe aux endroits et heures que le feu roi était accoutumé de boire », écrit le chroniqueur en ajoutant cette précision : « Deux fois à chacun de ses repas... »

Le cardinal récite les grâces, mais il ajoute le *de*

profundis. On étend ensuite l'effigie sur le lit de drap d'or et l'on distribue aux pauvres le repas auquel personne n'a touché. La foule passe alors dans un silence entrecoupé de sanglots.

Et, deux fois par jour, durant onze jours, se déroulera ce lugubre spectacle, ultime fantasmagorie donnée pour un roi mort dont l'âme ne veut pas quitter ce monde.

ANNEXE

L'APOSTUME DU ROI FRANÇOIS

Le vendredi 1er avril 1547, les médecins et les chirurgiens ont pratiqué l'autopsie du roi, dont le texte en latin a été publié seulement en 1856, nous révélant que « la gorge couverte de plaies laissait échapper un pus rouge; le poumon droit putride adhérait si solidement aux côtes près de l'épine dorsale qu'on n'aurait pu l'enlever sans le déchirer; une fois cette partie coupée, un pus mauvais s'écoula... on trouva un large abcès rempli de pus au col de la vessie; sous le pubis, à droite, tout était purulent et la chair – substantia – elle-même était gangrenée; le scrotum, la prostate et les testicules avaient contracté le même mal... »

L'historien ne se trouvant pas très à son aise au cœur d'un pareil sujet, j'ai soumis le texte de l'autopsie à mon vieil ami le docteur Georges Bloch, qui a bien voulu me répondre :

– A la lecture de cet examen, il semble bien que François Ier ait été atteint de tuberculose latente. Certains de ses descendants n'ont-ils pas été touchés par le même mal? Entre autres, les petits-fils du roi : François II, Charles IX et, peut-être, Henri III. Et ceci confirmerait ce diagnostic.

– Mais, ai-je demandé, n'est-ce pas un abcès périnéal accompagné de poussées de fièvre, dont François a souffert au cours de ses dernières années, qui a été la cause déterminante de sa mort?

– Assurément! Il semble certain que sa mort est due

à des complications urinaires, séquelles d'une blennorragie – et là je suis formel – et non à un abcès
tuberculeux.

– On trouve d'ailleurs trace de cette blennorragie
dans le Journal de Louise de Savoie. Je vous le lis :
« Le septième jour de septembre 1512, mon fils passa à
Amboise pour aller en Guyenne contre les Espagnols...
et, trois jours avant, il avait eu mal en la part de
secrète nature. » Ne pensez-vous pas que ce mal, au
secret de son être, devait se trouver peut-être à
l'origine – une origine lointaine – de la cruelle maladie qui emportera François à Rambouillet ?

– Il est certain, me répond le docteur Georges
Bloch, que les lésions importantes remarquées au
niveau des poumons et de la plèvre, à type d'abcès,
pouvaient résulter d'embolies septiques survenues au
cours des derniers jours du roi, alors que l'état général
se trouvait profondément altéré. Les frissons très
pénibles, décrits par les témoins de l'agonie de François, correspondaient à de brutales poussées de fièvre
évoquant le diagnostic de septicémie à colibacilles.

– Comment pouvez-vous conclure ?

– Le décès du roi semble, de toute évidence, dû à cet
« apostume » au niveau du périnée évoluant depuis
plusieurs années. Il s'agit vraisemblablement de complications, séquelles d'urétérite et prostatite insuffisam-
ment soignées, étant donné les moyens dont dispo-
saient les praticiens de l'époque. Ce manque de soins
aurait abouti à un rétrécissement de l'urètre entraînant des abcès répétés, une aggravation locale au
niveau des voies urinaires, avant de se généraliser à
tout l'organisme, entraînant une septicémie et des
foyers multiples.

– Que faut-il donc penser du fameux tercet composé
en guise d'épitaphe :

> L'an mil cinq cent quarante-sept
> François mourut à Rambouillet
> De la vérole qu'il avait ?

– A l'époque du roi François, on confondait la blennoragie avec la syphilis. Ce qui ne veut pas dire que le roi n'ait pas été atteint par le mal de Naples, que les Napolitains appellent le mal français... mais il en guérit et ce n'est certes pas la syphilis qui le mit dans sa tombe.

BIBLIOGRAPHIE

Ambassadeurs Vénitiens (Relations des), 2 vol. 1830.

Ambrière (F.), *Gouffier de Bonnivet, amiral de France.* Paris, 1937.

Babelon (J.), *La civilisation française de la Renaissance.* Paris, 1961.

Charles Quint. Paris, 1958.

Bailly (A.), *François Ier.* Paris, 1954.

La Réforme en France. Paris, 1960.

Baratier (E.), *Histoire de Marseille.* Toulon, 1973.

Barrillon (J.), *Journal de J.B.* (1515-1524), imprimé pour la *Soc. de l'hist. de France,* par P. de Vaissière. Paris, 1897.

Barthelemy (E.), *Entrée du roi François Ier à Marseille en 1516.* Marseille, 1884.

Captivité de François Ier, roi de France. Valenciennes, 1855.

Batut (G. de la), « François Ier » *in* « *Les amours des rois de France racontées par les contemporains* ».

Becker (P.A.), « Marguerite, duchesse d'Alençon et Guillaume Briçonnet. (1521-1524) » dans *Bull. Soc. de l'hist. du protestantisme,* 1900.

Bellet (P.), *François Ier, roi de France, restaurateur des lettres et des arts.* Paris, 1936.

Benoit (F.), *La tragédie du sac de Cabrière.* Marseille, 1927.

Benzoni (Juliette), *Dans le lit des rois.* Paris, 1982.

Bernocchi (F.), *Francesco Io di Francia, Prigioniero a Pizzighettone.*

Bessi (J.), *Entrevue à Nice du roi François Ier et du pape Paul III.* Nice, 1901.

Bidou (H.), *Le château de Blois*. Paris, 1931.

Blond (G.), *Rien n'a pu les abattre*. Paris, 1967.

Bosquet, *François Ier et son siècle*. Rouen, 1873.

Bourassin (E.), *Henry VIII*. Paris, 1980.

Bourgeois de Paris (Journal d'un), « Sous le règne de François Ier (1515-1536) ». Paris, 1854.

Bourilly (V.L.), *Guillaume du Bellay, seigneur de Langey (1491-1543)*. Paris, 1904.
Jean du Bellay et les origines du schisme anglais. Paris, 1880.
François Ier et Henry VIII. L'intervention de la France dans l'affaire du divorce. Mâcon, 1899.
Les Diplomates de François Ier, Antoine Rincon et la politique orientale de François Ier. Paris, 1913.

Brantôme, *Œuvres complètes*. Paris, 1884.

Brion (M.), *Léonard de Vinci*. Paris, 1952.

Buisson (A.), *Antoine Duprat*. Paris, 1935.

Cabanès (docteur), *Les morts mystérieuses de l'Histoire*. 1923.

Castan (A.), *La mort de François Ier et l'avènement de Henri II, d'après les dépêches secrètes de l'ambassadeur impérial Jean de Saint-Mauris*. Besançon, 1879.

Castelnau (J.), *Catherine de Médicis*. Paris, 1954.

Castelot (A.), *Les grandes heures des cités et châteaux de la Loire*. Paris, 1959.
La Reine galante. Paris, 1957.
L'Histoire à table. Paris, 1972.
Dernières Lettres d'amour. (Correspondance inédite de Mme de Genlis et d'Anatole de Montesquiou.) Paris. 1954.

Cellini (Benvenuto), *Mémoires*. Rome, 1901.

Charles Quint. *Correspondance*. 3 vol. Leipzig, 1844-1846.

Chastelain (P.), *Le trépas, obsèques et enterrement du roi François Ier*. Paris, 1547. Ouvrage paru au lendemain de la mort du roi et dans lequel on retrouvera les détails concernant la « remembrance ». (Chap. XVIII.)

Champion (P.), *Paris au temps de la Renaissance*.

Paganisme et Réforme. Fin du règne de François Ier. Paris, 1936.

CHAMPOLLION-FIGEAC (A.), *La captivité de François Ier*. Paris, 1847.

Poésies du roi François Ier, de Louise de Savoie..., de Marguerite, reine de Navarre et correspondance intime... Paris, 1847.

Documents sur la captivité de François Ier. Documents inédits sur l'Histoire de France. Documents relatifs au séjour de la flotte turque de Barberousse à Toulon pendant l'hiver de 1543 à 1544.

CLOULAS (I.), *Catherine de Médicis*. Paris, 1969.

La vie quotidienne dans les châteaux de la Loire, au temps de la Renaissance. Paris, 1983.

COUDY (J.), *Les guerres de religion*. Paris, 1962.

CULLERIER (Dr L.), *De quelle maladie est mort François Ier?* Paris, 1962.

DARMESTETER (M.J.), *La reine de Navarre*. Paris, 1973.

DECRUE (F.), *Anne de Montmorency, grand maître et amiral de France*. Paris, 1885.

DELUMEAU (J.), *La civilisation de la Renaissance*. Paris, 1967.

DENIEUL-CORMIER (A.), *La France de la Renaissance*. Grenoble, 1962.

DERMENGHEM, *Claude d'Annebault, maréchal et amiral de France*. 1913.

DESGEARDINS (E.), *Les favorites du roi. Anne de Pisseleu, duchesse d'Etampes, et François Ier*. Paris, 1904.

DIMIER (L.), *Le château de Fontainebleau et la cour de François Ier*. Paris, 1930.

Fontainebleau. Paris, 1967.

DOLET, *Les gestes du roi Françoys*. Lyon, 1540.

DU BELLAY (G. et M.), *Mémoires*. Paris, 1908-1919.

DU BELLAY (Martin), *Discours de plusieurs choses advenues au royaume depuis l'an MDXIII jusqu'au trépas du Roy François Ier*. Paris, 1569.

DUHAMEL (J.), *La captivité de François Ier*. Paris, 1981.

Le connétable de Bourbon. Paris, 1971.

ERLANGER (P.), *Diane de Poitiers*. Paris 1955.

Charles Quint. Paris, 1981.

Henry VIII. Paris, 1982.

ESPERANDIEU (E.), *Recueil Général des bas-reliefs, statues et bustes de la Gaule romaine*. T.I., Paris, 1907.

FAURE (P.), *La Renaissance*. Paris, 1969.

FERRERA (O.), *Le XVIe siècle*. Paris, 1954.

FILLON (B.), *La jeunesse de François Ier et ses premières amours*. Paris, 1923.

FLEURANGES, *Mémoires*. Paris, 1820.

FRANÇOIS Ier (Catalogue des actes de), publié par l'Académie des sciences morales et politiques. Paris, 1887-1908. 10 vol.

FRANÇOIS Ier (ouvrage collectif), chapitres signés par le duc de Lévis Mirepoix, Philippe Erlanger, Pierre Mesnard, Michel François, Régine Pernoud, Jacques Levron, Georges Poisson et Maurice Andrieux. Paris, 1967.

FUNCK-BRENTANO (F.), *La Renaissance*. Paris, 1941.

GACHARD, *La captivité de François Ier et le traité de Madrid*. Bruxelles, 1860.

GAILLARD (G.H.), *Histoire de François Ier*. Paris, 1766-1769.

GALLEY de TAURINES, *Benvenuto Cellini à Paris sous François Ier*. Paris, 1908.

GEBELIN (F.), *Les châteaux de la Renaissance*. Paris, 1927.

GENIN (F.), *Lettres de Marguerite d'Angoulême* (1521-1559). Paris, 1841-1842.

Nouvelles lettres de la reine de Navarre adressées au roi François Ier. Paris, 1842.

GIONO (J.), *Le désastre de Pavie*. Paris, 1963.

GUERDAN (R.), *La bataille de Pavie*. Paris, 1976.

François Ier. Paris, 1976.

GUETTE (G.), *La Tour octogone*. Paris, 1970.

GUILBERT (l'abbé), *Description des château, bourg et forêt de Fontainebleau*. Paris, 1731.

HABSBOURG (O. de), *Charles Quint.* Paris, 1967.

HACKETT (F.), *François Ier.* Paris, 1930.
Henry VIII. Paris, 1981.

HAMY (Père), *Entrevue de François Ier avec Henry VIII à Boulogne-sur-Mer en 1532.* Paris, 1898.

HEIM (M.), *François Ier et les femmes.* Paris, 1956.

HENRY-BORDEAUX (P.), *Louise de Savoie, régente et « roi » de France.* Paris, 1954.

HERBERT (F.), *Le château de Fontainebleau.* Paris, 1937.

HERITIER (J.), *Catherine de Médicis.* Paris, 1959.

HEROUARD (J.), *Journal,* 2 vol. Paris, 1868.

HUILLARD-BREHOLLES (A.), *Documents sur François Ier.* 1886.

IMBART DE LA TOUR, *Les origines de la Réforme.* Paris, 1905.

JACQUART (J.), *François Ier.* Paris, 1981.

JOURDA (P.), *Marguerite d'Angoulême, reine de Navarre,* 1492-1549. Paris, 1930.

JOURDA DE VAUX DE FOLETIER, *Galiot de Genouillac, maître de l'artillerie de France,* 1917.

KUSENBERG (K.), *Le Rosso.* Paris, 1931.

LEFÈVRE D'ÉTAPLES (J.), *Textes.*

LEFRANC (A.), *Histoire du Collège de France.* Paris, 1893.

LE LOYAL SERVITEUR. *La très joyeuse, plaisante et récréative histoire du bon chevalier sans peur et sans reproche seigneur de Bayard.*

LEMONNIER (H.), *Histoire de France d'Ernest Lavisse,* tome cinquième (I et II).
« Questions d'histoire à propos de François Ier ». (*Revue internationale de l'Enseignement,* 15 janvier 1891).

L'ESTOILE (P. de), *Journal* (1515-1574). Paris, 1906.

LÉVIS MIREPOIX (duc de), *François Ier.* Paris, 1931.

LOUISE DE SAVOIE, *Journal* (s.d.).

LUCAS-DUBRETON (J.), *Charles Quint.* Paris, 1958.

MADELIN (L.), *François Ier, le souverain politique.* Paris, 1937.

MAUGIS (Ed.), *Histoire du Parlement de Paris, de l'avènement des rois Valois à la mort de Henri IV.* Paris, 1913-1916.

MARGUERITE D'ANGOULÊME, *Les Marguerites de la Marguerite des princesses,* Lyon, 1547.
L'Heptameron. Lettres, Paris, 1841-1842.

MOREAU (S.), *La prise et délivrance du roy, venue de la reyne, et recouvrement des enfants de France,* 1524-1530.

MAURO (F.), *Le XVIe siècle européen. Aspects économiques.* Paris, 1966.

MIGNET (F.), *Rivalité de François Ier et de Charles Quint.* Paris, 1875.

MIQUEL (P.), *Les guerres de religion.* Paris, 1980.

NERET (T.A.), *Claude de France.* Paris, 1942.

ORLIAC (J. d'), *Diane de Poitiers, grand-sénéchale de Normandie.* Paris, 1930.

PAILLARD, Documents relatifs aux projets d'évasion de François Ier ainsi qu'à la situation intérieure de la France en 1525. (*Revue historique,* VIII).

PLON (E.), *Benvenuto Cellini.* Paris, 1885.

REY (M.), *Histoire de la captivité de François Ier.* Paris, 1837.

ROSS WILLIAMSSON (H.), *Catherine de Médicis.* Paris, 1973.

RUDLER (R.), *François Ier.* Paris, 1980.

SPONT (A.), *Semblançay, la bourgeoisie financière au début du XVIe siècle.* Paris, 1937.
Marignan et l'organisation militaire sous François Ier. 1899.

TERRASSE (Ch.), *François Ier, le roi et son règne.* 3 vol. Paris, 1943-1970. Un travail remarquable, la « bible » de toute étude sur le roi François.

THOMAS (J.), *Le Concordat de 1516, ses origines, son histoire au XVIe siècle.* Paris, 1910.

TOESCA (M.), *Les grandes heures de Fontainebleau.* Paris, 1957.

TOUDOUZE (G.), *Françoise de Châteaubriant et François Ier*. Paris, 1948.

VARILLAS (A.), *Histoire de François Ier*. La Haye, 1684. 2 vol.

VITRAY (E.), *Henry VIII*. Paris, 1964.

ZELLER (B.), *La cour de François Ier : son gouvernement. Extraits de Brantôme, des « Mémoires » de Benvenuto Cellini, etc.* Paris, 1890.

ZERMATTEN (M.), *Louise de Savoie*. 1960.

TABLE DES CHAPITRES

IMPRIMÉ EN FRANCE PAR BRODARD ET TAUPIN
58, rue Jean Bleuzen - Vanves.
Usine de La Flèche, le 30-07-1985.
6331-5 - N° d'Éditeur 2127, juillet 1985.

PRESSES POCKET - 8, rue Garancière - 75006 Paris
Tél. 634.12.80